超ソロ社会

「独身大国・日本」の衝撃

荒川和久
Arakawa Kazuhisa

PHP新書

はじめに

20年後の未来、あなたは何をしていますか？
20年後の未来、日本はどうなっていると思いますか？

現在２０１７年、20年後は２０３７年である。正確には20年後ではないが、２０３５年の話をしたい。

国立社会保障・人口問題研究所の推計（※）によれば、２０３５年には15歳以上の未婚率は男35・1％、女24・6％（生涯未婚率ではなく、15歳以上の全人口の未婚者率）となり、有配偶率は男55・7％、女49・3％と、女性の有配偶率が初めて50％を切る。離別死別による独身者も男は9・2％だが、女は26・1％にまで達する。

そうして、15歳以上の人口に占める独身者（未婚＋離別死別者）率は、男女合わせてほぼ48％に達する（次ページ図）。

約20年後、人口の半分が独身という国に日本はなる。

図　配偶関係別人口推移と将来推計

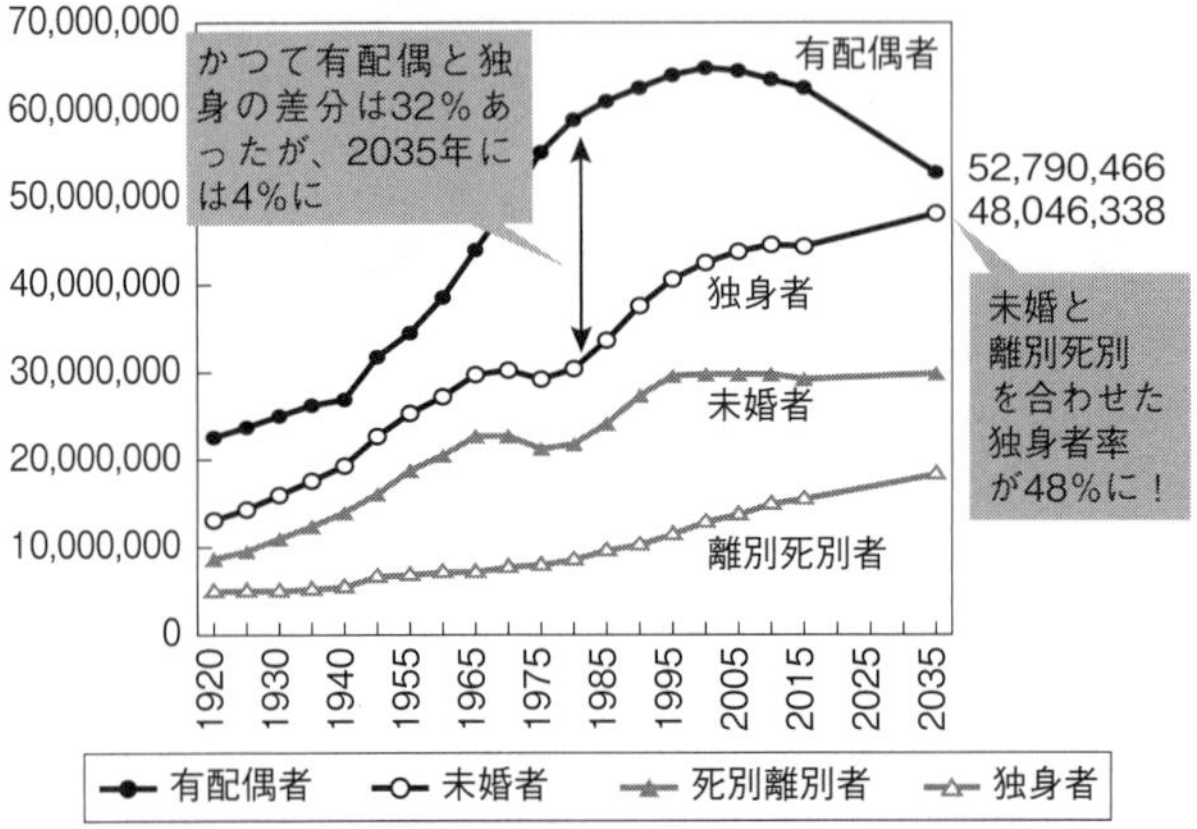

出典：2010年までは、2010年国勢調査結果より。2015年は国勢調査確定値。2020年以降は、国立社会保障・人口問題研究所「日本の将来推計人口（平成24年1月推計）」より

日本の「ソロ社会化」は不可避で、確実にやってくる。

独身者というと、結婚して家庭を持つまでの仮の姿と考えている人が多い。確かに、高度経済成長期の日本は95%が結婚した、いわば「皆婚社会」であった。独身とはマイノリティであるという意識があるのは当然だろう。

しかし、未婚化・非婚化に加え、離婚率の上昇や配偶者の死別による高齢単身者の増加など、これらすべてが日本のソロ社会化に向けて進行している。高齢化や少子化ばかりが取り沙汰されているが、このソロ社会化こそ日本が世界に先駆けて突き付けられた課題でもある。

世帯別に見ても、今や「単身世帯」がもっとも多い。かつて標準世帯と呼ばれた「夫婦と子」からなる世帯は、2010年には「単身世帯」に抜かれており、その構成比は3割を切っている。2035年には「単身世帯」が4割弱を占め、「夫婦と子世帯」は23％程度に縮小すると推計されている。また、「夫婦のみ世帯」の増加にも注目すべきだ。これは、ひとつには、子を持たない選択をする夫婦の増加。もうひとつは、子が独立した後、高齢夫婦だけで暮らす世帯の増加である。そして、その高齢夫婦世帯がやがて高齢単身世帯へとつながっていくのである。

日本の20年後とは、独身者が人口の50％を占め、一人暮らしが4割となる社会だ。同じ屋根の下に、親子が「群」となって暮らす家族の姿は、もはや風前の灯火《ともしび》となりつつある。

これは、日本だけの話ではない。先進諸国の中では世界的な傾向だ。そして、何より社会そのものが変わりつつある。

「社会というものはない。あるのは、男と女という個人と家族だけだ」

これは、鉄の女と言われたイギリス元首相サッチャーが、今から30年前の1987年に発した言葉である。30年前にはまだ「家族」は重要な共同体として残っていたが、今や「家族」という存在すら危うくなりつつあるのだ。

社会の個人化と「家族」を含む従来の共同体の崩壊については、多くの社会学者が論説を展開している。

「リスク社会」や「個人化する社会」を提唱したドイツの社会学者ウルリッヒ・ベック氏は、「昔、家族は、資本主義社会での心のよりどころだった。だが、個人化によって家族はリスクの場に変わりつつある」と分析した。ベックによれば、従来の伝統的集合体の概念である家族とは、「ゾンビ・カテゴリー（死に体カテゴリー）の好例である」と表現し、人間にとって家族とはもはや必然的共同体ではなく、選択的親密性であると言っている。

ベックと並び評される社会学者ジグムント・バウマン氏も同様に、個人化について言及している。彼は、かつて個人は、地域や会社や家族といった中間的共同体の中で「固体」のようにまとまっていたソリッド社会にあったが、現代は、個人が流動的に「液体」のようにバラバラに動き回るリキッド社会となったと表現した。安心・安全・安定したそれらの固体的共同体が失われたことで、人々は自由に動き回れる反面、常に選択や判断をし続けなければいけない自己責任を負うことになる。

ベックもバウマンも、この個人化の流れは宿命的・運命的なものである、と述べている。

「個人に選択の自由はゆるされても、個人化を逃れ、個人化ゲームに参加しない自由はゆるされない（バウマン）」

変貌したのは「家族」だけではなく「会社」というコミュニティでも見られる。一生同じ会社にとどまるという働き方から、自由に転職し、キャリアアップするという考え方が増えてきた。企業にいながら副業を認める流れも出てきた。それらは、個人としての活躍の場と自由度を拡大している。ノマド的な働き方もそのひとつである。大規模な設備や資金を持たずとも事業をスタートすることができるようになり、「Ｕｂｅｒ」や「Ａｉｒｂｎｂ」などシェアリングエコノミー型サービスが続々と誕生している。

消費の世界においても個人化は顕著である。大衆という「群」が、モノを所有することに価値を見出した時代はとうに過ぎ去った。人々は個人としての体験を価値化し、それを個人的集団とも呼べる、身近で小さなコミュニティの中で共有することにより、価値を再確認するようになった。さらに、現在、消費の目的はより個人的な内なる精神的価値の充足の方向に向かっている。

こうした世界的な個人化への流れは、当然、日本においても不可逆的に進行している。しかし、どうしても日本では、多くの人々のマインドの中に、高度経済成長期や昭和の古き良き家族や結婚という従来型コミュニティへの郷愁が根強く残っている。未婚を能動的に選択した独身者や子を産まない選択をした夫婦の中には、従来の家族をつくれない自分自身に後ろめたさを感じることが多い。それは、そのマインドによるものである。

個人化が宿命的な流れであると同様、未婚化・非婚化の波も止められないし、それによる少子化も当然進むだろう。結婚があらゆる人たちの人生の必然だった時代は社会的に終わりつつある。未婚者・独身者だけの問題ではない。結婚しさえすれば、誰もが子を産み育て、家族となって暮らす、そんなレールの上に乗るとは限らない。結婚したらすべてがハッピーエンドになるわけではなく、離別、死別など、いつでも我々はソロに戻るリスクがある。

生涯未婚者だけが孤独なのではない。むしろ、物理的にひとりでいる状態よりも、心理的に孤立してしまうことのほうが問題なのだ。

結婚しない選択、子を産まない選択、離婚する選択、家族という共同体を持たない選択。多様な選択を個人がそれぞれに判断するべき時代となっている。それは、自由でもあり、責任も背負うことになる。

繰り返すが、日本は高齢社会と同時に、世界に先駆けてソロ社会になる。まず、この不可避な事実を正確に理解し、目をそらさない姿勢が重要だ。曖昧《あいまい》な知識のまま、情緒的な議論を進めても何も生まれない。

本書では、過去から現在に至る日本の未婚・非婚、離婚の状況を客観的に見つめ直し、それらを今までのように「群」としての固まりとして分析するのではなく、「個」の生活意識や消費意識、価値観といったマインドの視点から分析を試みた。それは、ソロ社会に向けて個々人が身につけるべき意識や力とは何か（本書内ではそれを「ソロで生きる力」と呼ぶ）を、私自らに対して問いたかったからでもある。書き進めて感じたことは、その問いは、「自由とは何か？」「自立とは何か？」「自分とは何か？」を問うことと同義であるということだった。

勘違いしないでいただきたいのは、ソロ社会やソロで生きるということは、個々人が勝手に生き、他者との関わりを遮断《しゃだん》する社会ではない。それはむしろ、従来の家族・地域・会社という旧型コミュニティとは別の、家族的・地域的・会社的な新たなコミュニティを生み出し、関係性を構築しながら相互自立していく社会である。

読者のみなさんが、ソロ社会の未来について理解を深め、未婚とか既婚とか、若者とか大人とか、男とか女とか、今まで自分に冠していたあらゆるレッテルや属性を一旦取り払って、「自分」と向き合うきっかけとなれば幸いに思う。

※国立社会保障・人口問題研究所2013年1月推計の「日本の世帯数の将来推計（全国推計）」報告書（結果表4　男女年齢5歳階級別配偶関係別人口）による。

超ソロ社会　目次

第2章

ソロで生きる人々を許さない社会

第3章 男たちは嫌婚になったのか

第4章 結婚してもソロに戻る人たち

第5章 ソロたちの消費

第6章 ソロ社会の未来

第1章

増えるソロで生きる人たち

「人口減少は不可避です。日本の人口減は当面止まりません。だとしたら、今我々が持つべき発想はなんでしょうか。皆さんは将来に悲観的な1億2000万人の国と、未来に楽観的で自信を持つ6000万人の国だったら、どちらのほうが未来があると思いますか？　私は悲観的な1億2000万人の国より楽観と自信を持った6000万人の国のほうがよっぽど強いと思う。毎年減り続けることを悔やむ発想から早く飛び出して、減るなかでもやっていけるという成功例を生み、人口減少でも大丈夫だという楽観と自信を生むこと。それが結果として将来、新たな日本の発展への道を描く。私はそういう考えでいます」

これは、国会議員の小泉進次郎氏が昨年10月に都内で開かれた「朝日地球会議2016」において語った言葉である。人口減少について明言した政治家は彼が初めてではないだろうか。力強い言葉に共感する。

確かに、少子化による人口減は避けられない現実である。2013年に国立社会保障・人口問題研究所が推計した「日本の将来推計人口」によれば、総人口は、2048年には1億人を割って9913万人程度となり、2060年には8674万人程度になると算定した。現在の人口のおよそ3分の2規模にまで減少することになる。さらに、そ

図1-1　日本の将来の推計人口

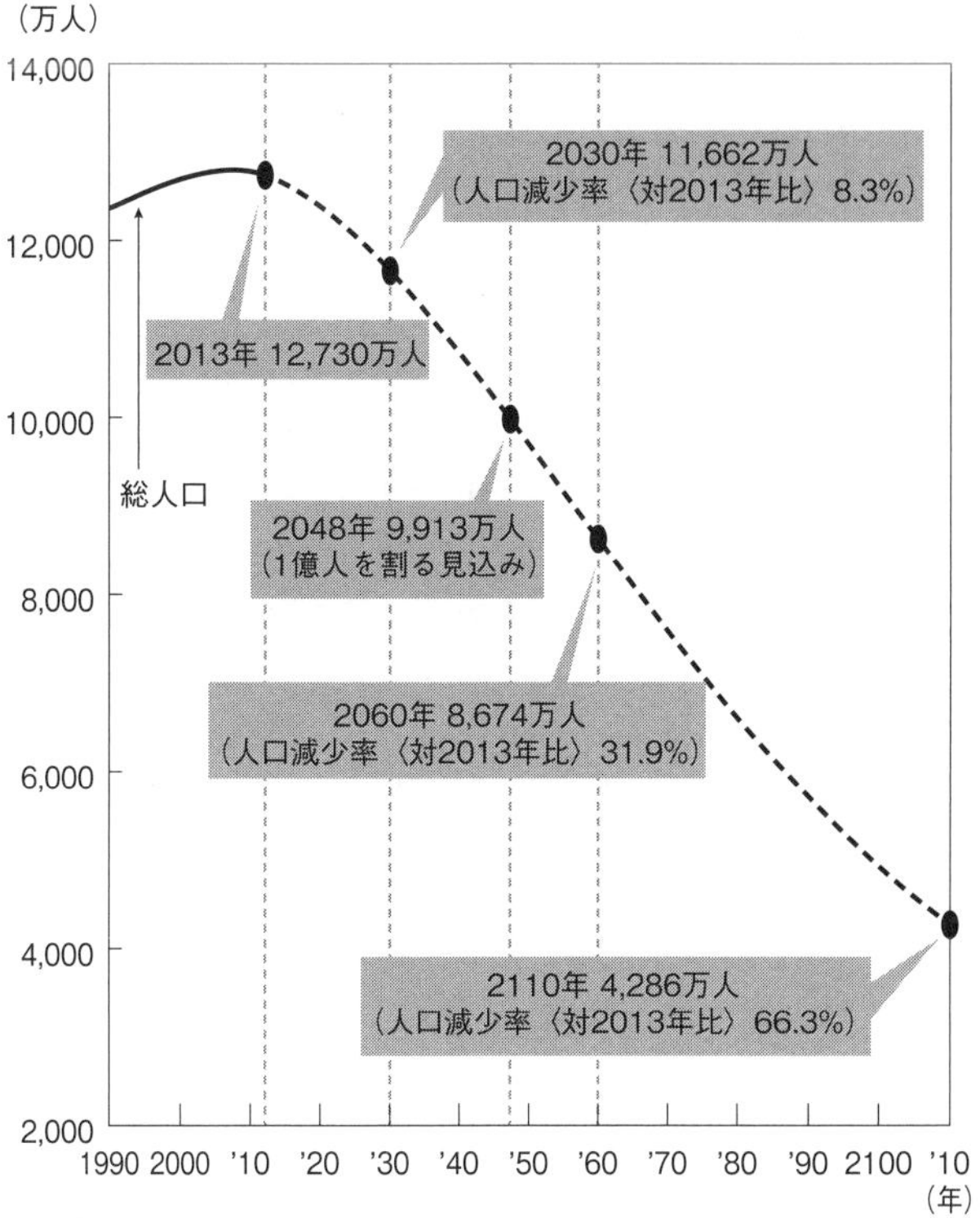

（備考）
1. 1990年から2013年までの実績は、総務省（「国勢調査報告」「人口推計年報」、厚生労働省「人口動態統計」）をもとに作成。
2. 社人研中位推計は、国立社会保障・人口問題研究所「日本の将来推計人口（平成24年1月推計）」をもとに作成。合計特殊出生率は、2014年まで概ね1.39で推移し、その後、2024年までに1.33に低下し、その後概ね1.35で推移。

出典：2015年内閣府「選択する未来―人口推計から見えてくる未来像―」より

のまま推移すれば、2110年には4286万人にまで減ると推計している（図1―1）。

しかし、これはあくまで出生率がずっと今のような低水準で続く場合の推計であり、ここまでは減少しないだろう。人口減というマイナスイメージだけが強調されて伝えられるが、戦後のほとんどが結婚した皆婚状態やそれに伴う2度のベビーブームそれ自体が特殊だったと見るべきで、総務省も最終的な日本の人口は7～8000万人に落ち着くだろうと見ている。

人口減に限らず、未婚化・非婚化・少子化・高齢化・離婚問題・貧困問題・財政問題などなど、日本の未来を語る上で出てくるキーワードは、すべてネガティブな響きが込められているものばかりだ。現実を直視し、来るべきリスクを把握することは当然必要である。しかし、今の社会は、いたずらに不安や恐怖を煽る情報だけを意図的にピックアップし、好転しない現在と悲観的な未来の責任を誰かのせいにしようと押し付け合っているようにしか思えない。

未婚化は若者の責任ではないし、少子化は家族の責任ではない。

未婚者が増えるのには、一括りにはできないさまざまな要因があるし、無子の夫婦にもそれぞれ理由や事情がある。個人の生き方の多様性を認めようと言いながら、未婚や無子という選択を認めようとはしない人たちが大勢いる。「本当は結婚したいのに、本当は子どもが欲しいのに、できないだけなんでしょ？」と勝手に結論付けたがる人がいる。そうした決めつけが、結婚できない原因を貧困や社会環境の責任に転嫁するさらなる決めつけを生み、「未婚化は若者の貧困のせいだ」「少子化は就労条件や不足する保育園のせいだ」という声をつくる。それは、原因の一端として決して間違いではないが、それだけを原因だと決めつけることは、問題の本質をどんどん見誤ることになっていく。

あげくの果てに、そうした原因を解決する方向ではなく、犯人捜しや責任追及の方向に向かってしまっている。誰かのせいにしないと気が済まない社会になっている。

人は安定した集団活動の維持のために協力し合うが、その維持に反する異分子に対しては徹底的な攻撃性を発揮するものだ。

自分勝手な行動を認めず、義務を果たさない人間を吊るしあげ、ミスした人間を叩きまくり、集団からハミ出した人間に制裁を加え、助けを求める弱者すら足蹴《あしげ》にする。すべては社会的正義の名のもとに。

その結果、生涯結婚しない人たちや結婚しても子どもがない夫婦たちは、「社会の責任を果たしていない」という負い目を感じ、無意識に自己無力感を心に溜め込んでしまう。

そんな負のスパイラルでは何も解決しない。誰かの責任にしようがしまいが、人口減も未婚化も少子化も進む。大事なのは、正しい現実の認識とそれに基づいた未来への展望だろう。そして、もっとも認識が甘いのが、誰もがいずれソロ生活者となる可能性があることと、それを忘れていることである。

結婚しようが、子どもを得て家族となろうが、その状態が未来永劫《えいごう》継続するわけではない。離婚することもあるし、死別することもある。2035年には15歳以上の人口の約1億人に対して、半分の4800万人が独身者となると推計されている。誰もがソロとして生きなければいけないリスクを抱えているのだ。

未婚化や少子高齢化も大事だが、それに関連して起きるソロ社会化についてあまりに無関心すぎる。本章では、日本がソロ社会化に向けて進行している現状から説明していきたい。

生涯未婚率、過去最高記録を更新

2016年10月に、2015年国勢調査の確定値集計結果が発表された（図1—2）。それによると、生涯未婚率は、男性23・4％、女性14・1％だった（生涯未婚率の計算においては配偶関係不詳を除く）。これは、5年前の前回（男20・1％、女10・6％）と比較すると、男女とも3％以上も上昇しており、過去最高値である。

生涯未婚率というのは、「45〜49歳」と「50〜54歳」の未婚率の平均値から、「50歳時」

図1-2　生涯未婚率推移

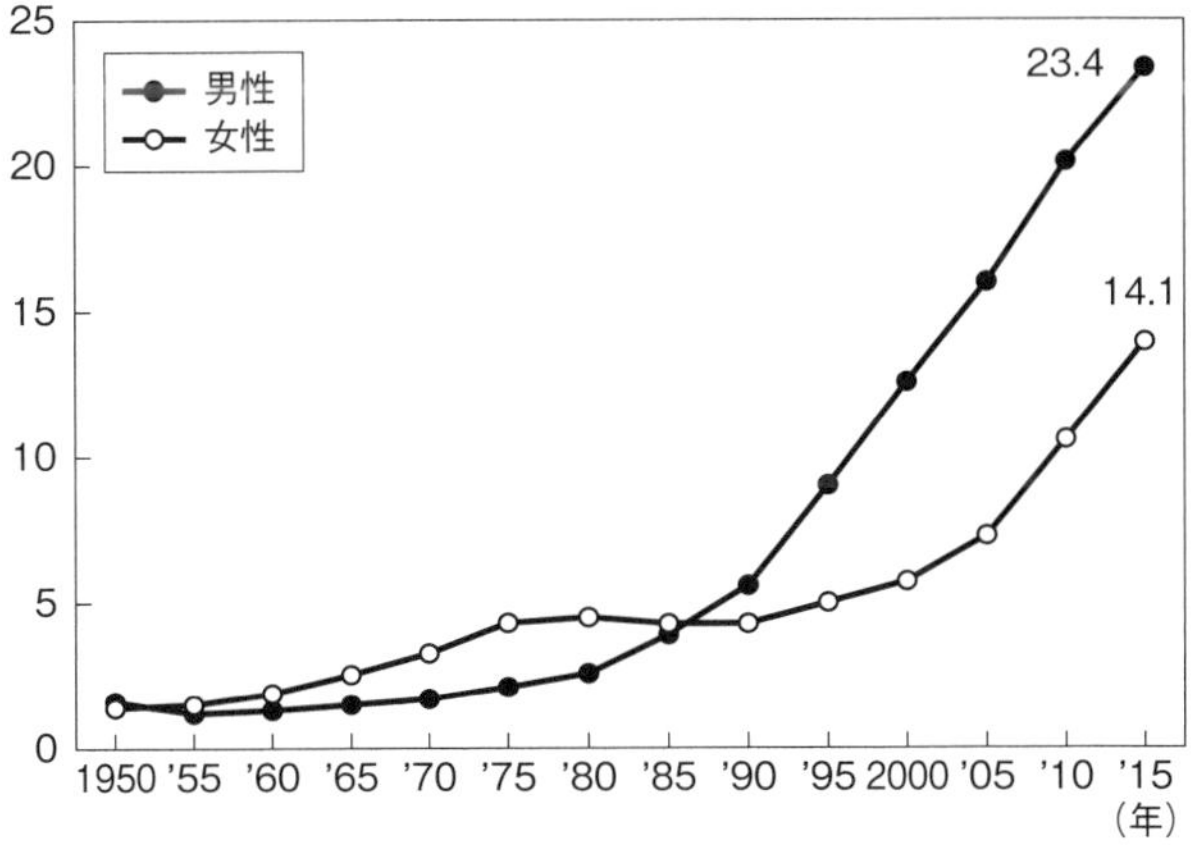

出典：2015年「国勢調査確定値」より

の未婚率（結婚したことがない人の割合）を算出したものである。生涯を通して未婚である人の割合を示すものではないが、50歳で未婚の人は、将来的にも結婚する予定がないと判断されているということである。

しかし、この生涯未婚率だが、2013年1月時点での国立社会保障・人口問題研究所の推計値では、2015年は男24・2%、女14・9%となると予測されていた。今回の値はその推計値と比べると若干下がっている。とはいえ、もともとの推計より下がったからといって、それだけで全体の未婚率が下げ止まったと判断するのは早計だ。

25ページの年代別未婚率（図1－3）

で見れば、30代男性のみ未婚率は減少している。特に35～39歳は、前回調査と比較して0・6ポイントも下がっている。しかし、20代と40代の未婚率は相変わらず増え続けており、特に45歳以上に顕著だ。しかも、女性の場合、20代～40代にかけてすべての年代で未婚率上昇幅は男性のそれよりも大きい。これは、20代のうちは、より結婚をしなくなる「晩婚化」が進行し、40代を過ぎると今度は、もう結婚を諦《あきら》めるという「非婚化」の方向にシフトしているということだ。

男女とも平均初婚年齢は約30歳。つまり、この30代前半での結婚のタイミングを逃すと、そのままずるずると生涯未婚の道を突き進む、そんな傾向が如実にあらわれたと言えるのではないだろうか。しかも、その意識はこの5年間で女性側に強く出ている。

2035年には、男性3割、女性2割が生涯未婚となると推計されている。男性の3人に1人、女性の5人に1人は生涯未婚のまま人生を終えることになる。

ところで、なぜ、男性の生涯未婚率が女性の倍にもなるのか？

そもそも男性のほうが女性より出生数が多いということはご存じだと思うが、どれくらい男が多いかについては案外知られていない。2015年の国際連合推計による世界の人口は約73億人。男性が50・4％、女性が49・6％で、6000万人ほど男のほうが多い。1％程度男が多いということになる。日本では総人口1億2709万人に対して、

図1-3　年代別未婚率比較

年代	男性			女性		
	2010年	2015年	差分	2010年	2015年	差分
20-24	94.0	95.0	1.0	89.6	91.4	1.8
25-29	71.8	72.7	1.0	60.3	61.3	1.0
30-34	47.3	47.1	−0.2	34.5	34.6	0.1
35-39	35.6	35.0	−0.6	23.1	23.9	0.8
40-44	28.6	30.0	1.4	17.4	19.3	1.9
45-49	22.5	25.9	3.4	12.6	16.1	3.6
50-54	17.8	20.9	3.0	8.7	12.0	3.3
55-59	14.7	16.7	2.0	6.5	8.3	1.8
生涯未婚率	20.1	23.4	3.2	10.6	14.1	3.4

出典：2015年「国勢調査確定値」より

図1-4　未婚男女人口差分

	未婚男性	未婚女性	差分
15～19歳	3,042,192	2,881,593	160,599
20～24歳	2,755,989	2,572,112	183,877
25～29歳	2,222,616	1,852,959	369,657
30～34歳	1,648,679	1,211,351	437,328
35～39歳	1,416,172	959,761	456,411
40～44歳	1,423,716	913,188	510,528
45～49歳	1,092,022	683,887	408,135
50～54歳	806,163	467,837	338,326
55～59歳	607,248	312,233	295,015
60～64歳	552,221	264,934	287,287
65～69歳	425,752	259,014	166,738
70～74歳	185,974	175,233	10,741
75～79歳	87,546	132,730	-45,184
80～84歳	39,750	113,000	-73,250
85～89歳	14,063	78,708	-64,645
90～94歳	2,965	31,169	-28,204
95～99歳	519	6,933	-6,414
100歳以上	126	1,176	-1,050
総数	16,323,713	12,917,818	3,405,895
20～59歳	11,972,605	8,973,328	2,999,277
20～39歳	8,043,456	6,596,183	1,447,273

出典：2015年「国勢調査 人口等基本集計」より

男性6184万人、女性6525万人（2015年国勢調査）となり、女性のほうが多い。これは、女性の出生数が多いのではなく、女性のほうが長生きであるためである。

では、これを未婚者だけに限定して比較するとどうだろう。

同じく2015年の国勢調査で、15歳以上の未婚男性と未婚女性の差分を見ると、341万人ほど男が多くなっている。ちなみに、20〜50代に限っても約300万人男が余っていて、婚活対象年代の20代と30代に限定しても145万人も多い（前ページ図1—4）。

これは、未婚女性がすべて結婚しても300万人の男には相手がいないということだ。現実には女性も全員は結婚しないわけだから、実際にはそれ以上の規模の未婚男性があぶれてしまうことになる。

がんばって婚活したところで、そもそも男性には相手がいないのだ。この事実を知っている人は少ない。ほとんど男女比は半々だと勘違いしている。総人口での男女比と未婚に限定した場合の男女比を混同している人が多いようだ。

未婚が増えた原因

日本はかつて「皆婚社会」と言われていた。ほとんどの人が結婚するのが当たり前だった。生涯未婚率で言えば、長い間男女ともに5％以上になることはなかった。5％を超えたのは、男が1990年、女は1995年になってからである。

なぜ、こんなにも未婚化が進んだのだろうか？

さまざまな要因が考えられるが、まず、ひとつは、90年代前半のバブル崩壊など経済環境の変化である。「絶対に潰れない」と思われていた銀行が、1995年の兵庫銀行の破綻《はたん》を皮切りに相次いだ。大卒求人数も1991年の約84万人をピークに減少し始める。ちょうど、人口が多い第二次ベビーブーム世代の就職期と重なったため、倍率激化により就職がきわめて困難になるという、いわゆる就職氷河期が到来した。正社員として就職できなかった若者により、フリーターやニートという言葉も生まれ、社会問題化した。

高度経済成長期には、終身雇用と年功序列という日本特有の会社制度が標準とされ、年齢や勤続年数に応じて右肩上がりに給料が増えることが当たり前だった。ある意味、それは安定した未来が約束されていたわけだが、バブル崩壊後には、多くの企業が年功序列から成果主義への移行を始める。業績を上げれば給料も上がるというポジティブな面もある反面、何年働いても給料が上がらない、場合によっては下がることもあり得るという厳しい現実を突き付けられることになる。

終身雇用・年功序列という制度のなかでは、人生設計はシンプルだった。継続的かつ安定した個々人の経済基盤がある前提では、何歳になったら結婚して、何歳になったら子どもを産んで……という人生プランをつくりやすかったのだ。生涯未婚率の急上昇は、まさにその継続性と安定性が見えなくなった時点から始まったのである。これは、男性側からすれば、「先行き不透明な状態で、経済的に不安定なまま結婚できない」という理由だろうし、女性側からだと「確実な安定収入が見込めない相手とは結婚できない」ということだろう。

もうひとつは、1986年に施行された男女雇用機会均等法などによって、働く女性の増加とその意識の変化の影響もあるだろう。「男は仕事、女は家庭」という性別役割分担意識は、高度成長期の皆婚時代において違和感のないものであり、女性は結婚までの腰かけとして就職する例も多かった。「寿退社」という言葉はそのあらわれである。共働き夫婦より、圧倒的に専業主婦世帯が多く、それが核家族化の進行とともに「昭和の家族」のひとつのモデルとなっていた。むしろ、かつての女性にとっては結婚こそが、本当の就職でもあった。結婚は自らの経済基盤獲得のための手段だったのだ。大袈裟にいえば、死活問題でもあった。

これでお気付きだろうか。皆婚時代、男がほぼ結婚できたのは、女性にとって「結婚しないという選択肢」がなかったためである。

図1-5　知り合ったきっかけ推移

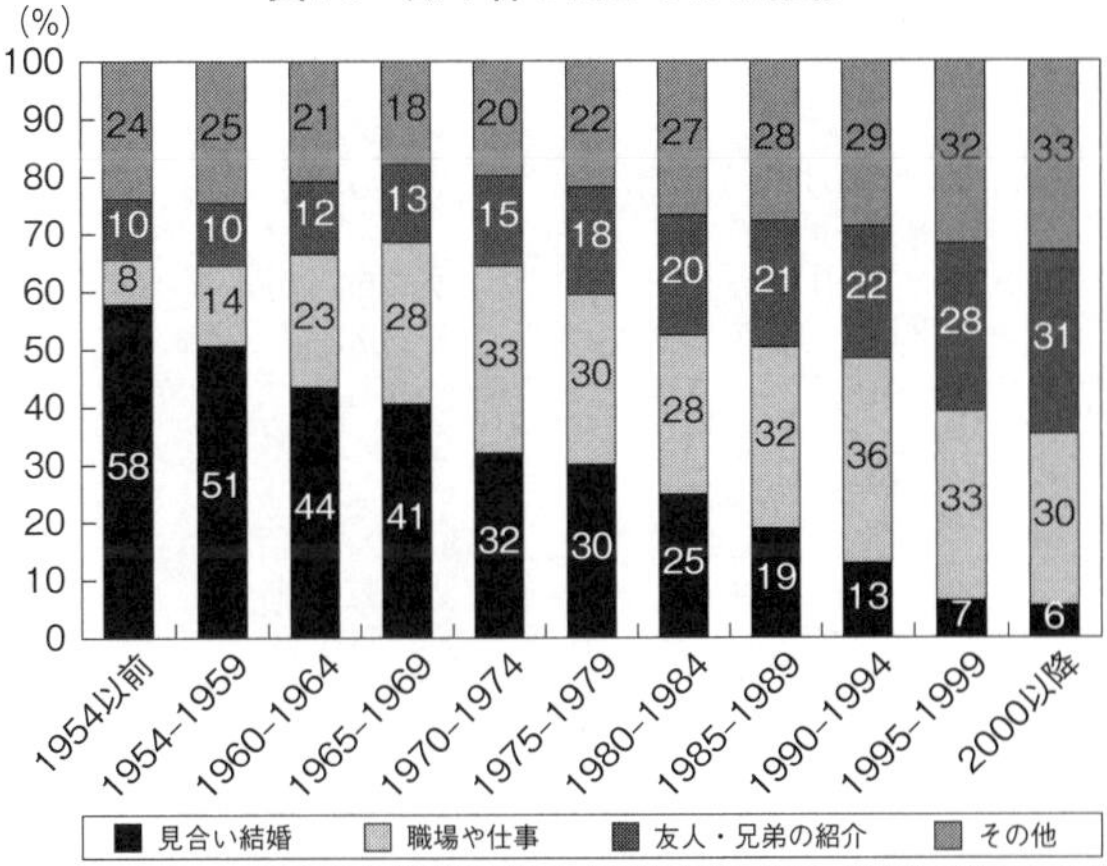

出典：2005年日本労働研究雑誌「職縁結婚の盛衰と未婚化の進展」より

60年代以降、お見合い結婚比率は過半数を割り込んではいたが、実は当時、お見合い結婚と同様に大きな比重を占めていたのは職場での出会いである。身も蓋《ふた》もない言い方をすると、職場での出会いというのは、ある意味会社内お見合いシステムであった。本人同士は恋愛結婚したつもりでいるかもしれないが、会社としても早く結婚してくれたほうが何かと都合がよかったわけで、そうした見えざる力に誘導されて結婚したカップルが多いのだ。

お見合いと職場での出会い結婚を合わせて過半数を占めた時代は、80年代まで続いた(図1―5)。社会的システムとして、お見合い的な出会いが過半数を占めていたからこそ、80年代までは、生涯未婚率は上がらなかったのである。つまり、女性の意識も会社としての体制も、男性の結婚を後押しするように仕向けられていたのだ。だからこその皆婚だったのである。60代以上の既婚男性たちは、本人が自覚していないだけで、そういう恩恵を受けていた。逆の見方をすれば、いかに男が自力で結婚する力がないか、ということの証明でもある。そもそも、周りがお膳立てしてくれなければ男は結婚ができない生き物なのだ。

ところが、前述したように80年代後半から総合職として入社した女性たちが、バリバリ働き出して、ある程度の収入を自身で獲得できるようになっていく。すると、彼女たちにとって必ずしも結婚だけが経済基盤とは限らなくなってきた。つまり、無理して結婚する必要がなくなったのだ。これが未婚化を進めた要因のひとつだと考える。

とはいえ、反論もあるだろう。「結婚と仕事は別だ。自分で仕事をし、安定的に収入があるからといって、それだけで女性が結婚を選択しなくなったわけではない」というご意見だ。その通りだ。それだけではない。しかし密接に関係している。

なぜ、女性が仕事で活躍すると未婚化を促進するのかについては、章を改めて説明したい。

未婚者は社会悪なのか?

さて、未婚化に関しては、テレビ・新聞・ネットに至るまでさまざまなメディアがその増加に警鐘を鳴らし、未婚のまま生涯を終えるのは社会悪であるかのような取り上げ方をしている。

なぜそこまで未婚者が悪者扱いされるのか？

それは、「少子化の原因がまさに未婚によるもの」と言われているからだ。もちろん、未婚だけが原因のすべてではないが、明治大学の人口学教授安藏伸治《あんぞうしんじ》氏によると、このまま推移すると、2300年には日本の人口はたったの360万人になってしまうと推定されている。

女性が一生の間に産むとされる子どもの平均数（合計特殊出生率）2・07が人口置換水準（人口を維持できる数値）と言われており、その水準を下回ると少子化が進む。1973年の2・14を最後にその水準を下回りはじめ、2005年には過去最低の1・26にまで落ち込んだ。2015年には1・46まで持ち直したものの、水準には遠く及ばない。

しかし、「注目すべきは、単なる出生率（合計特殊出生率）の数値ではない」と安藏氏は指摘する。日本では、「結婚していない女性が産んだ子（非嫡出子）の出生割合」は全出生の2％と低い。よって、実質的な出生率は、「合計結婚出生率」（一夫婦がその全出生過

図1-6　合計結婚出生率と合計特殊出生率の推移

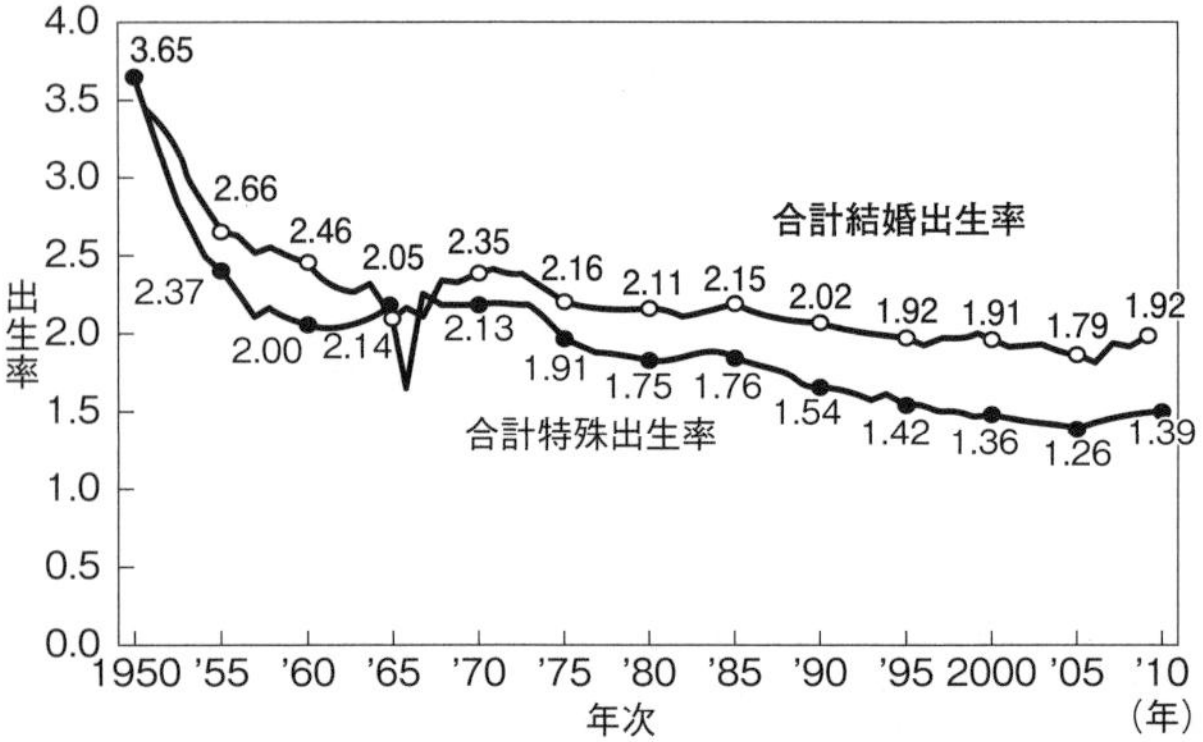

注：合計結婚出生率のグラフは3年移動平均値を示す、第7回調査（1977年）～第14回調査（2010年）を合わせて集計。合計特殊出生率は「人口動態統計」による。グラフ上の数値は1955年から5年毎の合計結婚出生率3年移動平均値と合計特殊出生率の値を示す（ただし合計結婚出生率の最新数値は2009年の値）。

出典：国立社会保障・人口問題研究所2010年「第14回出生動向調査」夫婦調査の結果概要より

程を通して当該の結婚持続期間別出生率に従って子どもを産んだ場合に実現される完結出生児数を示す）と考えて支障はないことになる。

図1－6を見てわかる通り、この「合計結婚出生率」はそれほど下がってはいない。2005年に一度下降したものの、2010年には1・92と持ち直している。つまり、結婚した夫婦は合計2人弱の子どもを産んでいるということになる。2人の子どもを産んでいる女性に、さらに3人目を求めるより、未婚女性の結婚を促進したほうが期待出生値がプラス2になるわけで効果は大きい。逆に言えば、未婚のまま生涯を

終えるということは、この少子化に加担しているということにもなり、「未婚が増えれば国が滅ぶ」という極論を唱えたい気持ちも理解はできる。

理解はできるし、結婚の促進によって少子化が改善されるという理屈もわかるが、結婚さえすれば皆子どもができるはず、という思考は短絡的にすぎる。

大体、子どもが欲しくても事情があってできない人たちもいる。2002年、厚生労働科学研究費補助金厚生労働科学特別研究「生殖補助医療技術に対する国民の意識に関する研究」において推計された当時の不妊治療患者数は46万6900人である。また、同じく厚生労働省「2010年第14回出生動向基本調査　夫婦調査の結果概要」によれば、カップルの6組に1組は何らかの不妊治療をしたことがあるといわれている。

さらには、物理的に「産めない」女性だけではなく、自ら子どもを「産まない」選択をする女性も存在する。2016年の雑誌「FRaU」(講談社)3月号では、女優山口智子さんの「産まない選択」というロングインタビューが掲載され、大きな反響を呼んだ。

「私はずっと、子供を産んで育てる人生ではない、別の人生を望んでいました。今でも、一片の後悔もないです。人それぞれ、いろんな選択を持っていいはず」

彼女は決して「子どもを産み育てない人生」を推奨したくて言ったのではない。推奨どころか、むしろ「人それぞれ、いろんな選択があっていいはず。人を真似する必要はない」と、個人の多様性と自由を訴えている。その部分に私は大いに共感し、賛同する。

生涯未婚率より深刻な生涯無子率

生涯未婚率という指標は、最近では広く認知されるようになっているが、そもそも生涯で「子を持たない率」という指標はあるのだろうか。要するに「生涯無子率」である。ネットで検索したものの、厚生労働省にも総務省の統計局にもそれに該当する項目はなかった。

仕方ないので、国立社会保障・人口問題研究所の「将来人口推計」のデータ（家族類型別と配偶関係別）をまとめて自作してみることにした。計算式としては、「夫婦のみ世帯」の数と未婚者の数を足し合わせることで、無子生活者数を割り出すという考え方をした。ちなみに、詳細な家族類型には核家族世帯とその他の親族家族世帯があり、それぞれに「子無し世帯」は存在するが、核家族世帯以外の数は今回合算していない。

ただし、15歳以上すべての年齢を対象とすると不正確になる。なぜならば、50代以上の「夫婦のみ世帯」とは、現在は子と同居していないが、子どもが独立した結果「夫婦のみ」となっている場合が多いからだ。事実、高齢者世帯の「夫婦のみ世帯」比率は高い。また、20〜59歳で区切ってみても、合算されている未婚者のうち20〜30代はまだこれから

図1-7　日本の無子率推計

46-54歳	2010年		2035年	
	男	女	男	女
夫婦のみ世帯数	800	800	860	860
未婚者数	1,668	873	1,980	1,272
無子合計	2,468	1,673	2,840	2,132
生涯未婚率	21.1%	11.1%	28.9%	19.1%
生涯無子率	31.2%	21.2%	41.4%	32.0%
対象人口	7,916	7,877	6,858	6,668

出典：国立社会保障・人口問題研究所『日本の世帯数の将来推計（全国推計）』（2013年1月推計）より筆者作成

※表中の生涯未婚率は、あくまで「将来人口推計」の元データで自動算出しているため、2010年時点の確定値生涯未婚率（男20%、女10%）とは誤差が出ているのは了承されたい。

結婚して子どもを産む可能性もある。

よって、生涯未婚率と同じように、46～54歳の年齢に絞って算出をすることとした。

これで見ると、2010年時点で男性31・2%、女性21・2%の生涯無子率ということになる（図1－7）。思ったほど無子率は高くはない、というのが正直な感想だ。ざっくり言うと、「生涯未婚率」プラス10%が「生涯無子率」ということになる。よって、2035年推計としては、男性41・4%、女性32・0%が生涯無子率となる。約4割の男性と3割の女性が生涯子無しで一生を終える、ということだ。

ちなみに、国立社会保障・人口問題研究所が2006年時点で試算したコーホー

図1-8　コーホート別にみた女性の生涯未婚率ならびに出生子ども数分布

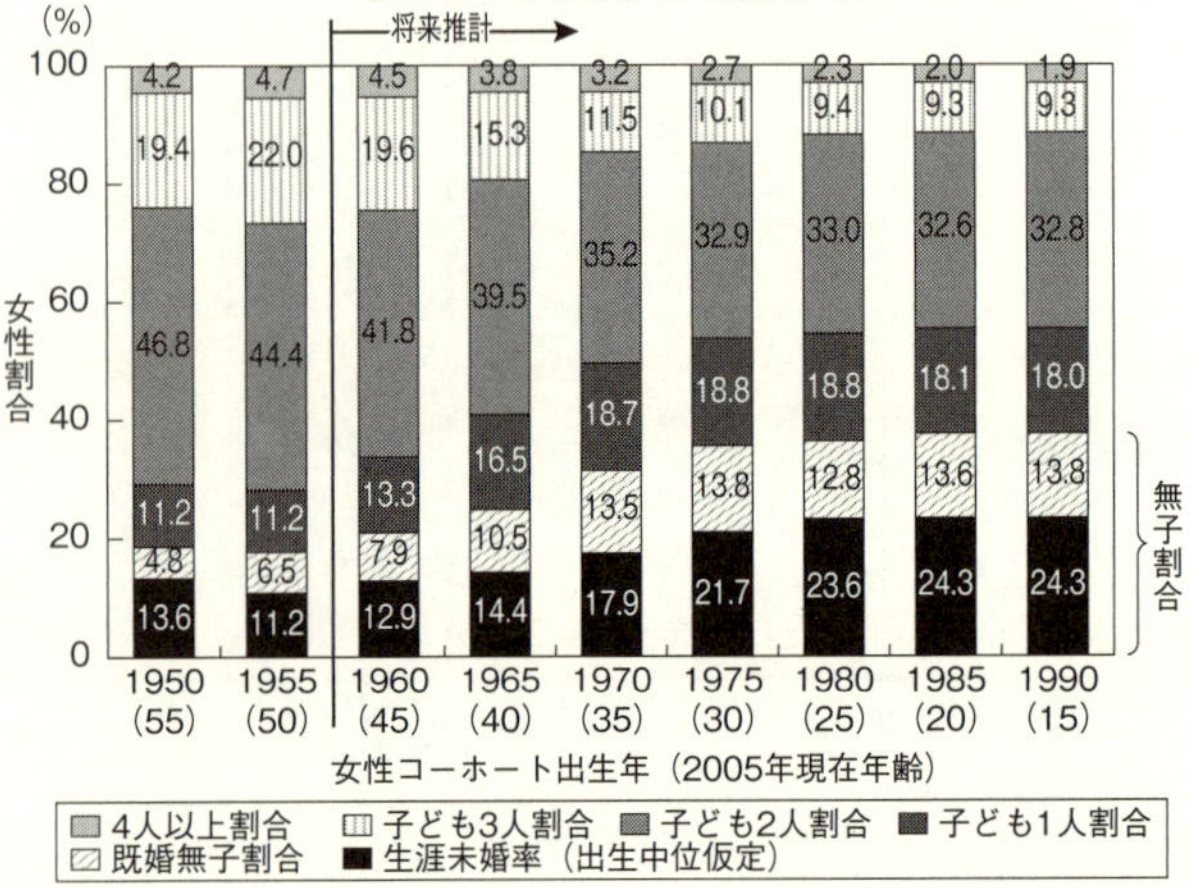

出典：国立社会保障・人口問題研究所「日本の将来推計人口（2006年12月推計）」より

ト別にみた女性の無子割合試算は図1−8の通りだった。どうして女性のみかというと、男性の場合は離婚などした場合に、その男性が無子だったのか有子だったのか判別がつかないからだろう。

図1−8で見ると、1990年生まれの女性（2035年時点で45歳）が無子である割合は、既婚無子割合13・8+生涯未婚率24・3=38・1%ということになり、4割近い数字になる。この24・3%という女性の生涯未婚率は2006年時点の推計でやや高い。2035年時点の女性の生涯未婚率は19・2%（2013年推計）とされていたから、その数値を

当てはめると無子率は33％になる。これに基づいて、男性の場合を単純に上記表の既婚無子割合＋男性生涯未婚率で推定すると、13・8＋29・0＝42・8％となる。

つまり、2035年時点の生涯無子率は男性42・8％、女性33・0％となり、ほぼ、私の試算と同じくらいだ。いずれにせよ、男性の4割、女性の3割が生涯無子であるということには変わらないようだ。

注目したいのは、既婚無子割合である。1950年生まれの女性ではわずか4・8％だったものが、1990年生まれの女性では13・8％と、ほぼ3倍増なのだ。結婚しさえすれば、少子化は解消できるというのは幻想にすぎないことがわかる。

根強い日本の結婚規範

結婚とは、本来法的義務ではない。他人から強要されるものでもなく、個人の意思に基づき選択できるひとつの権利にすぎない。また、自分の子どもを産み育てることだけが、人間としての社会的価値ではない。にもかかわらず、一部のガラパゴスな既婚者たちは、「結婚することが当たり前じゃないか」「結婚して、家族を持ち、子どもを育ててこそ一人前なんだ」と説教を始める。いわゆる「結婚規範」というものだ。

それゆえ、40歳を過ぎても結婚しない人たちに対しては、「何か人間的に欠陥がある」

という根拠のないレッテル貼りをされることが多い。結婚することが普通であり、結婚しない状態は異常であるという考えだ。だから皆婚時代、5%程度のマイノリティだった生涯未婚者たちは黙認できても、例えば「男性の3割が生涯未婚になる」というニュースに触れると、既婚者たちは得体の知れない病原菌が拡散したかのように狼狽《ろうばい》し、その病気を治癒させようと矯正《きょうせい》を図ろうとする。突拍子もないと思われるかもしれないが、「結婚するのが当たり前」の人にはその思考こそが正義なのだ。

この結婚正規範は、特に日本人において根深い。

内閣府が2015年に実施した「『少子化社会』に関する国際意識調査・報告書」に、それを裏付ける興味深いデータがある。日本、フランス、スウェーデン、イギリスの4カ国の20歳から49歳までの男女（未既婚混在）を対象として、「交際」「結婚」「出産」「育児」等に関する意識を調査したものだ（図1－9）。

※本調査で「結婚」とは法律に基づく結婚をいう。フランスの「PACS」またはスウェーデンの「サムボ」については、法律に基づく形態ではあるが、本調査においては、結婚ではなく、同棲とみなしている。

人生における結婚や同棲の必要性に対する考え方について聞いたところ、日本では、「結婚は必ずすべきだ」が9・0%、「結婚はした方がよい」が56・5%と結婚規範が65%

図1-9　結婚に対する考え方国際比較

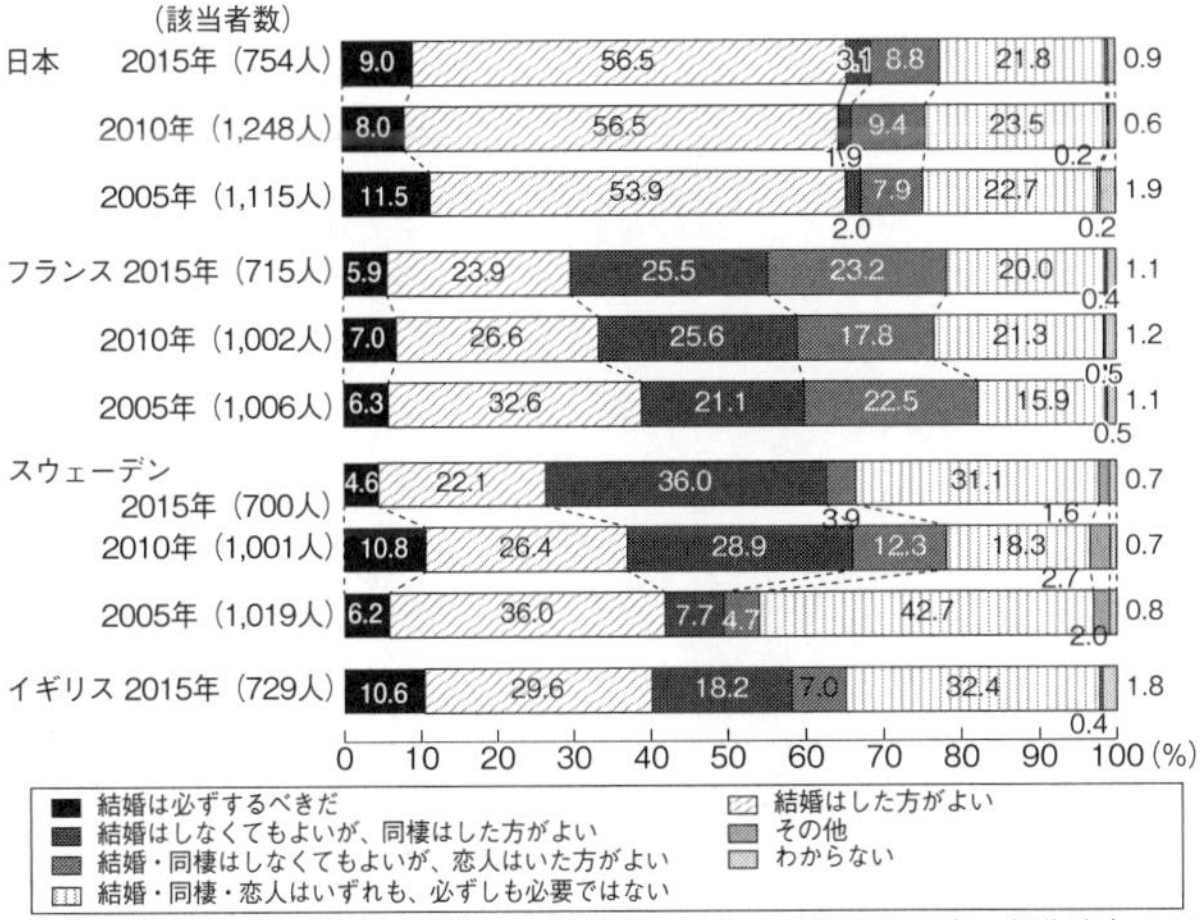

出典：2015年内閣府「『少子化社会』に関する国際意識調査・報告書」より

を超える。これは、前回2010年、前々回2005年とほぼ変わらない。

対して、欧州各国を見てみると、フランスとスウェーデンでは、「結婚は必ずすべきだ」「結婚はした方がよい」の合計が直近の調査ではともに3割を切っている。イギリスはやや高いが、それでも40％程度にすぎない。特に、フランスでは、結婚・同棲という形にこだわらず、パートナーがいればいいという考え方である。

逆に、「結婚・同棲・恋人はいずれも、必ずしも必要ではない」がスウェーデンで31・1％、イギリスで32・4％と、日本の21・8％より10ポイントも高いのが特徴的だ。これは、パートナーの存在そのものを否定しているというよりも、カップルを形成しないことに対する許容意識が高いと考えられるだろう。

当然、これらの結婚に対する考え方は、有配偶者と独身とでは異なる。よって、配偶関係別に比較したものが図1－10だ。

「結婚すべき・結婚した方がいい」と回答した合計値では、有配偶者も独身も日本は各国より高い。結婚も同棲をしていない日本人独身の約6割が強い結婚規範意識を持っている。フランスやスウェーデンの独身者が2割前後であるのと比較すると、実に3倍である。

つまり、日本人は結婚していようがいまいが、全体的に結婚規範が強く、一方、欧州3カ国では、有配偶者は結婚規範が強いが、それ以外ではきわめて低いという傾向がある。

同調査では、日本での結婚規範の強さを性・年代別に比較している。性別に見ると、この割合は男性71・7％、女性60・5％であり、男性のほうが結婚規範は強い。年代別では、男性の場合、20代70％、30代67％、40代76％、女性は20代66％、30代56％、40代62％である。年齢が若ければ結婚規範が薄いというわけではなく、男女とも30代がもっとも低く、女性の場合はむしろ20代がもっとも高い。

この結果は意外だったのではないだろうか。これは昭和の調査結果ではなく、2015年のものである。

図1-10　結婚・同棲状態別にみた結婚すべき・結婚した方がよいと回答した割合

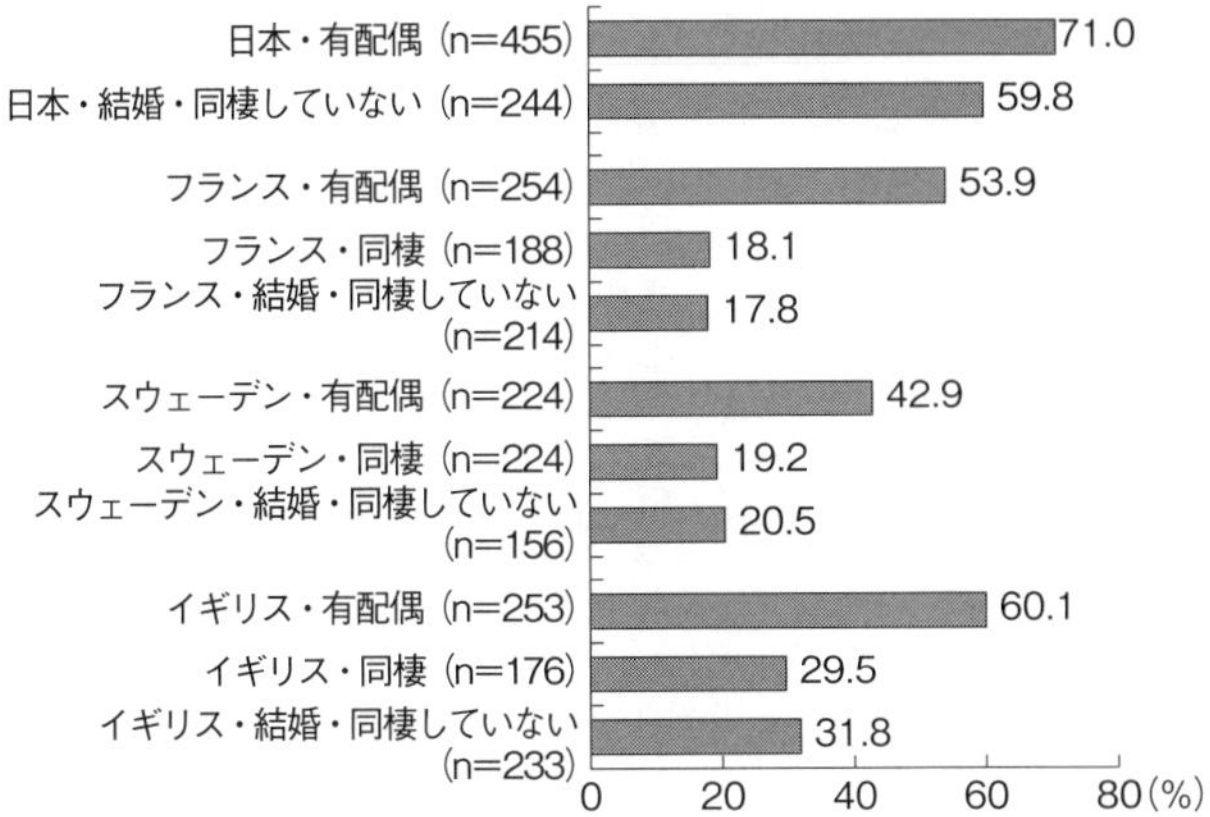

出典：2015年内閣府「『少子化社会』に関する国際意識調査・報告書」より

このように未婚既婚性別年齢にかかわらず、日本人は全体的に高い結婚規範を潜在的に持っている。それゆえに、結婚できない人たちに対する「結婚するのが当たり前だ」という攻撃は、ボディブローのように効いてくるのだ。つまり、強い結婚規範は、未婚者に対して「結婚できない自分は何かが足りないのだ」という自己否定感を植え付けてしまうことになる。

ひとつ事例を紹介したい。手前味噌で恐縮だが、私は2015年末に『結婚しない男たち　増え続ける未婚男性「ソロ男」のリアル』（ディスカヴァー携書）という本を出版した。結婚せずに自由な生活を謳歌《おうか》する独身男性（ソロ男）の生き様を書いたものだ。これは、決して非婚を勧めたものではない。増え続ける男性未婚者についての調査データがほとんど存在しなかったため、彼らの生態を消費行動と絡めて明らかにしたものである。

ここで主張したのは、「結婚できないのではなく、自らの意思で結婚しない男たちがいる」ということでもあった。彼らは、ちゃんと働き、経済的にも自立し、場合によっては彼女もいるにもかかわらず結婚を選択しない。自分の金と時間を全部自分の趣味や興味のために使う男たちの生態は、各種メディア上でも紹介され、話題となった。

この本が出た際に、匿名掲示板にスレッドが立ち上がった。最終的に16スレ（1万6000コメント）まで伸びたのだが、そこで交わされたやりとりが、既婚男性による叩きと、未婚男性による叩きだった。前者は理解できる。既婚者がソロ男のような自由な生き方を認めない、というのはある意味、最初から想定内のことで、「結婚しない、なんて負け惜しみだ。本当はできないだけだ」という既婚者からの指摘も織り込み済みだ。既婚者たちは、結婚しないと言い放つ未婚者たちを「すっぱいブドウ」にたとえた。

「すっぱいブドウ」とはイソップ童話のひとつである。木の上に実った美味しそうなブドウを見つけたキツネが、それを食べようと跳び上がるがブドウには届かない。何度挑戦しても届かず、キツネは諦めるのだが、最後にこう言い残す。

「どうせあのブドウは、すっぱくて不味《まず》いに決まっているさ」

未婚者はキツネで、ブドウは結婚に当てはまる。人は自分の置かれた状態が希望と違う状態にある時、心の中の不協和音を避けたいがために、状態に合わせて自分の価値観や信念を変更しようとする。価値観や信念は絶対的なものではないのだ。「未婚者の結婚しないという主張」を「すっぱいブドウ」にたとえるのは間違いではないが、「既婚者の結婚はいいもんだぞ〜という主張」もまた「すっぱいブドウ」である。いずれにしても、既婚者の反応は予想通りだった。

しかし、意外だったのが後者である。未婚男性たちに叩かれるとは思わなかった。彼らの主張の多くも既婚者と同じで、「俺は、結婚しないんじゃなくて、したいけどできないんだ」というものだった。できない理由として挙げているのは、経済力、容姿、性格、コミュニケーション能力など人によってさまざまだったが、この「結婚できない男」の強烈な自己否定とネガティブ思考には唖然としたものだった。

彼らに言わせれば、自分は「結婚しない」という強固な意志の下で独身を貫いているわけではない。「結婚しない」という選択を独身男たち全員がしているかのような本を書かれては、自分たちの「結婚できない」状態が改善されない、迷惑だ、という主張だ。かといって、彼らが積極的に婚活しているという素振りもない。過去に「結婚したい」男たちのレースに正々堂々と参加して敗れたという心の痛手があるわけでもない。そもそもレース自体に参加もしていない。

「どうせ、参加したって、俺なんかと結婚してくれる相手がいるはずないじゃないか……」

そう言い出す始末なのだ。

たかが結婚できるかどうかでなんて人間の価値は決まらない。そう思うのだが、強迫観念的な結婚規範に巻き込まれてしまっていると、「結婚できない」ということがこれほどまでに人間の自信を喪失させてしまうのか、と戦慄《せんりつ》したものだった。

一方で、ソロ男の中には、そんな結婚規範などには影響もされず、まったく自己否定などしない逞《たくま》しい男たちも存在する。とはいえ、ガラパゴス既婚者たちの「結婚もせずに独身を謳歌しやがって」という非難の目は避けたい。よって、「結婚したいのはヤマヤマなんですけど、できないんですよ〜」と自分を貶《おとし》めることで、彼らは自己防衛している。自虐ネタとして活用すれば、周囲も「そうか、がんばれよ」とやさしくなるからだ。だが、それはあくまでその場しのぎの取りつくろいにすぎない。当然本人の意思に反するし、ストレスも生む。

これもまた結婚規範によって未婚者が振り回されている現象のひとつだろう。

本書内では、こうした「結婚意思のない人たち」をソロ男・ソロ女と呼ぶことにする。

※本来のソロ男・ソロ女の定義とは、有業で一人暮らしをする「自由」「自立」「自給」の価値観を持つ人たちであり、「結婚意思の有無」は無関係なのだが、便宜上本書においては「結婚意思の有無」で分けることとする。

結婚のメリットもデメリットも金

5年おきに実施されている出生動向基本調査の第15回結果概要の中から、独身者調査の中の「結婚の利点」「独身の利点」という相反する項目について取り上げてみたい。ちなみにこれは独身者が考える結婚の利点であって、既婚者のものではない。

まず、「結婚の利点」であるが、経年変化で解説されている内容を以下に引用する。

結婚することの具体的な利点のとらえ方を見ると、男女とも「子どもや家族をもてる」を挙げる人の増加傾向は、第9回調査（1987年）からほぼ一貫して続いている（次ページ図1－11）。2000年代以降、「精神的安らぎの場が得られる」と「愛情を感じている人と暮らせる」は減少傾向、「親や周囲の期待に応えられる」は増加傾向にある。また、女性では「経済的に余裕がもてる」が増加傾向にあり、今回初めて2割を超えた。

つまり、結婚の利点とは「子どもや家族をもてる」と男女とも大多数が考えていて、減少傾向にあるとはいえ「精神的安らぎの場が得られる」と続く。きわめて普通だ。

図1-11　調査別にみた、各「結婚の利点」を選択した未婚者の割合

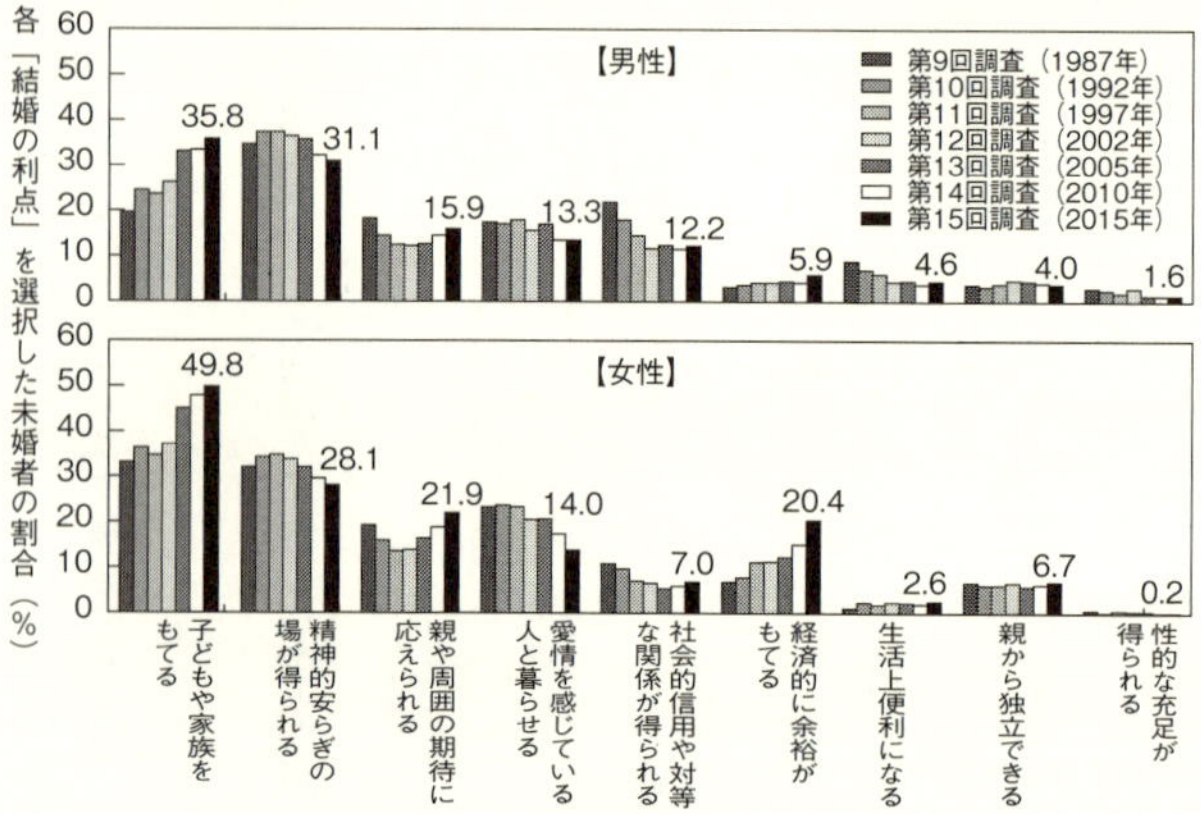

注：対象は18～34歳の未婚者。何%の人が各項目を主要な結婚の利点（2つまで選択）として考えているかを示す。グラフ上の数値は第15回調査のもの。

出典：国立社会保障・人口問題研究所2015年「第15回出生動向基本調査」より

図1-12　調査別にみた、各「独身生活の利点」を選択した未婚者の割合

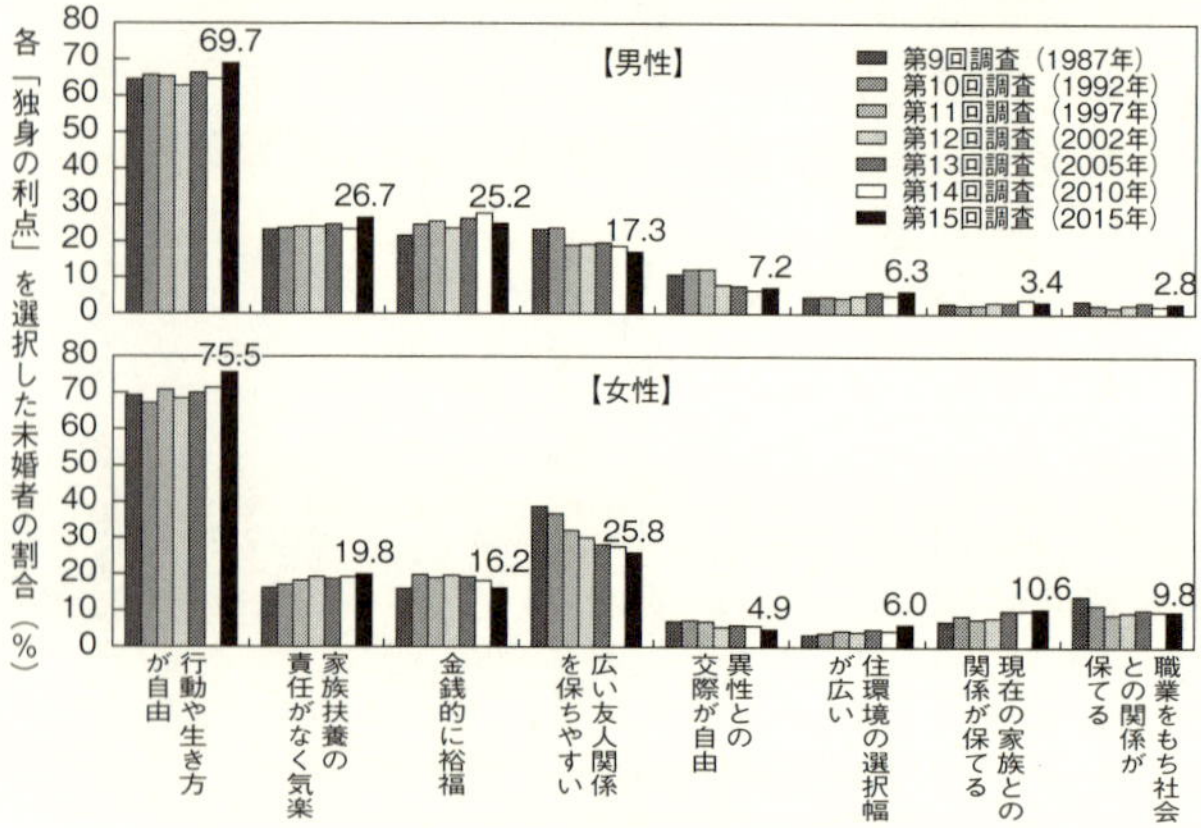

注：対象は18～34歳の未婚者。何%の人が各項目を主要な独身生活の利点（2つまで選択）として考えているかを示す。グラフ上の数値は第15回調査のもの。

出典：国立社会保障・人口問題研究所2015年「第15回出生動向基本調査」より

続いて、独身の利点について見てみよう。

独身生活の利点は、男女ともに「行動や生き方が自由」を挙げる人が圧倒的に多く、男性では69・7％、女性では75・5％であった。それ以外では「金銭的に裕福」「家族扶養の責任がなく気楽」「広い友人関係を保ちやすい」が比較的多い。これらの傾向は第9回調査（1987年）以降ほとんど変わっておらず、結婚すると行動や生き方、金銭、友人関係などが束縛される、という未婚者の感じ方は根強い。ただし女性では、友人関係が束縛されるという意識は弱まってきている。

独身生活の利点は、男女ともに「行動や生き方が自由」とのことだ。これまた、調査するまでもない普通の結果だった。

確かにこれは間違っていない。グラフと数字から男女別に見ればその通りだ。ただし、「あくまで男女別に見たら」の場合だが。

これを男女それぞれで見てはいけない。結婚とは男女でするものであり、お互いが考える利点が食い違っているとするならば、それはマッチングを阻害する要因となる。ここは、男女各々の数字を見るのではなく、男女の差分を見るべきだと思う。

次ページの図1－13、14は男女差分をグラフにしたものだ。左側に伸びていれば「女性が利点と感じている部分が多い」、右側なら「男性が利点と感じている部分が多い」とい

図1-13　独身者による「結婚の利点」

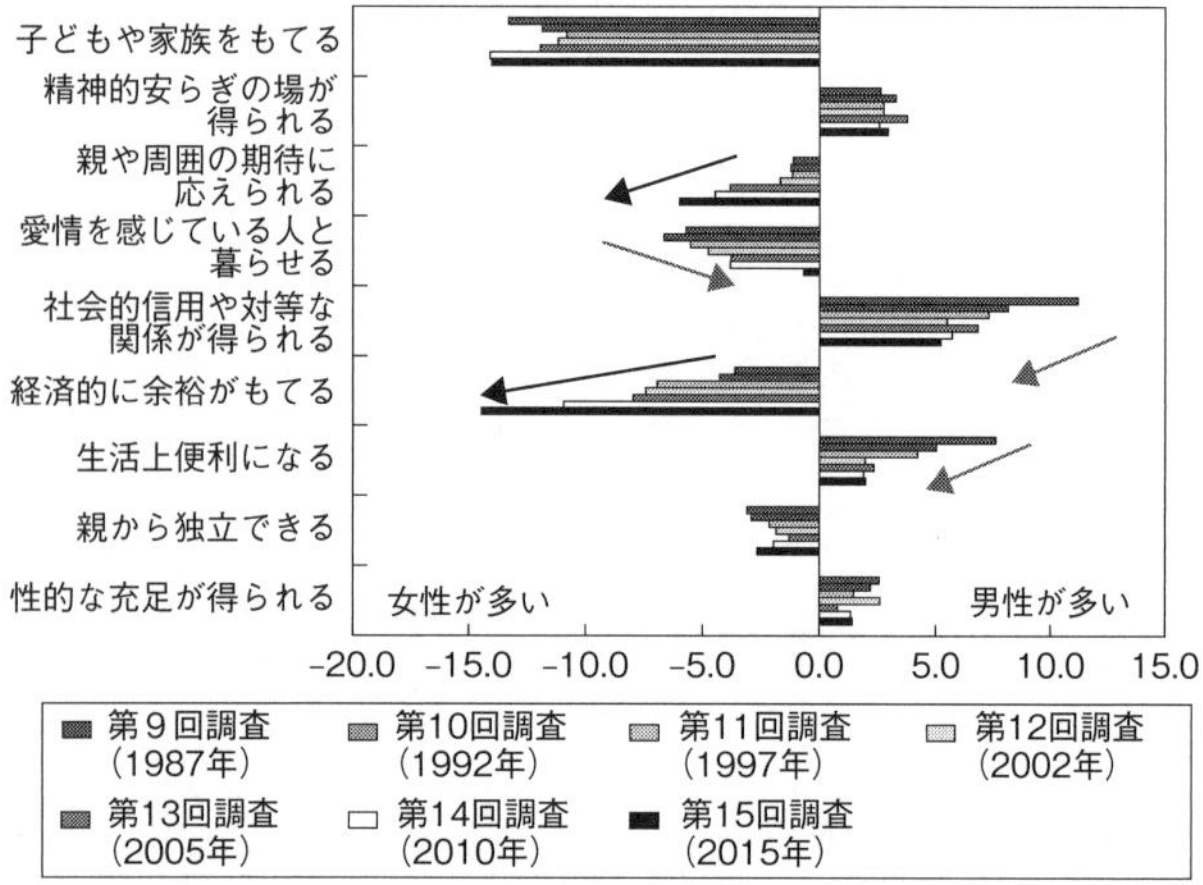

出典：第15回「出生動向基本調査」より　筆者作成

うことになる。

まず、結婚の利点の男女差分である。

一目瞭然。女性は、「親や周囲の期待に応えられる」もさることながら、圧倒的に「経済的に余裕がもてる」項目が男性より多い。しかも、近年急激に伸びていることが見てとれる。

一方、男性は「社会的信用」「生活上便利になる」部分など女性より多い部分があるものの、ほぼ年々下降傾向で、唯一「精神的安らぎ」部分がずっと横ばいでキープしている状況だ。

続いて、「独身の利点」も見てみよう。

こちらも一目瞭然である。

図1-14　独身者による「独身の利点」

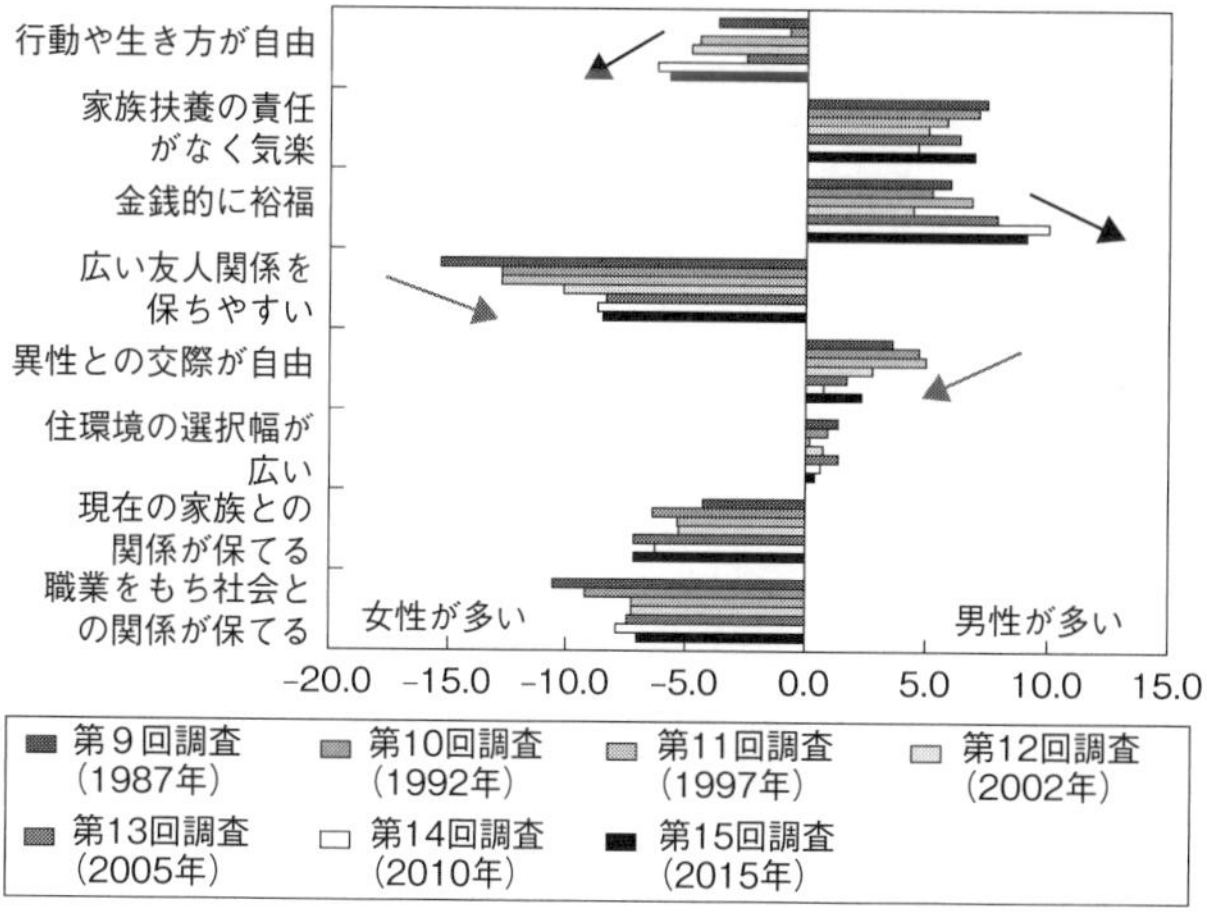

出典：第15回「出生動向基本調査」より　筆者作成

「行動や生き方が自由」を独身の利点としているのは意外にも女性のほうが多く、しかも伸びている。つまり、女性は独身の利点を「自由」で、かつ「友人関係の保持」「社会との関係保持」「家族との関係保持」という関係性の継続を重視しているということだ。

男性は「金額的に裕福」が伸びまくっている。「家族扶養責任がない」というのも経済的要因とニアイコールだ。

これら「結婚」と「独身」のそれぞれの男女差分からわかることは何か？

女性が結婚しないのは、結婚をすると「不自由になり」「友人や家族や職場との関係がなくなる」という恐れがあるからだと解釈できる。その上、結婚に対しては「家族という新しい社会を手に入れることができ」「経済的余裕が生まれる」ことを期待している。

つまり、今までの社会的な関係性を放棄してもいいくらいの経済的余裕がなければ、女性はあえて結婚するメリットを感じないのだ。

身も蓋もない言い方をしてしまうと、そこには愛情なんてものはもはやあまり重要ではないということだ。婚活女性が相手の年収条件にこだわる理由はこういうところに潜在している。

逆に、男性が結婚しないのは、「自分のために金を使いたい」からだ。結婚に感じられるメリットは、もはやほとんどないといっても過言ではない。未婚のままでも、今や社会的信用を失うわけでもなく、結婚したからといって、専業主婦になってくれる時代でもないから、生活上の利便性も変わらない。

「自分のために金を使える自由」を捨ててまで、結婚をする必要を感じられないのがおわかりいただけると思う。

結婚に関して、女性は相手の年収や経済的安定は絶対に譲れないし、男もまた結婚による自分への経済的圧迫を極度に嫌う。とにかく、結婚に対する意識では、男も女も所詮《しょせん》

「金」なのである。女が結婚したがるのも金ならば、男が結婚したがらないのも金。双方譲れないポイントがここでぶつかっているわけだから、非婚化が進むのは至極当然なのだろう。

第2章

ソロで生きる人々を許さない社会

未婚化・非婚化の進行は決して個人の意識の問題だけではない。経済状況や雇用含む社会環境変化の影響も大きい。しかし、それら社会環境変化とのつながりを考慮せず、あるいは事実誤認によって、未婚や非婚を個人の努力不足として決めつける風潮がないとは言えない。本章では、未婚者たちの意識や置かれた状況を正しく認識してもらうとともに、偏見や先入観に満ちた見方が生む弊害について述べたい。

9割が結婚したいというデータの嘘

第1章で、諸外国と比較して日本人には、結婚規範が根強く存在すると述べた。結果、それは未婚者に対して「結婚できない自分は何かが足りないのだ」という自己否定感を無意識に植え付けてしまうことになる。

この「結婚することが人間として正常だ」という、結婚正常論を唱える側には悪意はないかもしれない。「結婚っていいものだぞ」「家族ってあたたかいぞ」と善意でアドバイスしているつもりかもしれない。ただ、「できない人間」と「したくない人間」にとって、悪意だろうが善意だろうが迷惑でしかない。なぜ、そうまでしていちいち人の人生に口出しするのか、という話だ。

なぜ、こうした結婚正常論の考え方が社会に蔓延《まんえん》してしまうのだろうか。

図2-1　未婚者の生涯結婚意思

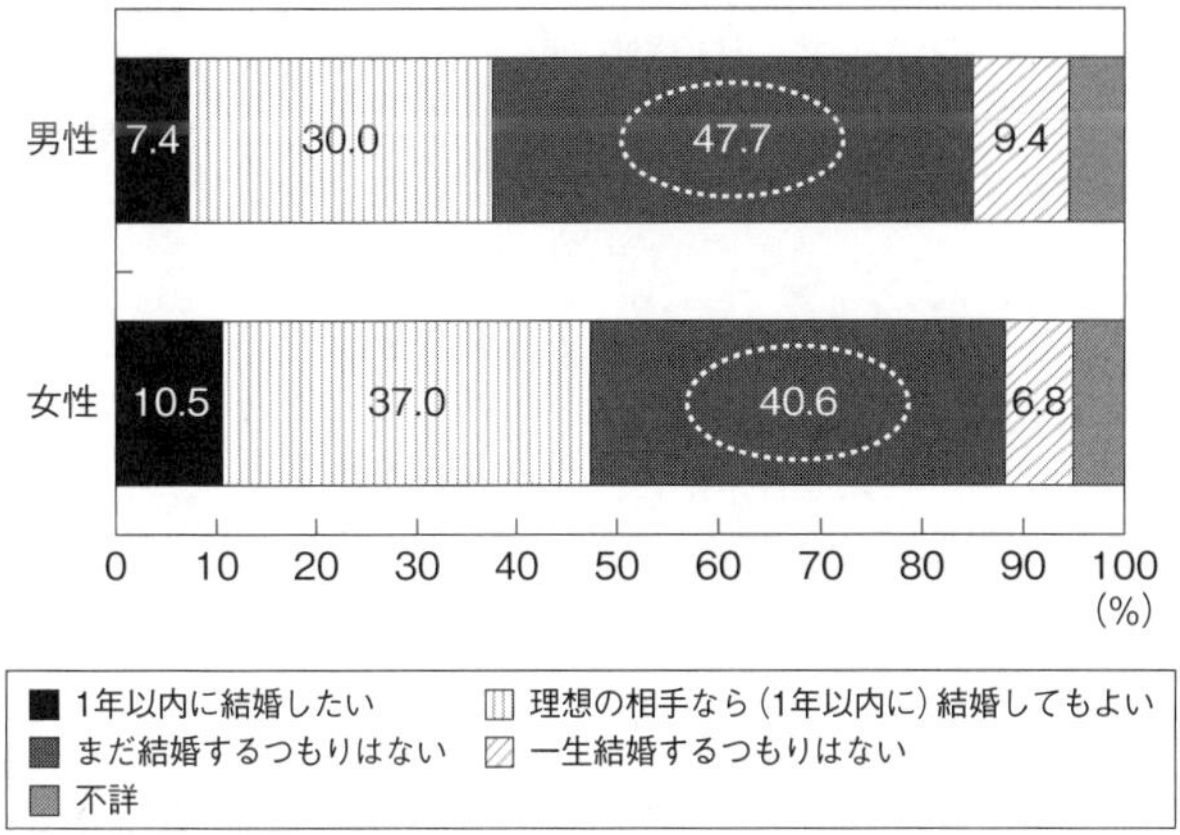

出典：2010年国立社会保障・人口問題研究所「第14回出生動向調査」より。
（対象18-34歳未婚者）

実は、それは「日本人は皆が結婚したいと思っている」という思い込みに起因している。その思い込みをつくっているのは、生涯未婚のニュースの際には必ずといっていいほど引用される以下のデータだ。

「18〜34歳の適齢期の男女は、その9割（男性86％、女性89％）が結婚したいと思っている」。出典は、国立社会保障・人口問題研究所が行っている「適齢期男女の結婚意向」調査である（図2―1）。

男女ともに9割が結婚したいと思っているのに、3割も生涯未婚になるはずがない。「結婚できない」のは情熱や行動力が足りないのだ、という論法なのだろう。

だが、このデータは決して「結婚したい」という意思ではなく、「いずれ結婚するつもり」という意味だ。しかも「いずれ結婚するつもり」か「一生結婚するつもりがない」の二者択一の設問である。よって、「いずれ結婚するつもり」と回答した人たちの内訳を見ると、そのうちの約半数は男女とも「まだ結婚するつもりがない」としている。

つまり、正確に言うならば、「いずれ結婚するかもしれない」と思っているが、そのうち男性の47・7％、女性の40・6％が「まだ結婚するつもりはない」という人たちなのだ。

これについては、私自身「ソロ男プロジェクト」において、2016年に1万人規模での調査を実施している。結婚に前向きなのは20代男60％、30代男50％、40代男39％、50代男29％、20代女72％、30代女58％、40代女34％、50代女18％という結果だった。平均初婚年齢の30代で見ても、男性の5割、女性の4割は結婚に対して後ろ向き、つまり「結婚したくない」と思っているわけである。これは、さきの出生動向調査の結果とほぼ合致する。

「結婚はするのかもしれない、と漠然と思いつつも、結婚するつもりは今のところない」

そういう意識が大半なのだ。そういった意識は、男性だけではなく、女性にも広まっているし、むしろ40代以降の未婚女性のほうが、男性よりはるかに多く結婚意欲を消失する傾向がある。

このように、男女とも「結婚しない／したくない」というソロ男・ソロ女が約半数は存在する。もちろん、なかには「結婚したいけどできない」人もいるだろうが、能動的な意思をもって「結婚しない」選択をしている人がいるのも確かだ。

すべての人間が結婚するのが正常なのではない。むしろ、今思えば、高度経済成長期、ほぼ100％が結婚していた皆婚社会時代のほうこそ、長い日本の歴史の中でも異質なものであり、異常だったとみなしたほうが自然なのである。

働く女性が増える社会は非婚化へ進む

安倍内閣は、「女性が輝く社会」をつくることを最重要課題のひとつとして掲げている。すなわち、すべての女性が、その生き方に自信と誇りを持ち、活躍できる社会づくりである。2016年5月、「すべての女性が輝く社会づくり本部」が決定した「女性活躍加速のための重点方針2016」には、女性が自らの希望や夢を実現できる社会をオール・ジャパンで実現するためとして、以下の3つを掲げた。

①あらゆる分野における女性の活躍
②女性の活躍を支える安全・安心な暮らしの実現
③女性活躍のための基盤整備

特に、①においては、男性的な働き方やそういった男性自身の意識を改革し、非正規雇用労働者として働いている女性の待遇改善や、女性の正社員転換を推し進め、男性の家事、育児等への参画も促進するとしている。あわせて、あらゆる分野において、女性リーダーの育成や企業における役員比率の向上や女性起業支援などが盛り込まれている。

安倍政権はなぜ女性の活躍に積極的なのか。ひとつは選挙対策という側面もあるだろう。が、それだけのために「女性活躍推進」を無理に掲げているわけではない。政府としては、そう舵を切らなければいけない相応の理由がある。

少子高齢化と人口減少社会に向かうことが避けられない状況のなかで、このまま高齢者が増えれば、社会保障制度を維持するのが困難なのは素人にもわかる理屈である。この支える側と支えられる側のアンバランスを緩和するには、潜在的労働力である高齢者、女性、若者の労働力増が必要なのだ。それは、日本においては、労働力としての移民の受け入れのハードルが高いことも影響している。

2014年の『経済財政白書』では、子育て支援の充実で、働く女性を100万人増加させることが可能だとしている。つまり、女性への子育て支援さえも女性の労働供給を狙ったものの一環なのだ。何も女性の正規雇用化にはこだわってはいない。パートだろうが、非正規雇用だろうが、とにかく今まで働いていなかった専業主婦や家事手伝いなどの女性が働き出してくれさえすれば、それだけでも経済的にも税収的にもプラスになる。女性の収入増に応じた消費支出の増加も、成長要因のひとつとしてカウントされている。身も蓋もない言い方をしてしまうと、「女性たちよ、国の成長のために働け」なのである。「女性が輝く社会」という言葉のみに目がいきがちだが、それこそ政府・官僚の思う壺で、それを報道するメディアにも責任の一端がある。

ちなみに、安倍政権の「日本再興戦略」での数値目標は、２０２０年までに25～44歳の女性就業率が77％（２０１５年実績72％）となっている。実は、これは民主党政権時代からそれほど変わっていない。政権与党が変わろうとも霞が関の官僚は変わらないからだ。女性の労働力増は、決して安倍政権独自の戦略ではなく、官僚たちがもともと意図していたものである。

「未婚化、非婚化を原因とする少子化は大問題。だから結婚しない選択は国を滅ぼす元でけしからん」と言う方たちは、とっくに周回遅れであることに気付いてほしい。もしかしたら、霞が関は少子化や人口減を食い止めようとする意欲などないのかもしれないのである。

年齢階級別の就業率（総務省「労働力調査」）で見ると、25～54歳の男性就業率が9割を超えているのに対して、女性は7割である。その2割の差分は、結婚・出産・育児段階に

図2-2　年齢階級別就業率推移

		2005年	2006年	2007年	2008年	2009年	2010年	2011年	2012年	2013年	2014年	2015年
男	総数	69.9	70.0	70.3	69.8	68.2	67.7	〈67.6〉	67.5	67.5	67.7	67.8
	15～64歳	80.4	81.0	81.7	81.6	80.2	80.0	〈80.1〉	80.3	80.8	81.5	81.8
	15～24歳	40.0	40.6	41.4	41.0	38.7	38.0	〈38.0〉	37.9	38.8	39.6	40.4
	25～34歳	90.0	90.5	91	90.6	89.0	88.9	〈89.3〉	89.4	89.3	90.1	90.0
	35～44歳	93.6	93.9	94	93.8	92.5	92.6	〈92.8〉	92.6	92.8	93.3	93.2
	45～54歳	93.0	93.3	93.6	93.4	92.4	92.5	〈92.4〉	92.3	92.4	92.7	92.8
	55～64歳	78.9	79.9	81.5	81.3	79.8	78.9	〈78.6〉	78.8	79.8	81.5	82.4
	55～59歳	89.6	89.6	89.8	89.2	88.0	88.0	〈88.6〉	88.4	89.1	90.0	90.2
	60～64歳	65.9	67.1	70.8	72.5	71.4	70.6	〈70.8〉	71.3	72.2	74.3	75.5
	65歳以上	28.7	28.4	29.1	29.0	28.4	27.8	〈27.5〉	27.9	28.6	29.3	30.3
女	総数	46.3	46.6	46.6	46.5	46.2	46.3	〈46.2〉	46.2	47.1	47.6	48.0
	15～64歳	58.1	58.8	59.5	59.8	59.8	60.1	〈60.2〉	60.7	62.4	63.6	64.6
	15～24歳	41.7	42.1	41.6	41.8	41.1	40.5	〈40.2〉	39.0	40.6	41.0	40.9
	25～34歳	64.0	65.1	65.7	66.3	67.3	68.0	〈68.3〉	69.1	70.7	71.6	72.1
	35～44歳	64.0	64.7	65.4	65.2	65.0	65.2	〈65.9〉	66.7	68.6	70.1	71.2
	45～54歳	69.1	70.2	71.2	71.4	71.0	71.5	〈71.6〉	72.2	73.3	73.9	74.8
	55～64歳	49.4	50.1	51.3	51.7	51.7	52.0	〈51.9〉	52.4	54.2	56.0	57.9
	55～59歳	58.4	58.6	59.5	60.0	60.6	61.2	〈62.1〉	62.6	64.7	66.3	67.5
	60～64歳	39.0	39.0	41.0	42.5	42.9	44.2	〈44.2〉	44.5	46.0	47.6	49.4
	65歳以上	12.6	12.8	12.8	12.9	13.0	13.1	〈13.0〉	13.2	13.7	14.3	15.0

出典：総務省統計局「労働力調査結果」より
（表中の〈　〉内の値は、東日本大震災による補完推計値）

おいてどうしても女性が離職せざるを得なかった状況が関係している（図2－2）。

さて、そんな「女性が輝く社会」の目標である、女性就業率77％が実現するとどうなるのか。もちろん、出産や育児という理由で離職を余儀なくされなくて済む体制が整えば、それは働きたい既婚女性にとってはメリットがあるだろう。

2014年の国民生活基礎調査に興味深いデータがあった。「末子の年齢階級別にみた母の仕事の状況」（図2－3）である。これによると、末子が0歳時点では6割の母親が無業となっている。子どもが大きくなるに従って仕事をするようになるが、そのほとんどが非正規雇用である。子どもを産んでも正規雇用のままでいられる

図2-3　末子の年齢階級別にみた母の仕事の状況

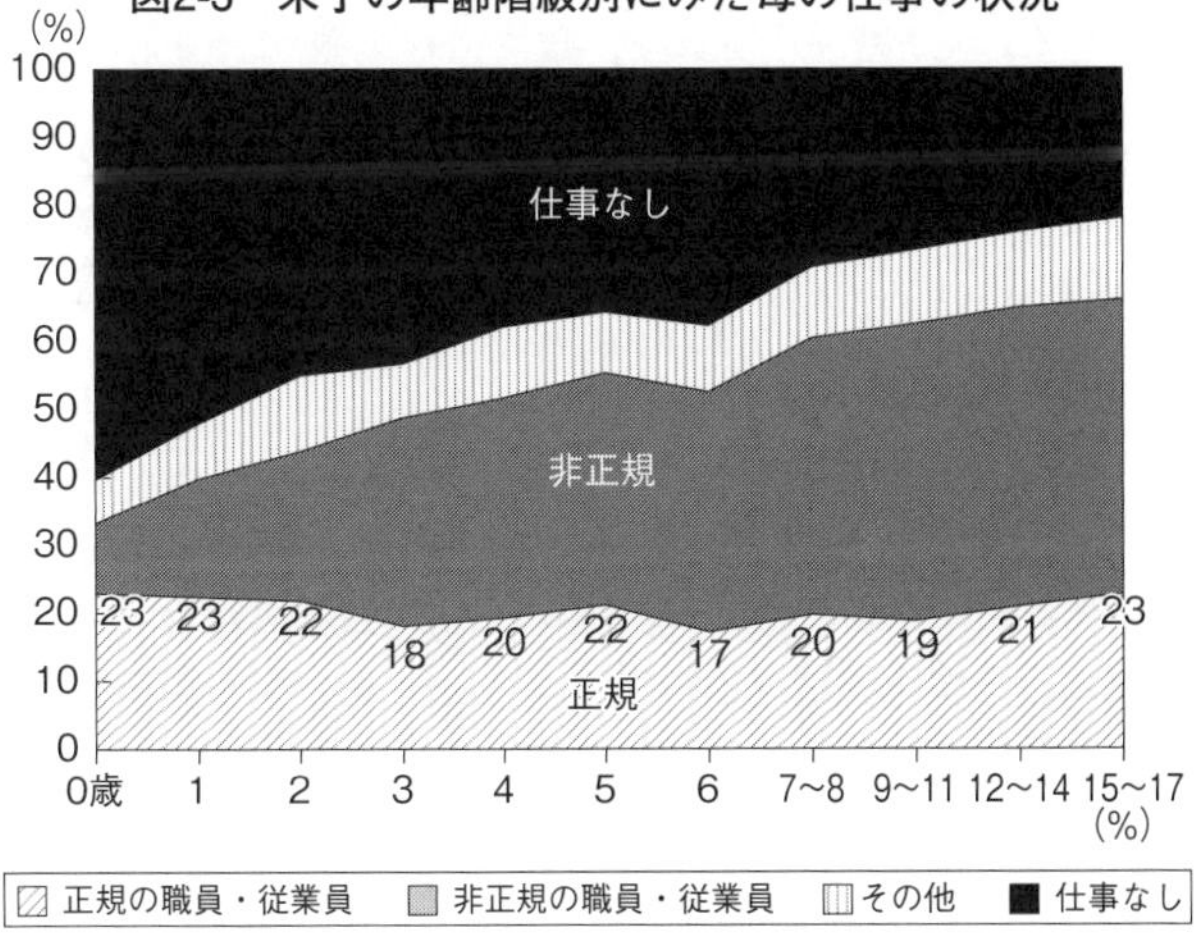

出典：2014年厚生労働省「国民生活基礎調査」より

のはわずか20％程度にすぎないのだ。

妻が無業の専業主婦で十分な収入のある世帯ばかりではない。これはつまり、妊娠出産のタイミングで仕事を離職した女性が多くいることをあらわしている。別の見方をすれば、出産に際して正規雇用のままでいられる企業が2割しかないということにもなる。ちなみに、30〜34歳時点の女性の正規雇用率は30％なので、そうすると少なくとも10％は正規職を辞しているということになる。

こうした状況が改善するために企業の意識や社会制度のあり方が変わっていくことは決して悪いことではない。出産した女性でも安心して働きながら育児のできる環境整備も必要だ。子どもを産んでしまうと仕事を辞めなければいけないからと、子どもを産むことを我慢する女性が大勢いるのであれば、こうした対応は歓迎されるだろう。

しかし、実際は、子どもが欲しい女性はそんなことに頓着せずに出産をするし、事実、現段階でさえ既婚女性は平均2人近く産んでいる。しかも、もともと子どもをつくらない方針の夫婦は、こうした制度の恩恵を受けないのだ。

バリバリ働く女性ほど未婚率が高い

政府や官僚の提示する「女性が輝く社会」とは、確かに女性の働く環境づくりには大いに効果を発揮するかもしれない。しかし、これが未婚化や少子化の解消になるかと問われれば甚《はなは》だ疑問である。むしろ、私の予想では、これによってさらに女性の未婚率が加速するのではないかと危惧する。女性の結婚動機として「経済的理由が大部分を占める」ことは疑いようのない事実である。よって、女性自身が単独で経済的に自立するようになればなるほど、女性は結婚する必要性を感じなくなるのだ。

年収別の男女の生涯未婚率分布（図2－4）を見ると、男女差が明確である。年収が低い男性ほど生涯未婚率は高く、逆に年収が高い女性ほど生涯独身なのだ。特に、1000万円以上の年収の女性の生涯未婚率は全体平均の10％の4倍近い。生涯未婚率

図2-4　年収別男女（参考）生涯未婚率

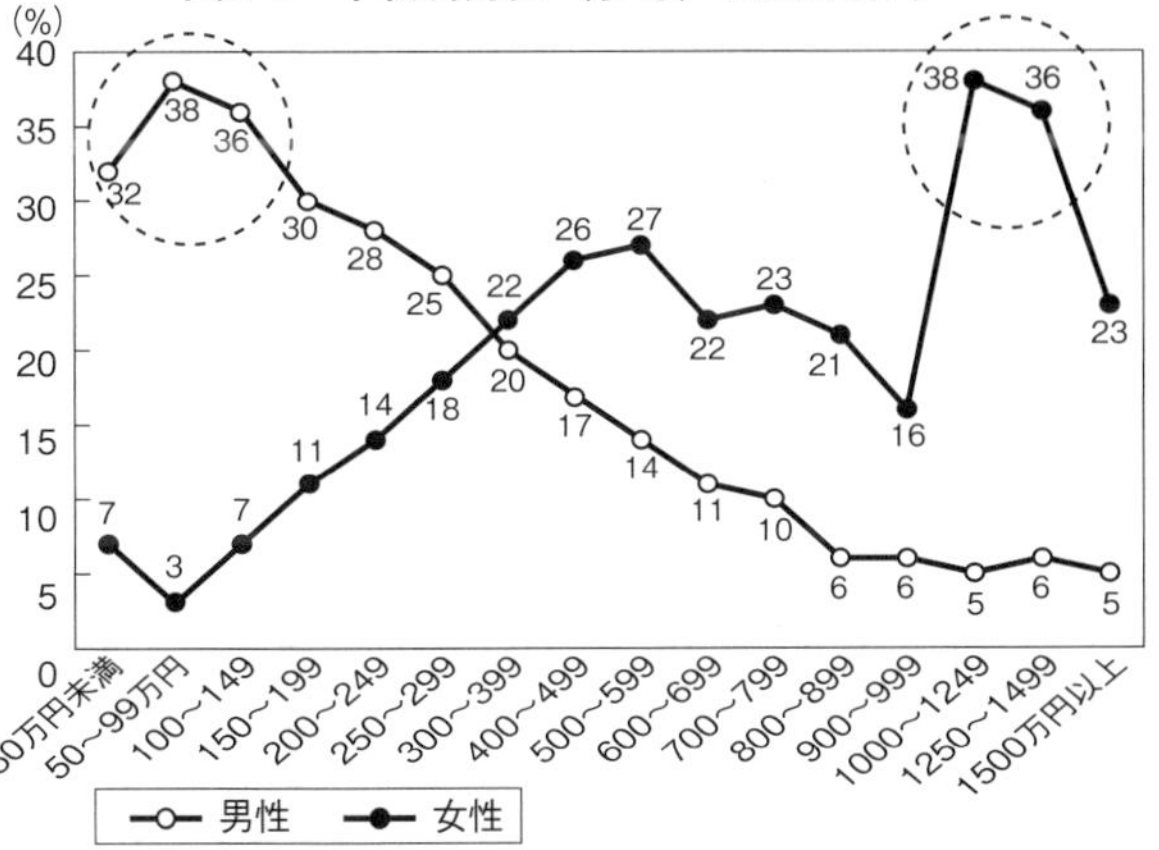

出典：2012年総務省統計局「就業構造基本調査」より
表23より45～54歳の年収別未婚者数を有業者総数で割った平均値
（厳密には生涯未婚率ではない）

とは、46歳から54歳の未婚率の平均なので、裏返すと、アラフィフで未婚なのは、貧困にあえいでいる男と、経済的に自立している女が多いということになる。

さらに、正規雇用と非正規雇用別に分けた男女の産業別生涯未婚率の一覧（次ページ図2－5）を見ていただきたい。一目瞭然なのは、生涯未婚率が高いのは、非正規雇用の男性と正規雇用の女性に集中しているということだ。

男女及び正規雇用・非正規雇用の4つの指標すべてで全体の生涯未婚率を上回っているのは、「新聞・出版・映像制作・広告制作業」となる。特に、正規女性の50％が生涯未婚だというのはある意味衝撃だ。続いて「広告業」や「法律事務所・会計事務

図2-5　産業別男女正規・非正規職員生涯未婚率

	正規		非正規	
	男	女	男	女
総数	14.6%	18.6%	40.4%	6.5%
農業、林業	18.4%	4.3%	49.9%	5.1%
漁業	18.6%	0.0%	31.3%	2.9%
建設業	16.7%	18.2%	36.7%	10.2%
製造業	15.9%	20.3%	42.4%	5.9%
電気・ガス・熱供給・水道業	10.9%	32.2%	25.0%	6.3%
通信業	13.1%	29.9%	12.5%	8.8%
放送業	13.0%	77.0%	0.0%	8.3%
情報サービス表（パッケージソフトウェア業、ゲームソフト業）	15.3%	35.6%	38.6%	11.2%
新聞・出版・映像制作・広告制作業	21.7%	50.1%	29.8%	13.3%
運輸業、郵便業	15.0%	23.5%	38.1%	7.3%
卸売業、小売業	12.7%	25.2%	40.2%	6.0%
金融業、保険業	6.8%	25.4%	12.1%	8.3%
不動産業、物品賃貸業	11.1%	26.4%	27.6%	11.9%
学術・開発研究機関	17.6%	3.1%	5.9%	19.6%
専門サービス業（法律・会計・デザイン業・著述家）	19.8%	27.5%	29.2%	9.9%
広告業	24.5%	38.5%	36.4%	0.0%
技術サービス業（建築設計、獣医、測量、写真業等	24.2%	23.6%	30.3%	14.7%
宿泊業、飲食サービス業	18.1%	12.2%	33.9%	4.7%
生活関連サービス業（洗濯、理美容）、娯楽業	20.6%	21.8%	41.8%	7.9%
教育、学習支援業	9.4%	17.3%	36.8%	7.2%
医療業（病院、医院、歯科）	11.7%	14.4%	42.2%	4.0%
社会保険・社会福祉・介護事業	19.8%	10.1%	49.0%	4.1%
郵便局・協同組合など複合サービス事業	12.3%	17.5%	58.6%	5.4%
サービス業（廃棄物処理・吉備・整備等）	22.1%	25.5%	47.0%	9.9%

出典：2012年総務省総計局「就業構造基本調査」より
2010年時点の生涯未婚率全国平均（男20.1%、女10.6%）を上回る部分を網掛けとしている。

所・デザイン業・著述家」も高い。

一方、生涯未婚率が低いのは、男性では「金融・保険業」「教育関連業」、女性では、「宿泊業、飲食サービス業」「社会保険・福祉、介護事業」。いわゆるメーカーなどの「製造業」は、男性は平均以下だが女性は倍以上と開きがある。「金融・保険業」も正規雇用男性は低いのに正規雇用女性は高い。男女の比率的に女性のほうが多いと思われる「小売業」においても正規雇用女性の数値は高いが、これは職場における男女比率で圧倒的に女性が多いことも影響しているかもしれない。

ここからわかるのは、正規職員としてバリバリ働いている女性は生涯結婚しない可能性が高くなりやすいし、それも、映像や文字、文章や絵を使いこなし、専門的な資格や知識を持つ人たちほど生涯未婚率が高いということである。私は広告業界に身を置いているが、確かに、デザイナーの女性や新聞や出版などのマスコミ業界、及びフリー女性ライターには未婚者が多いという印象がある。

その要因としては、単純に、仕事が忙しく、かつ楽しいというのはあるだろう。これらの職業が、いわゆるメーカーや小売店と違って、何時から何時までという時間労働の考え方ではないという点も特徴だ。もうひとつバリバリ仕事をする女性であれば、自ら相応に稼いでいる。もともと女性には「自分より年収の高い男性と結婚したい」という上方婚の考え方があるので、自分の年収が高くなると結婚相手の選択肢が狭くなるという点もある。例えば、600万円の年収を稼ぐ女性は、300万円の年収の男とは結婚できない。愛とか好きというエモーショナルな要因の問題ではない。結婚という「経済生活」は営めないのだ。

女性の上方婚狙い

なぜ女性は、自分より年収の高い相手を希望するのか。

それは、女性だけの問題ではないし、社会制度や企業側だけの問題でもない。男性側にも責任の一端がある。生涯未婚率対象年齢の45〜54歳の男性には、逆に下方婚志向があるからだ。つまり、自分より低い年収や、低い学歴の女性を求める傾向がある。また、この年代には「男は外で働き、女は家を守る」というガラパゴスな価値観の人たちがいまだに多い。「結婚したら女性は専業主婦になるものだ」という高度経済成長期の考え方が根強く残っている男も多い。皮肉にも、そういう考えの男のほうが結婚できている。つまり、女性が正規雇用で働いていたとしても、結婚や子育てに際して女性が離職を余儀なくされるケースというのは、女性側の問題というより、実は夫側の要望である場合も多いのだ。

もちろん、すべての男性が配偶者を専業主婦として扶養できるほど収入があるわけではない。現在は共働き夫婦世帯が主流であり、結婚後も妻が働くパターンは多い。が、共働き夫婦のそれぞれの収入平均を見るとわかりやすい。直近のものが見当たらなかったため、古いデータで恐縮だが、2000年総務省統計局が発表した「核家族共働き世帯（核家族で夫婦がともに働いている世帯、夫婦のみ又は夫婦と未婚の子供から成り、夫婦の一方が世帯主でその配偶者も働いている世帯。ただし、夫婦以外に有業者がいる世帯を除く）」の家計収支データを見ると、共働き世帯の夫の年間平均年収が553万円であるのに対して、妻の収入は180万円である。つまり、共働き世帯といっても、基本は夫の収入が主であって、妻の収入は補助的なものという形になっている。共働き夫婦は、妻は夫の収入より下という下方婚状態が大勢を占めているということだ。

極論を言えば、そういった男側の下方婚の考え方をよしとした女性は結婚できた。だからこそ、結果的に正規雇用の男性と非正規雇用の女性の未婚率が低いのだろう。もちろんなかには互いに理解のあるカップルが、共働きのまま結婚するパターンもある。しかし、子どもが生まれると、いずれにせよ子育てに対して女性がその任を負担するために、仕事を辞めるということが大多数だった。

働く女性からしたら、「はあ？　とんでもない。なんで私が仕事を諦めなければいけないの？　そんなことなら結婚なんてしないほうがマシよ」と思うかもしれない。そう思った女性たちがそれこそ未婚のまま50代を迎えているのだ。

であれば、正規雇用で稼ぐ年収の高い女性が非正規雇用で年収の低い男性と結婚して、彼を専業主夫として活用するという考え方もあったはずだが、男女ともこのマッチングを否定しがちである。一部メディアでは、「専業主夫が増えています」「専業主夫という新しいライフスタイル」などともてはやされているが、他人がそういうライフスタイルを選択することは許容できても、いざ自分がそういう選択をするかと問われれば大半がＮＯと答えるだろう。そして、実際問題、専業主夫が増えているかと言えば、それも微々たるものだ。

総務省統計局「労働力調査」の経年推移資料から見ると、１９８０年に専業主婦世帯は１１１４万世帯あったが、２０１３年には約７４５万世帯にまで激減している。今や共働き夫婦世帯のほうが１０６６世帯に増えて逆転していることは周知の通りだ。ところが、専業主夫世帯数がどれくらいあるかという話はあまり報道でも聞かない。

２０１３年厚生労働省年金局「厚生年金保険・国民年金事業の概況」に記載のある第３号被保険者のデータからそれを類推してみる。第３号被保険者とは、第２号被保険者（会社員や公務員など自営業等以外の勤労者）に扶養されている配偶者を指す。つまり、男性の第３号被保険者は働く妻に扶養されている専業主夫であると考えられる。

図2-6　女性第3号被保険者数

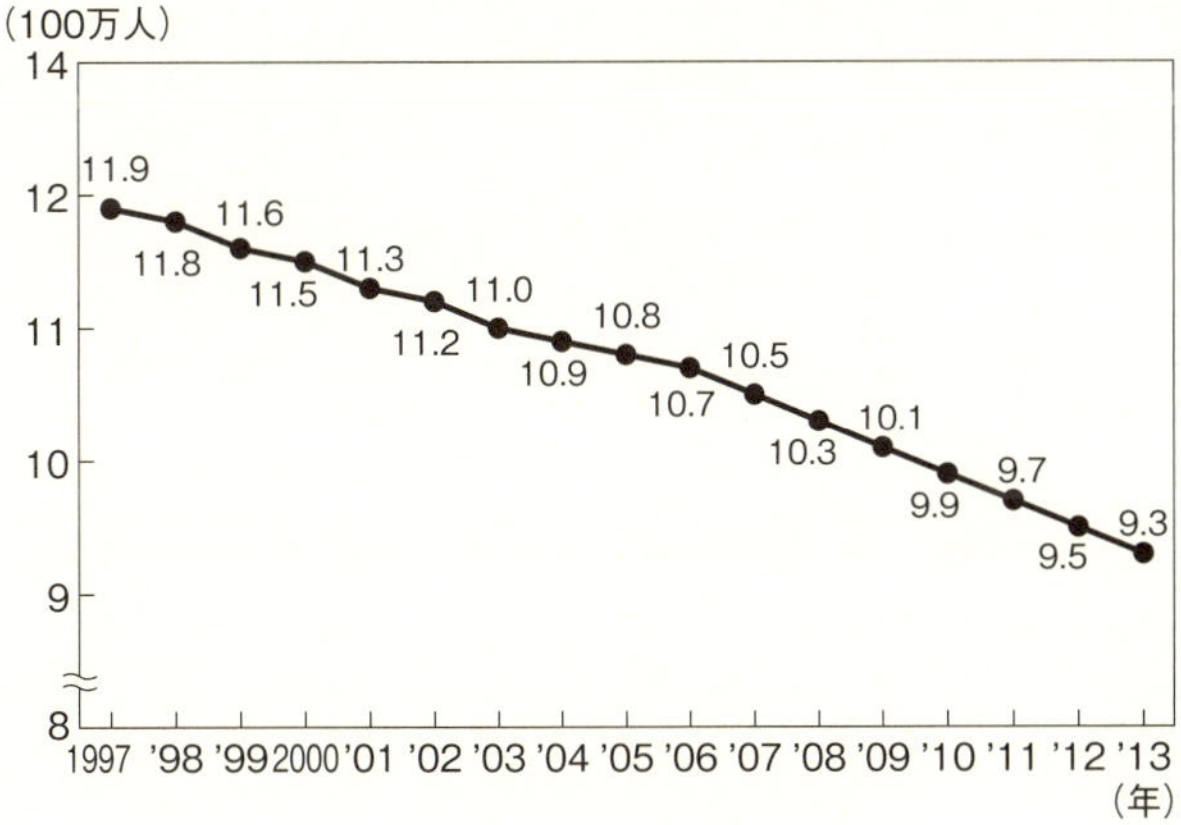

図2-7　男性第3号被保険者数

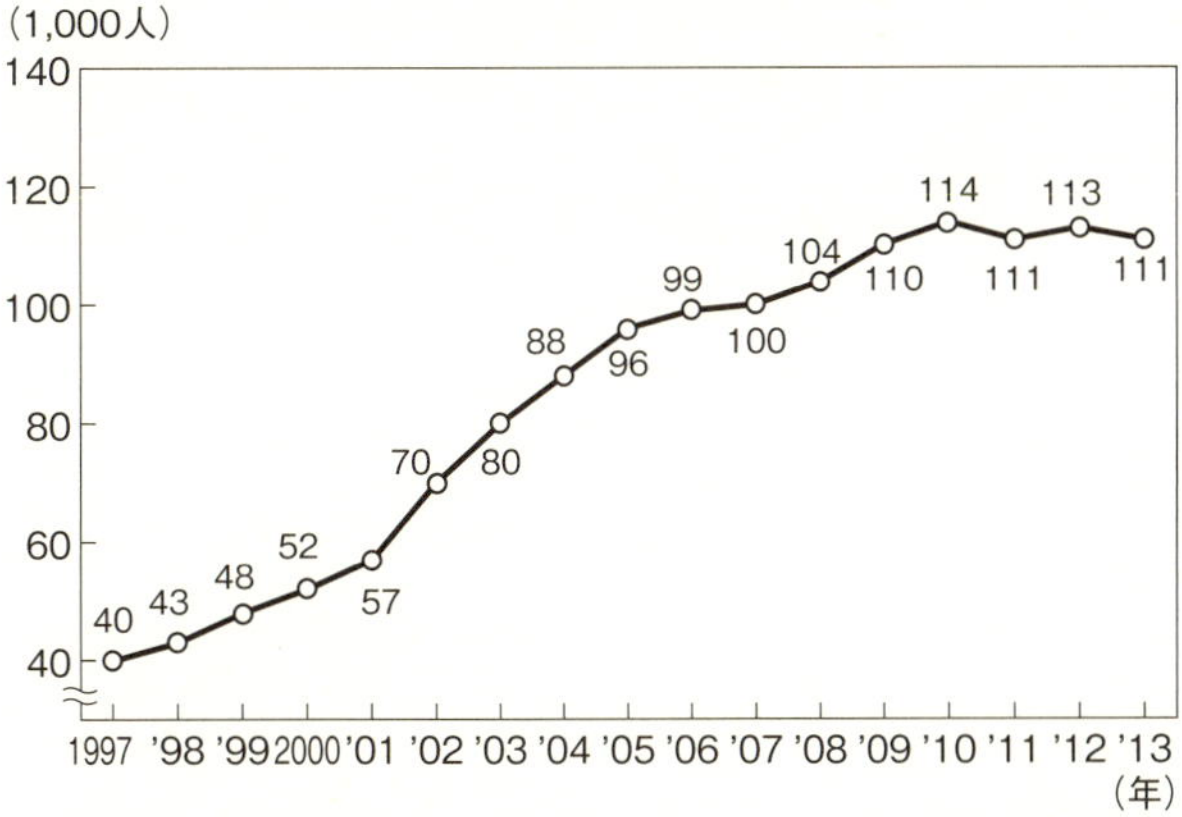

注）被保険者数は各年度末の人数

出典：2013年厚生労働省「厚生年金保険・国民年金事業年報」
および「年金数理部会資料」より

前ページ図2－7によると、男性の第3号被保険者は約11万人存在する（2013年実績）。1997年は4万人だったが、約3倍弱まで増加していることになる。女性の第3号被保険者が1997年の1190万人から930万人へと、260万人も減少したのとは対照的である（図2－6）。とはいえ、男性の第3号被保険者は全体のわずか1%にすぎない。それだけでも、いかに専業主夫がマイノリティな存在であるかがおわかりいただけると思う。

また、11万人もいるとしたが、この全員が専業主夫とは限らない。男性の第3号被保険者には、前年の平均年収が400万円強の離職者、年収ゼロの無職者・求職者（失業者）・専業主夫・学生、平均年収60万円強の自由業者・非正規労働者等が含まれる。よって、11万人のうち、妻のために家事・育児を主体的にこなすという本来の専業主夫は4分の1の3万人以下になると見られる。さらに言えば、この中には、家事も育児もせずに単に働かないだけの男も存在するだろう。専業主夫どころか、俗に言う「ヒモ」である。

世間の「ヒモ」に対する風当たりは強い。扶養する側の女性が納得しているならともかく、本当は一家の大黒柱として働いてほしいのに、失業などを契機に夫自らが諦観《ていかん》し、そういう状態に逃げてしまっている場合もあるかもしれない。それが、後に経済問題を理由とした離婚に発展し、女性がひとりで働き、子育てをせざるを得ないシングルマザーの増加を生んでいる。離婚については第4章で述べる。

いずれにせよ、専業主婦なのか専業主夫なのかという二者択一の話ではない。主流は共働き夫婦に移行しつつある。前述した通り、共働き夫婦であっても、男は自分より低い年収の女性と結婚したがり、女もまた自分より高い年収の男性を求める。特に、女性にとっては「結婚は経済生活である」という意識が強いため、夫となるべき相手の経済力はそう簡単に譲れるものではない。そもそもちゃんと働いている女性であれば、「結婚しなくても経済的にひとりで生きていける」という前提もある。下手な相手に手を出して失敗するくらいなら、無理して結婚を選択する必要はないし、やりがいもあり、多忙な仕事を放り出してまで婚活にいそしむ時間的余裕もない。

漠然と「結婚したい」とは思っているとしても、バリバリ働く女性であればあるほど、結婚というものに対して貪欲に突き進むモチベーションが、仕事ほど喚起されないのだ。そのうち、自分自身が仕事で成果を上げれば上げるほど、自分の年収も上昇し、ますます結婚の対象のハードルが高くなってしまうという悪循環に陥る。そうして、気付けば40歳。独身女性の場合、出産を諦めた時点で結婚もまた諦めるという比率が高まる。

そうなると、安倍政権が掲げる「女性が活躍する社会」が実現すればするほど、生涯未婚の女性が増え続けることになるのではないかと思わざるを得ない。幸せになるために、一所懸命勉強して、いい会社に就職して、仕事でも成果を出せば出すほど、女性が結婚から遠のいていく。何の罰ゲームだろうか？

一所懸命働く女性が、その働く意欲のために、結婚という道を閉ざされてしまうのだとしたら残念でならない。

未婚者に厳しい社会「ソロハラ」という精神的虐待

全体的な未婚率が上昇したことに伴い、職場においても男女とも未婚者比率が高まっている。そんななかで、そうしたいつまでも結婚しない未婚者をターゲットとしたハラスメントも増えている。

ハラスメントとは、直訳すれば「嫌がらせ」ということだが、定義すると「他者に対する発言・行動等が本人の意図とは関係なく、相手を不快にさせたり、尊厳を傷つけたり、不利益を与えたり、脅威を与えること」となる。代表的なところでは、性的な発言や行動による嫌がらせのセクシャルハラスメント（セクハラ）、職場で職務上の地位や優位性を背景に業務の範囲を超えた肉体的、精神的苦痛を与えるパワーハラスメント（パワハラ）、職場などでの妊娠、出産、育児に関する嫌がらせのマタニティハラスメント（マタハラ）などがある。

未婚や独身に対する嫌がらせとしては、「独身ハラスメント」「シングルハラスメント」など過去にたくさんの言葉で語られてきた。私は、2015年からそれらを「ソロハラスメント」、略して「ソロハラ」という言葉で定義付けた。

ハラスメントに関しては、昨今なんでもかんでもハラスメント扱いの風潮に対する懸念もある。面白半分に「○○ハラ」という言葉だけが次々と生まれてくる状況も見られ、それに対する批判があることも理解している。単なる言葉遊びになってはいけないが、ハラスメントは大抵の場合、する側が無意識だったり、悪意がなかったりする場合も多い。一人ひとりがその意識を変えるには、少々敏感なくらいがちょうどよいのではないだろうか。

それこそ高度経済成長期には、適齢期の女性社員に対して男性上司が「そろそろ結婚しないのか」「彼氏いないのか」なんて声を掛ける風景は日常的なものだった。それでも未婚のままでいると、今度は「なんで、結婚しないの?」という質問に変わり、果てには「結婚というものはいいもんだぞ〜」「人というのは、結婚して、子どもを育てて一人前なんだぞ」と飲みの席での説教に変わっていく。当時は、単なる大きなお世話で済まされたかもしれないが、今やこれはセクハラでもあり、立派なパワハラと認定される。

2012年、厚生労働省が「職場のパワーハラスメントに関する実態調査」の報告書において、職場でのパワハラに当たる行動を6類型に定義している。暴行などの「身体的な攻撃」、暴言などの「精神的な攻撃」、無視などの「人間関係からの切り離し」、過度な仕事の押し付けなどの「過大な要求」、反対に仕事を与えないなどの「過小な要求」と、私的なことに過度に立ち入る「個の侵害」の6つだ。先ほどの結婚に関する質問や説教はこの「個の侵害」に該当する。

2016年2月発売の株式会社宝島社が発行する20代後半~30代前半向け女性誌『steady.』3月号では、読者1000人に独身であることのハラスメントをされたことがあるかというアンケートを実施し、実に92％の女性が「はい」と回答した。そしてその多くが、ストレスを感じているという。特に、女性の場合は男性からのソロハラよりも、同じ女性の既婚者からのプレッシャーが強いという話も聞く。

以下は、私が行った独身女性に対する対面インタビュー調査で出た意見である。

「既婚者の職場の先輩（女性）から、独身は自由でいいわよね~、時間もお金も全部自分のために使えるし……と、いつも嫌味っぽく言われます」（34歳女性）

「結婚したいなんて一言も言ってないのに、先に結婚した同期から顔を合わせるたびに説教されます。理想が高すぎだと。もう若くないんだから、自分のレベルをちゃんと見極めなさいって、延々と。本当にしつこいし、うざい」（30歳女性）

逆に、気を遣って「結婚の話題を周囲が徹底的に避けるようになった」という例もあるようだ。それはそれでまたストレスになる。

厚生労働省のパワハラ報告書にも、以下の事例が紹介されていた。

「いい年をして結婚もしていない、子どももいないから下の者に対して愛情のある叱り方ができない、と言われた」（40代女性）

子どもがいれば愛情ある叱り方ができるのか？　そこに何の因果関係があるのか、証拠を示してほしいものである。

職場のハラスメントとは異なるが、独身であり続けることに対する親からの圧力も強いという。

「お正月とか実家に帰るたびに、親からの遠回しの圧がすごい。いとこの○○ちゃんは、今度2人目の子どもが生まれたのよ、とか。早く結婚しろってストレートに言えばいいのに、面倒くさい」（35歳女性）

また、企業においては男性側のセクハラ防止対策として、研修などで意識改善を図っているようだが、議会などではいろいろと問題が発生している。

ひとつは、2014年6月、東京都議会本会議において起きた、塩村文夏議員に対するヤジ騒動である。塩村議員が妊娠や出産に悩む女性の支援策について質問していた際に、男性議員から「結婚したほうがいいんじゃないか」などとヤジが飛んできた。これは、セクハラ発言として問題視され、東京都には1000件を超える抗議が寄せられた。テレビなどでも報道され、注目された。日本国内のみならず、欧米でも批判的に報道された。これもまた、塩村議員が独身であるがゆえに発せられたヤジという解釈もでき、ソロハラと言える。

もうひとつは、2016年に秋田県大館《おおだて》市議会で発生した、女性から男性に対するソロハラである。67歳の既婚女性議員が市議会で、48歳独身の福原淳嗣《じゅんじ》市長に対し「未婚の市長とは議論できない。結婚を」と発言し、問題となった。市議会は本会議で同女性市議に対して戒告の懲罰を科している。

しかし、このニュースは、一部テレビや新聞でも取り上げられたものの、前述の塩村議員に対するものと違い、それほど世間では話題にならなかった。ご存じない方も結構いるのではないだろうか。それは、ソロハラされた相手が男性だったというのも否定できない。

セクハラでもそうだが、被害者が女性か男性かでメディアでの取り上げられ方に差がある。この大館市の一件にしても、本音では「そんな目くじらを立てることでもないだろ」と思っている人たちが大勢いる。そのことが実は問題なのだ。戒告を受けたこの女性市議もこう言っている。

「親心で子育ての重要性を訴えた。結婚は私的なことで、誤解を招く表現だったが、悪意はなく、戒告は納得いかない」

この弁解の是非はともかく、市議の言う「悪意はない」というのは本心かもしれない。そして、この悪意のない「善意の結婚強要」こそがやっかいなのだ。

結婚というものは、ある種の宗教に近いものだと思っている。未婚者に対して、「結婚しなさい」とおせっかいをするのは、宗教における勧誘の「入信しなさい。救われますよ」と似ていると感じるのは私だけだろうか。結婚を勧めてくる既婚者たちは、結婚教の宣教師であり、勧誘者なのだ。

そもそも赤の他人が結婚しようがしまいが放っておけばいい話なのに、彼らはじっとしていられない。自分の信じることこそが絶対に正しく、それがわからない人は「可哀想だ、救ってあげないといけない」と、そんな心理が働いているのだろう。この女性市議が「親心」だと言っているのもまさにそれだ。

それが善意のおせっかいレベルにとどまっているうちはまだいい。何度説得しても結婚しない、つまり入信しないことがわかると、この勧誘者は途端にその人間を異教徒扱いし始める。

このあたりに西洋の宗教の影響が強く出ていると思うのは、キリスト教やイスラム教などの一神教は他の神を認めない。よって、異教徒は敵であり、その存在は邪魔なものなのだ。「汝《なんじ》の隣人を愛せよ」というキリスト教の名のもとに、十字軍など数々の殺戮《さつりく》が繰り返されたことは歴史が証明している。

つまり、頑《かたく》なに結婚をしない者は敵であり、邪魔であり、駆逐しなければならない存在なのだ。結果「結婚しない奴は欠陥人間だ」というレッテルを貼ることになる。

会社の飲み会で既婚の先輩たちが未婚の後輩をいじり倒すなんて光景はよく見られる。女性に対して、「結婚」をネタにからかうことは今や御法度《ごはっと》だが、男性が男性をいじることはそれほど問題視されないのが現実だ。しかし、それももはや立派なハラスメントであり、精神的虐待である。

結婚しない奴は昇進させない

結婚する、しないといういわゆる「個の侵害」レベルの話だけならまだマシだ。それだけにとどまらないのがソロハラの怖いところだ。「結婚できないあいつには何か問題がある」という解釈によって、職場での人間関係や昇進にまで影響を与えることもあり得る。

つまり、独身であることをいじるだけではなく、独身でいることから派生して、その人間性までをも否定し、あげくの果てに、「結婚してないから昇進させない」という事態にまで発展するケースがあるのだ。対面インタビュー調査でもそういう事例が複数挙がった。特に、40代、50代の未婚男性に対して、管理職に昇進させないというケースが見られた。

結婚と昇進と何の関係があるのか、という話だが、「子どもを産み育てたこともない未婚人間に部下を育てられるはずがない」という理屈なのだそうだ。赤ん坊の世話をすることと、成人した部下を育成することが果たしてイコールなのだろうか。

2016年のプロ野球日本一に輝いたのは北海道日本ハムファイターズである。チームを率いた栗山英樹監督（55歳）は、未婚の独身である。彼が、中田翔選手や大谷翔平選手を大きく育成したことは疑いようのない事実である。それどころか、栗山監督でなかったら、大谷選手の二刀流での開花は成し得なかったろう。未婚や子がないことと仕事の成績や部下の育成とは何の関係もない。

仮に、百歩譲って「子どもを育てないと部下も育てられない」という屁理屈が真理だとしても、そう主張するすべての既婚男性たちは、かつて育児をちゃんとしてきたのだろうか。すべて妻に任せっぱなしだったのではないだろうか。

現在20歳の子どもを持つ親が子どもを産んだのは1996年である。その当時は、雇用者における専業主婦率（妻が無業者）は、いまだ過半数の50％を超えていた（総務省

表2-8　男女、年齢階級別育児時間
（平成13年、18年、23年）一週全体

	男					女					男女差
	平成13年	平成18年	平成23年	増減		平成13年	平成18年	平成23年	増減		
				H18-H13	H23-H18				H18-H13	H23-H18	平成23年
総数	0.03	0.04	0.05	0.01	0.01	0.22	0.22	0.23	0.00	0.01	−0.18
10～14歳	0.00	0.00	0.00	0.00	0.00	0.00	0.00	0.00	0.00	0.00	0.00
15～19歳	0.00	0.00	0.00	0.00	0.00	0.01	0.04	0.02	0.03	−0.02	−0.02
20～24歳	0.01	0.01	0.01	0.00	0.00	0.17	0.16	0.17	−0.01	0.01	−0.16
25～29歳	0.06	0.07	0.07	0.01	0.00	1.02	0.53	0.56	−0.09	0.03	−0.49
30～34歳	0.11	0.15	0.16	0.04	0.01	1.34	1.36	1.32	0.02	−0.04	−1.16
35～39歳	0.10	0.13	0.15	0.03	0.02	0.59	1.11	1.19	0.12	0.08	−1.04
40～44歳	0.05	0.07	0.09	0.02	0.02	0.19	0.24	0.36	0.05	0.12	−0.27
45～49歳	0.02	0.03	0.04	0.01	0.01	0.05	0.06	0.11	0.01	0.05	−0.07
50～54歳	0.01	0.01	0.02	0.00	0.01	0.04	0.04	0.04	0.00	0.00	−0.02
55～59歳	0.01	0.01	0.01	0.00	0.00	0.08	0.07	0.06	−0.01	−0.01	−0.05
60～64歳	0.02	0.02	0.02	0.00	0.00	0.10	0.08	0.07	−0.02	−0.01	−0.05
65～69歳	0.02	0.02	0.03	0.00	0.01	0.05	0.06	0.05	0.01	−0.01	−0.02
70～74歳	0.02	0.02	0.02	0.00	0.00	0.03	0.03	0.04	0.00	0.01	−0.02
75～79歳	0.01	0.01	0.01	0.00	0.00	0.02	0.01	0.02	−0.01	0.01	−0.01
80～84歳	0.00	0.01	0.01	0.01	0.00	0.01	0.01	0.01	0.00	0.00	0.00
85歳以上	0.00	0.00	0.00	0.00	0.00	0.00	0.01	0.01	0.01	0.00	−0.01

出典：2011年総務省「社会生活基本調査 生活時間に関する結果」より

「労働力調査」より）。また、2011年総務省の「社会生活基本調査 生活時間に関する結果」によれば、夫の1日当たりの育児時間は全体でたったの5分しかない（表2－8）。10年前と比較しても2分しか伸びていない。35～39歳の子育て年代で見たとしても、女性が1時間19分に対して、男性は15分しか育児時間に割いていないのだ。結婚していようが、昔も今も男性は子育てなんかほとんどしていない。

そう言うと、「子育てと育児は違う。単純に時間の多さで測れるものではない。父親ならではの子育ての役割があるんだ。結婚していない奴に何がわかるんだ」と逆ギレされるのだが、そのままのしをつけて返したい。家庭での子育てと会社での部下の

育成を同等に扱い、結婚して子を育てたこともない人間は部下も育てられないという理屈だって、十分乱暴である。

結婚の有無が、その人本人の仕事の評価や報酬にまで直結するこの話に対して、「そんなバカな」とか「あり得ない話」と思われるかもしれないが、事実そういう例もあるということをぜひ知っておいていただきたい。

協調性や共感性のない奴を許さない日本社会

ソロハラには、さらに別の面もある。未婚や独身というその人の配偶関係とは関係なく、「ひとりでいたがる」「集団行動に馴染めない」ソロ男・ソロ女たちに対する排除型のハラスメントだ。これもまたソロハラのひとつといえよう。

典型的なソロ男・ソロ女の特徴としては、人と群れることを避け、仕事に関しても、複数のチーム単位で仕事をするよりも単独で仕事をしたがる傾向がある。

「単独で仕事をする方が向いていると思う」という設問に対して、ソロ男は64・2%、ソロ女は58・6%と、6割が当てはまる。既婚男女が4割以下なのに対して、圧倒的に一人仕事を好む（次ページ図2－9）。

この結果を見てどう感じただろうか。やっぱり結婚もできないような人間は、組織で仕

図2-9　自分は単独で仕事をする方が向いていると思う　自分は複数のチーム単位で仕事をする方が向いていると思う

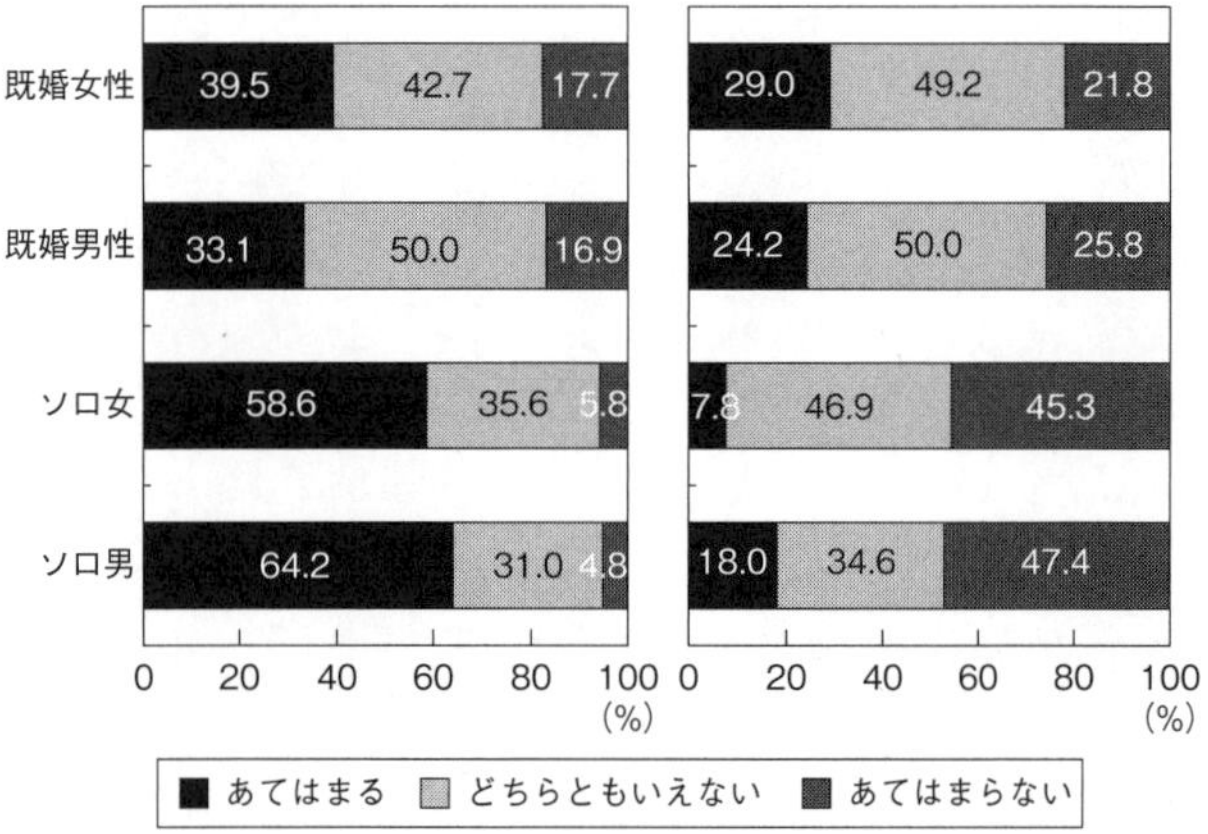

出典：2016年「ソロ男プロジェクト」調べより　20〜50代男女　n=520

事することすらできないのかと呆れただろうか。

確かに近年、企業においては「チームで仕事をする重要性」が特に高まりつつある。就活の採用試験においても、個々の面談よりもグループワークによる印象が評価されるなど、集団の中でどう協調性を発揮するかが問われるようになった。チームワークの最大のメリットは、メンバー個々人がバラバラに自分の業務を遂行した時の総和以上の相乗効果がもたらされる点である。

これに対して異存はないし、その通りだとは思う。所詮、ひとりでできる仕事のレベルなんて高が知れている。組織での仕事というものは決してひとりだけで完遂できるものではない。企業という組織の一員として働く以上は、単独ではなく、チームとして仕事に当たることが社会人として当然の心がけだ、という言い分もわかる。

しかし、チームというまとまった生き物がいるわけではなく、それを構成するのは一人ひとりの個人だ。人にはそれぞれ向き不向きというものがある。仕事の内容にもよるが、ひとりで黙々と作業したほうが効果をあげるという人もいる。組織の一員だからといって、それを強制することもひとつのパワハラではないだろうか。

本書のテーマとは離れるため、仕事でのチームワークの功罪について詳しくは割愛するが、そうしたチームワーク全能論によってソロハラが発生してしまうこともある。つまり、チーム仕事に馴染めず、単独仕事をしたがるソロ活動指向社員が「異分子」として排除されたハラスメントである。

対面調査で聞いた、とある会社での事例を紹介したい。被害者である彼は、40代の未婚男性である。馴れ合いを嫌い、何事も人に頼らず自分でなんとかしようとする意識が強い彼は、典型的なソロ男気質だ。とはいっても、コミュニケーション能力が低いわけではなく、仕事に関しても特にマイナス面があったわけではない。ただ、チームでの共同作業が苦手な上に、ランチを人とともにすることも避けるタイプだった。上司からの酒の誘いもゴルフの誘いもすべて断る（そもそも彼自身、ゴルフをしない）という徹底ぶりだ。

どうだろう？　上司からするとこういう部下がいたら扱いにくいだろうか。

日本の会社では、仕事の能力の出来不出来よりもこうした協調性のなさというものを問題視する傾向がある。特に、支配型の上司とは滅法合わない。自分が所属する組織のルールに従わない者を徹底的に排除したがるのが支配型上司の特徴だ。彼の悲劇は、そうした上司が上についたことだろう。結果、彼は「異分子」として排除される仕打ちを受けた。

彼は、あるタイミングから、上司から仕事を振られなくなり、会話すらなくなった。次いで、所属部署全員からも無視されるという職場いじめに発展した。やがて、完全にその存在自体を意図的に無視されるようになったという。こんな組織的なハラスメントが突然同時発生するわけはなく、これは上司の指示または無言の圧力によるものと見ていい。同調した他のメンバーたち全員に悪意があったわけではないだろうが、その指示に従わないということは自分もまた「異分子」扱いされることに等しい。人は皆自分が可愛いものだ。

徹底的な無視は1年半にもわたって継続したという。たいしたチームワークである。聞いて呆れる。やっていることは子どものいじめと変わらない。それどころか、より狡猾《こうかつ》で陰湿だ。

無視というのは暴言や暴力と違い、物的証拠として残りにくい。訴え出たとしても、それを客観的に認めさせるのは困難だ。そのくせ、本人を精神的にじわじわと追い詰めるだけにより始末が悪い。人間のもっとも醜い部分から出た所業といえよう。

物理的に孤独という状態におかれるよりも、集団の中で自分だけが排除されているという心理的な孤立こそが、人間にはもっとも耐えがたい。結局、彼は体調を崩し、適応障害という形で休職を余儀なくされたという。これは心の殺人と言ってもいい。

長時間労働による過労死や過労自殺などのニュースは痛ましい事件ではあるが、人が死ななければ問題にならない状況のほうが異常だ。死んでしまったらもう戻らない。死という選択に追い込まれる前に対処できる方法を探ってもらいたいものだし、何よりも一人ひとりの意識が変わっていってほしいと切に願う。

第3章

男たちは嫌婚になったのか

「最近の若い男は頼りない」「女性をリードすることもできない」だとか、そもそも「恋愛が怖くてできなくなっている」とか、やれ「草食男子」だの「絶食男子」だの……とにかく「若い男性は恋愛離れ」という結論付けをしたくて仕方がない大人たちが世間にはたくさんいるようだ。あげくの果てに、昨今の晩婚化や少子化は若者の恋愛離れが元凶だという指摘をされる有識者もいる。

本当にそうなのか。

男たちは恋愛できなくなったのか？

国立社会保障・人口問題研究所の2015年第15回出生動向基本調査によると、「交際している異性はいない」と回答した未婚者の割合は男性69・8％（前回2010年の調査では61・4％）、女性は59・1％（同49・5％）と、いずれも5年前より大きく増加している。これは事実だ。若者の恋愛離れ論者もこのデータを根拠として提示する。しかし、これは個々のデータをよくよく見たほうがいい。

実は、このデータは「交際相手」の中に「異性の友人」まで含めてしまっているのだ。甚だ疑問である。友人とは交際相手なんだろうか。もちろん、交際の定義はいろいろあるだろうが、恋愛を語る上での交際とは、彼氏・彼女という立場になった段階を指すもの

図3-1　婚約者・恋人がいる率（異性の友人除く）

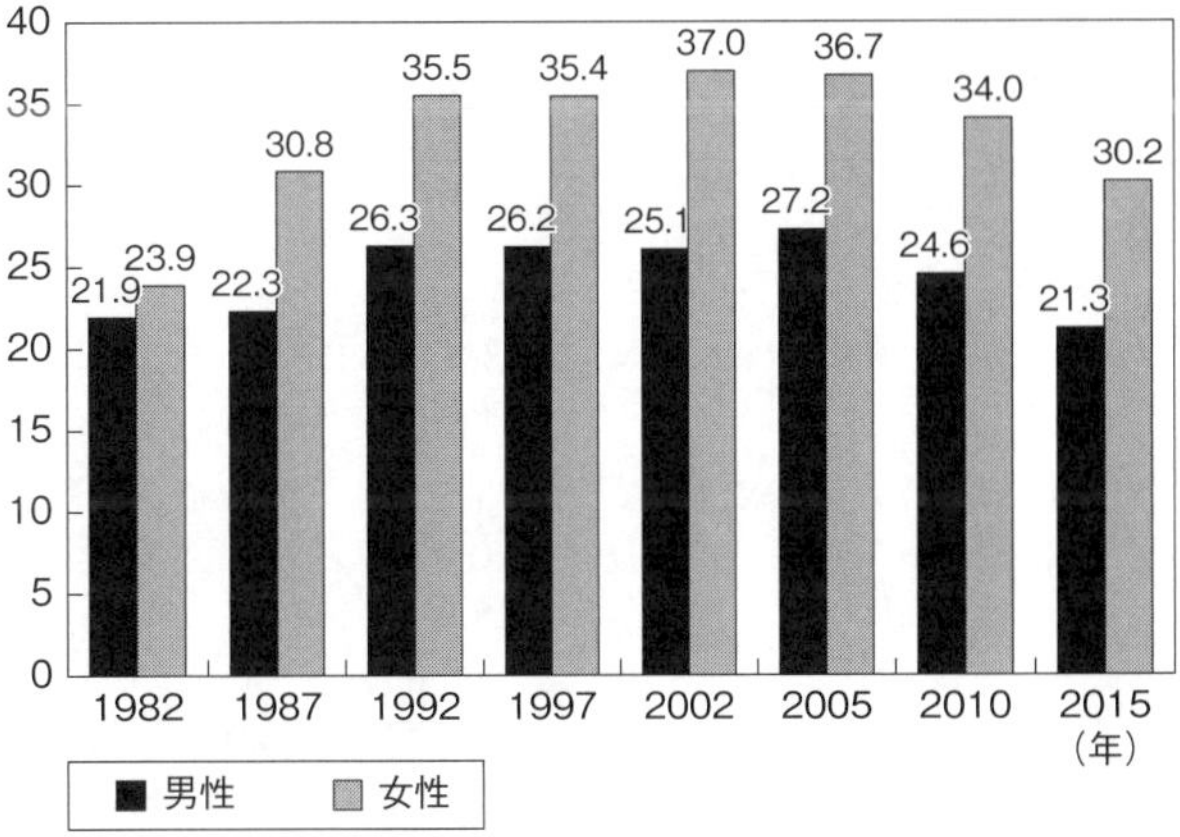

出典：1987年以降　国立社会保障・人口問題研究所「出生動向基本調査」より
1982年　国立社会保障・人口問題研究所「第8次出産力調査」より 筆者作成

だ。告白してOKとなったり、互いに相手を友達以上の大切な人と認め合うことこそ恋愛なのではないだろうか。男として告白した際に「友達でいましょう」と返されるのは、大体フラれたということだ。百歩譲って、「異性の友人も交際相手である」という説に同意するとしても、それはせいぜい10代、それも中学生くらいまでの話ではないか。第一、いつまでも「異性の友人」のままでいて、「異性の恋人」にちっとも発展しないなら、そちらのほうが草食ではないだろうか。

再度問う。交際とは何か？

交際とは、彼氏・彼女という「恋人がいる」ということではないだろうか。だとすれば、「異性の恋人（婚約者含む）がいる」

という項目にこそ着目すべきだ。最新の２０１５年第15回出生動向基本調査のデータも含めて検証してみる（前ページ図３－１）。

それによれば、「異性の恋人（婚約者含む）がいる」という男性は、１９８２年から２０１５年にかけて22％→22％→26％→26％→25％→27％→25％→21％と、途中むしろ一旦上昇し、今は１９８２年時点に落ち着いたにすぎない。ほぼ変わらないと言ってもいいだろう。女性も24～37％の間で上下するものの、むしろ２００２年に最高値となり、２０１５年は30％と１９８２年より高い。

つまり、「彼氏・彼女など付き合っている相手がいる率」というのは、長期的な視点で見れば、いつの時代もほぼ30％前後で変わらない。例えば、学校のクラスに20人男子がいたとして、彼女がいる男はせいぜい６人ということだ。そう考えれば、そんなものだったのではないだろうか。

ちなみに、交際率が男女で約10％差があることに疑問をもたれるかもしれないが、これは未婚男女の人口差の影響もある。20～34歳ではおよそ１００万人も男のほうが多いのだ（26ページ参照）。

男たちは（女もそうだが）、恋愛をしなくなったのでも、できなくなったのでもない。草食だとか絶食だとか指摘する50代の大人たちとたいして違いはなかった。いつの時代も大体3割しか付き合っていないし、残りの7割は彼女なんていなかったのだ。

男たちはセックスできなくなったのか？

性体験についても、同様に「最近の若者はセックスをしなくなった」「添い寝だけをするソフレなるもので満足している」など性体験離れをことさら強調する書籍や記事をよく見かける。こちらについても検証してみよう。グラフ（次ページ図3－2）は、同じく出生動向基本調査に基づいて経年推移を見たものである。

「性体験あり」のほうのグラフを見ると、男性は確かに2015年の54・2％という数字は5年前の前回より大きく落としているが、それは前回の60・2％がここ近年の最高値だったからで、1987年からの長期推移で見ればそれほど変動があったと大騒ぎするほどの変化ではない。むしろ、男性の「性体験あり」率が2010年に過去最高だった事実をメディアがなぜ報道しないのか、そちらのほうが不思議だ。女性も1997年から多少の上下はあるものの、大体50％あたりで変化があったとは言いがたい。逆に、1987年と比べれば経験あり率は1・7倍に増えている。

「性体験なし」に関しても同様である。男女とも2005年～2015年にかけて「性体験なし」率は右肩上がりに上昇しているので、これだけ見れば草食化が進んだとも言え

図3-2 「性体験の有無」率推移 18〜34歳総計

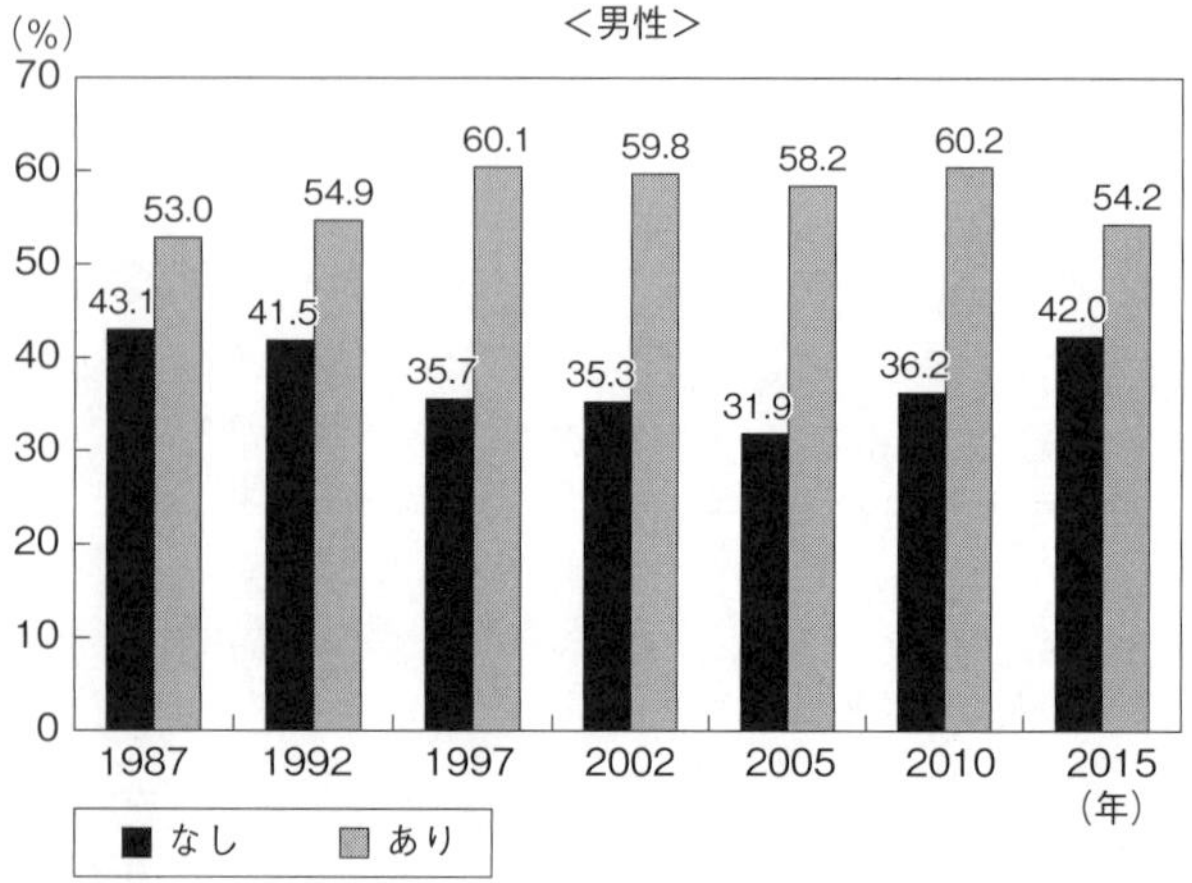

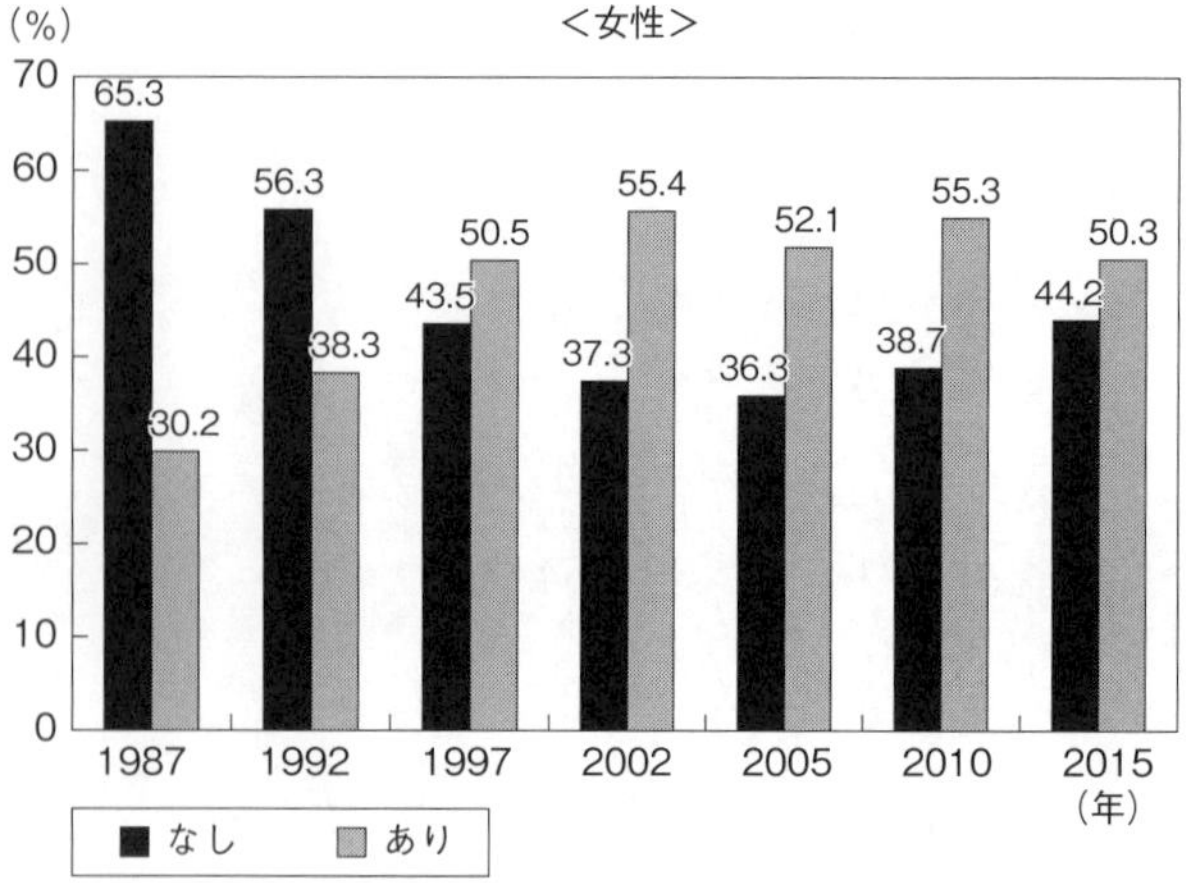

出典：「出生動向基本調査」より筆者作成

る。が、これも長期的に、１９８７年との比較で見れば男性はほぼ変わらないし、女性は大幅に減少していることがわかる。個人的には、１９８７年時点で18～34歳の65％が処女であったという事実のほうが驚愕だった。

わかりやすくコーホート別に見てみよう。調査実施年に合わせて、64～65年生まれの50代前半から、84～85年生まれの30代前半にかけて、彼らが年とともにどう推移してきたのかを比較したものである（次ページ図３―３）。

これを見ると、むしろ今の40代男性のほうが10代の頃は性体験が少なかった。草食だったのは今の40代男性ではないかと言いたくなるし、20代後半になっても性体験が少なかったのは、今の30代後半の男性だ。こうして見れば、各年代とも多少のデコボコはあったとしても、大体30歳までに7割が性体験ありになると言ってよいだろう。女性に関しては、今の50代前半女性を例外とすれば、年代が若くなればなるほど性体験率はきれいに上がっている。

このように、最近の男たちや若者たちは恋愛やセックスに対して、興味がなくなったわけでも体験しなくなったわけでもない。「イマドキの若者は、我々の時とは違う」という先入観でとらえてしまうから全体の本質を見誤る。80年代も現代も「彼女のいる率」はほぼ3割で変わらないし、現在50代前半の男性も今の若者も、10代～20代にかけて7割が性

図3-3　コーホート別性体験あり率推移

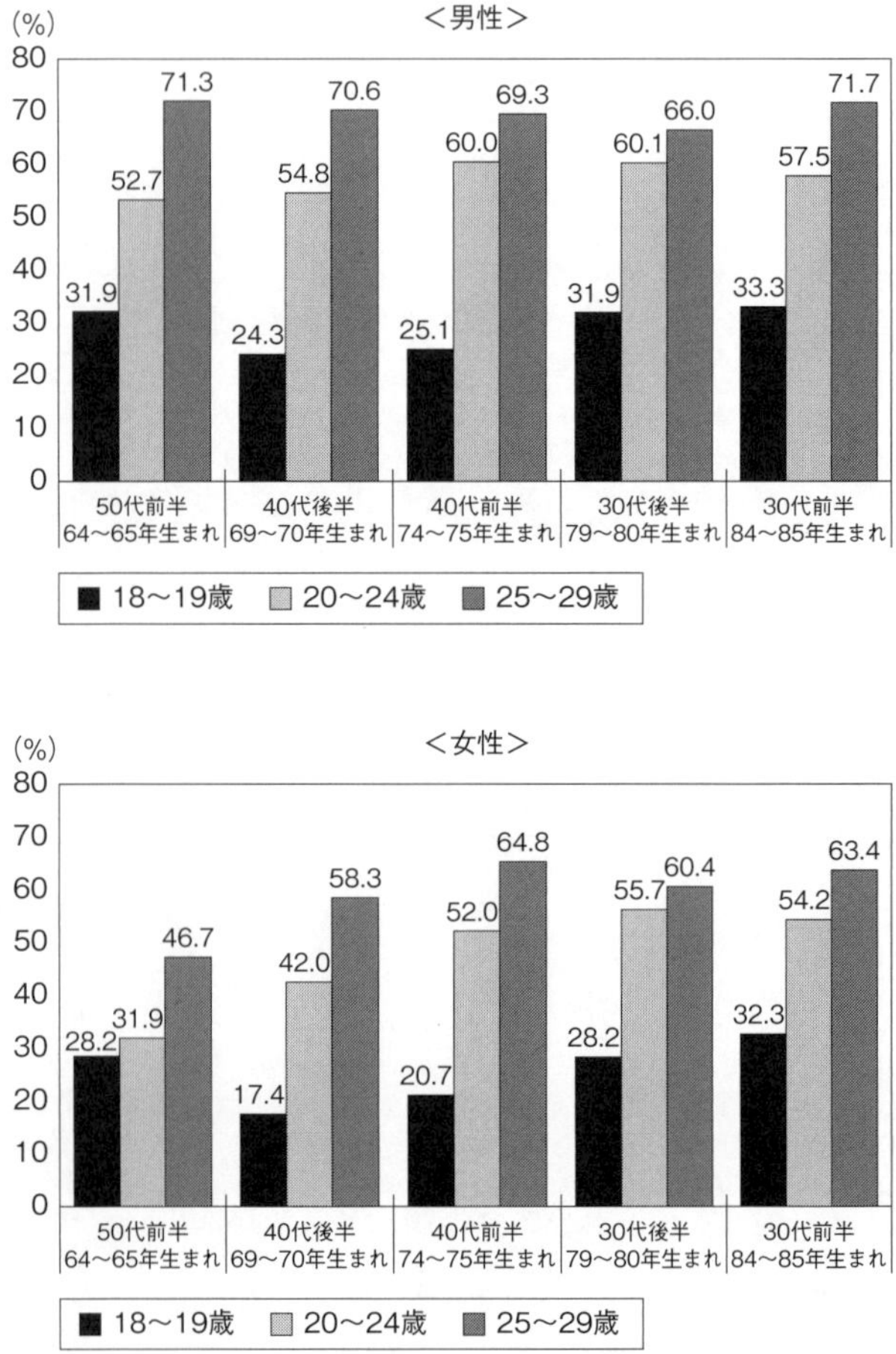

出典：「出生動向基本調査」より筆者作成

体験を済ませるし、いつまでも童貞のままの男性というのはいつの時代も一定数いるのだ。

男たちは告白ができなくなったのか？

「付き合う時に告白は必要ですか？」

未婚既婚にかかわらず、女性にこんな質問をすると、ほぼ100％「イエス」と答える。

2013年の「ヤフー」が実施した「告白に関する意識調査」によると、「男性が告白すべき」が25％、「男女どちらかが告白すればいい」が圧倒的多数で53％だった。「付き合う前に告白する必要はない」と答えている人は23％しかいなかった。つまり、男女どちらがするにせよ、告白ありきで恋愛がスタートするとほぼ8割が思っているということだ。

2014年2月の「マイナビウーマン」の調査でも、22歳〜39歳の男性の44・9％が「毎回告白する」と答えている。半数近くだ。「毎回告白しない」のはたったの17・1％にすぎない。

付き合う前に告白する決まりって、一体いつから始まったのだろうか？

少なくとも、私が大学〜新人社会人時代を過ごした80年代、「付き合う前に付き合おうって告白してから付き合った」ケースなど、自分以外の例でもあまり聞いたことがない。中学、高校生の場合はまた別だろう。性交渉のない関係だとするならば、「好きです」という意志表示を確認し合わなければ、通常の異性の友達と変わらないからだ。それは理解できる。そういう意味では、私は中学時代に彼女がいたこともなかったし、高校は男子校だった。とんと縁がなかった。しかし、いい大人になった後も「まずは、告白の言葉ありき」などという文化は、もともとあったのだろうか？

記憶が曖昧で、間違っているかもしれないが、月9ドラマ「東京ラブストーリー」でもカンチとリカの間で告白シーンがあったという記憶はない（「カンチ、セックスしよ」という名言はあったが……）。

気になった相手がいれば、

①連絡先を聞く
②デートに誘う
③何回かデートに行く
④キスする
⑤セックスする

というステップを踏み、既成事実を積み上げる。それが結果として「付き合っている」

という証だったはずではないか。もちろん、①～⑤まで1日で済ませてしまう超肉食な猛《も》者《さ》もいたと思うが。

「付き合うための告白」という文化のルーツとは何か？

とんねるずの「ねるとん紅鯨団」というバラエティ番組があった。「ねるとんパーティー」の語源となったもので、男女が集団でお見合いを行い、最後に、男が女の前に手を差し出して「よろしくお願いします」と頭を下げて告白するというプログラムだった。この番組の放送開始が１９８７年である。

となると、その後90年代に入ってから「付き合う前に告白する」という文化が広まったのか？

90年代には、「ときめきメモリアル」という美少女攻略ゲームが流行った。これは、最終的にゲームの中の女の子に告白して、ＯＫをもらえればミッションクリアというものだった。さらに、１９９９年には「あいのり」というテレビ番組が始まり、「まず告白してから付き合う」という流れが番組のルールとされていた。

そういうものも影響しているのだろうか。

「付き合う前に告白」文化が一般化されている例としては、カップルの女子が「付き合って〇〇日記念日」というものを大切にするという話がある。世の男性諸君、そんなのいちいち覚えているだろうか？　男は、大抵忘れているのではないだろうか。付き合った記念日というのは、当然「告白された日」になる。男というのは、本当の結婚の時だけではなく、付き合ったりする場合でもいちいち告白をしなければいけないし、告白したその日を覚えていないといけないらしい。

逆に、よく女性向けサイト上では、「告白なしで付き合い始めるカップルも増えている」という記事を最近目にする。それだけ、「付き合う前に告白」するのは定番化されているということだろう。

だとしても、本当に若い男の子たちは、ちゃんと付き合う前に告白をしているのだろうか？　前述「マイナビウーマン」の調査で半数近くの男性が「毎回告白する」と答えていたとあった。それが俄《にわか》には信じられない。

ちなみに、海外では「付き合う前に告白」なんて文化もルールもない。外国人にこんな話をすると「なんだ、その奇妙な習慣は？」と笑われる。これは日本独特のものなのだ。

日本男児はそもそも受け身

2015年に内閣府が調査した「少子化社会に関する国際意識調査報告書」におい

図3-4 「気になる相手には自分から積極的にアプローチをする」と「相手からアプローチがあれば考える」を挙げた場合（結婚・同棲していない人）

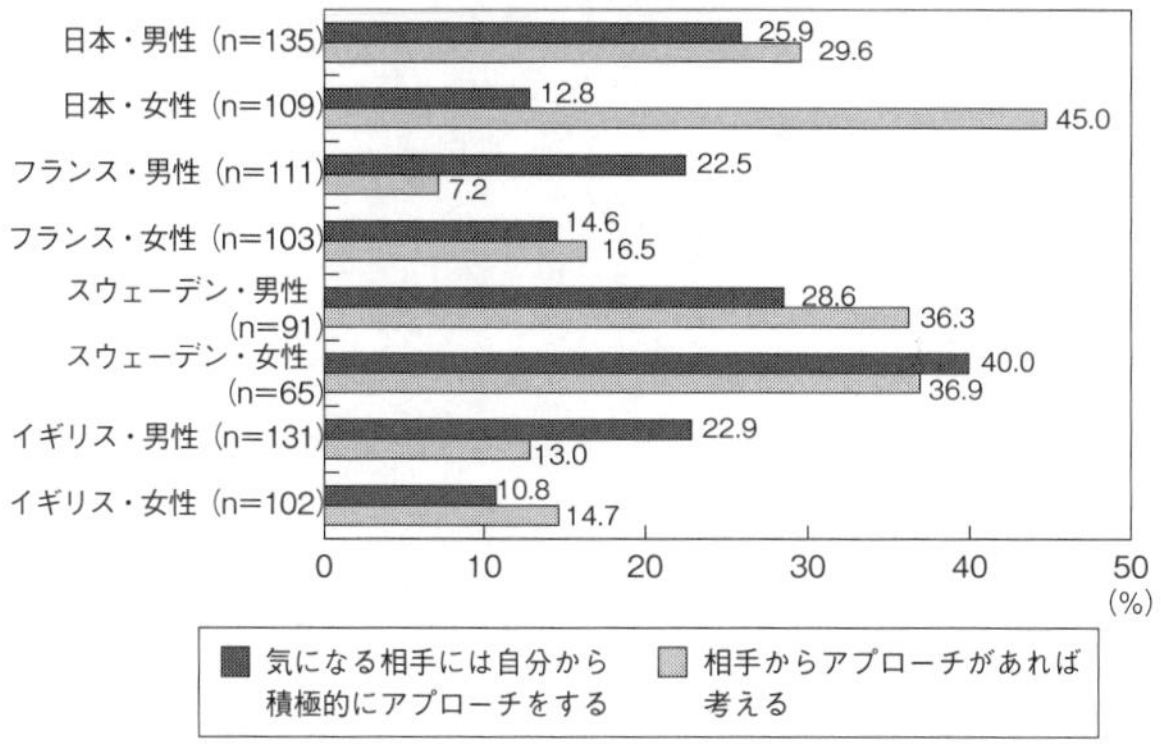

出典：2015年内閣府が調査した「少子化社会に関する国際意識調査報告書」において、日本、フランス、スウェーデン、イギリスの4カ国20～40代男女（未婚混在）

て、日本、フランス、スウェーデン、イギリスの4カ国20～40代男女（未婚混在）に対して「気になる相手には自分から積極的にアプローチをする」かどうかを調査している（図3－4）。

それによれば、日本男性25・9％、フランス男性22・5％、スウェーデン男性28・6％、イギリス男性22・9％だった。特に、日本男性だけが突出して低いわけではなく、むしろフランス、イギリスの男性よりアプローチをしているくらいだ。しかし、逆に「相手からアプローチがあれば考える」割合が、スウェーデン男性を別にすれば（スウェーデンは男女ともに積極的にアプローチする国民性のようだ）、日本男性は29・6％とむしろ自分からアプローチする割合を上回っている。

　対する日本女性はというと、当然自分からアプローチするより、受け身のほうが圧倒的に高い（45%）。つまり、日本人は男も女も相手からアプローチされるのを待つタイプが多く、自分から積極的に声をかけられる男性は4人に1人しかいないということだ。これは、前項で紹介した「婚約者・恋人がいる率」（89ページ）の21%と面白いように符合する。男女ともに受け身なら未来永劫マッチングされないというものだ。

　この調査の経年推移はないので、最近になって上昇したのか、下降したのかまで判断はつかないが、これだけを見ると、そもそも「半数が付き合う前に告白している」というデータも鵜呑《うの》みにはできない。結局、25%程度しか告白できていないのではないか、と。

　こういうデータを出すと、特に「イマドキの若者論」や「世代論」が好きな50代以上の既婚男性は大喜びする。さらには、「若いモンはだらしないな」と言い出し、「俺が若い頃は、フラれたって構わないから、当たって砕けろ精神でぶつかっていったものだ」と、いつしか自慢話に移行する。確認のしようがないのでなんとも言えないが、聞いてもいないのに「俺の若い頃はこうだった」という武勇伝を語り出すオヤジの言っていることは、大抵嘘だと思っていい。今も昔も変わらない。

「付き合う前に告白する」ルールについては、特に決まり事として認知されているわけではなく、女性側の「男から告白すべきだ」という希望として存在するものなのだろう。とはいえ、なかなかすべての男が実践できているというわけではないのが実情のようだ。考えれば、明治・大正期の「恋文」も平安時代の「和歌」もそんなもののひとつだったのかもしれない。驚くことに、「男から告白すべき」のルーツは古事記にも記されている。

人が住める国を生めという指令を受けたイザナギノミコト（男神）とイザナミノミコト（女神）だったが、どうしていいかわからない。ある日、イザナミが自分の身体について話し出した。

「吾が身は成り成りて、成り合わぬところ一処《ひとところ》あり」

韻を踏んだラップのようだが、意味は、「私の身体はできあがってきましたが、一か所だけできあがっていないところがあります」

それを受けて、イザナギも答える。

「吾が身は成り成りて、成り余れるところ一処あり」

意味は、「僕の身体もできあがっているが、一か所だけできすぎたところがあるんだ」

要するに、イザナミは身体の一部が凹んでいて、逆にイザナギが身体の一部が出っ張っている。これは、男女の身体の違いを表している。そして、この互いの足りないところと余った部分を合体（セックスのこと）させれば国を産めるんじゃないか、という話になった。本能的な行為の話を非常にロジカルに説明しているところが面白い。

とはいえ、動物的にただ交わうというのでは品がないと、その前に2人は結婚式をしようということになった。結婚式といってもシンプルなものだ。神聖な柱の前に、2人は背を合わせて立つと、柱の周りをイザナギは左から、イザナミは右から周り、出会ったところで告白をしようというロマンティックな演出をした。しかし、イザナギは緊張なのか、照れなのか言葉が出ない。代わりに、イザナミのほうから先に声を発した。

「あなにやし、えをとこを（まあ、なんていい男だこと）」

それに対して、イザナギも返す。

「あなにやし、えをとめを（おお、なんていい女なんだ）」

これが日本最初のプロポーズの言葉であり、告白をしたのは女性のほうなのだ。

晴れて結婚した2人は、無事合体した。ところが、そうして生まれた子どもはヒルのように醜い神・ヒルコだった。再度挑戦するも今度は泡のような子どもが生まれた。要するに、未熟児だったのだ。

どうしてちゃんとした子どもが生まれないのか？

困り果てたイザナギとイザナミは、天界の神様に相談しに行った。神様の助言を現代語風に言うとこうだ。

「もしかして、ナミちゃんのほうから告白したんじゃね？　それじゃダメだよ。男のナギくんがちゃんとやんなきゃ」

そうして、2人は再度イザナギの方から声をかける告白シーンを律儀にやり直した。それで生まれた子どもが最初の国土である今の淡路島ということなんだとか。

古事記の段階から、「日本男児は告白ができなかった」のだ。実は、これはわざわざ「告白は男がすべき」と古事記に明記しなければいけないくらい、古代より女性のほうが強かったという証拠かもしれない。だからこそ、「女から告白するとよいことにならない」という警告の形にもなっているのだろう。

決して、イマドキの若者だけが告白できなくなったわけではない。古代から、イザナギの神でさえそうだった。悩む必要も卑下《ひげ》する必要もないのだ。

男たちは金がないから結婚できないのか？

「結婚できない男たちが増えたのは、若年層の低賃金による貧困化が原因である」

この主張が最近ではスタンダードとして認められているようだ。若者にとって、もはや結婚とは贅沢《ぜいたく》品であり、手が出ないモノになりつつあるということらしい。

前章でも書いた通り、確かに男性の年収が低ければ低いほどその未婚率は高いし、正規雇用と非正規雇用を比較すれば、明らかに非正規雇用の男性の未婚率は高い。雇用形態別に大卒男性35〜39歳の未婚率を見ると、正規雇用者は約25%であるのに対して、派遣・契約社員は67%、パート・アルバイトは86%が未婚のままだ（2012年の就業構造基本調査より）。30代後半になっても未婚のままの男性は、非正規雇用とアルバイトが多いということを示している。

婚活系のネット記事では、「男たるものこれくらいの年収がないと結婚できない」などという煽り記事もたくさん見られる。意を決して結婚相談所に行ったとしても、年収が低いと登録さえ断られる場合もあるそうである。スタートラインにさえ立たせてもらえないのだ。酷い話である。男の価値は「年収額」でしか決まらないのだろうか。

私が対面調査した男性でも「結婚できない理由は金がないから」と答えた男性もある程度はいた。いたけれども、深く掘り下げると、言い訳や照れ隠しにすぎない場合も多かった。

もちろん、本当に金がなければ、生きるのに精一杯でそれどころではない。生きるということは食うことだ。だから食費にお金を使わざるを得ない。食うのにやっとの状態な

図3-5　男性・年代別・配偶関係別・年収別分布（有業者）

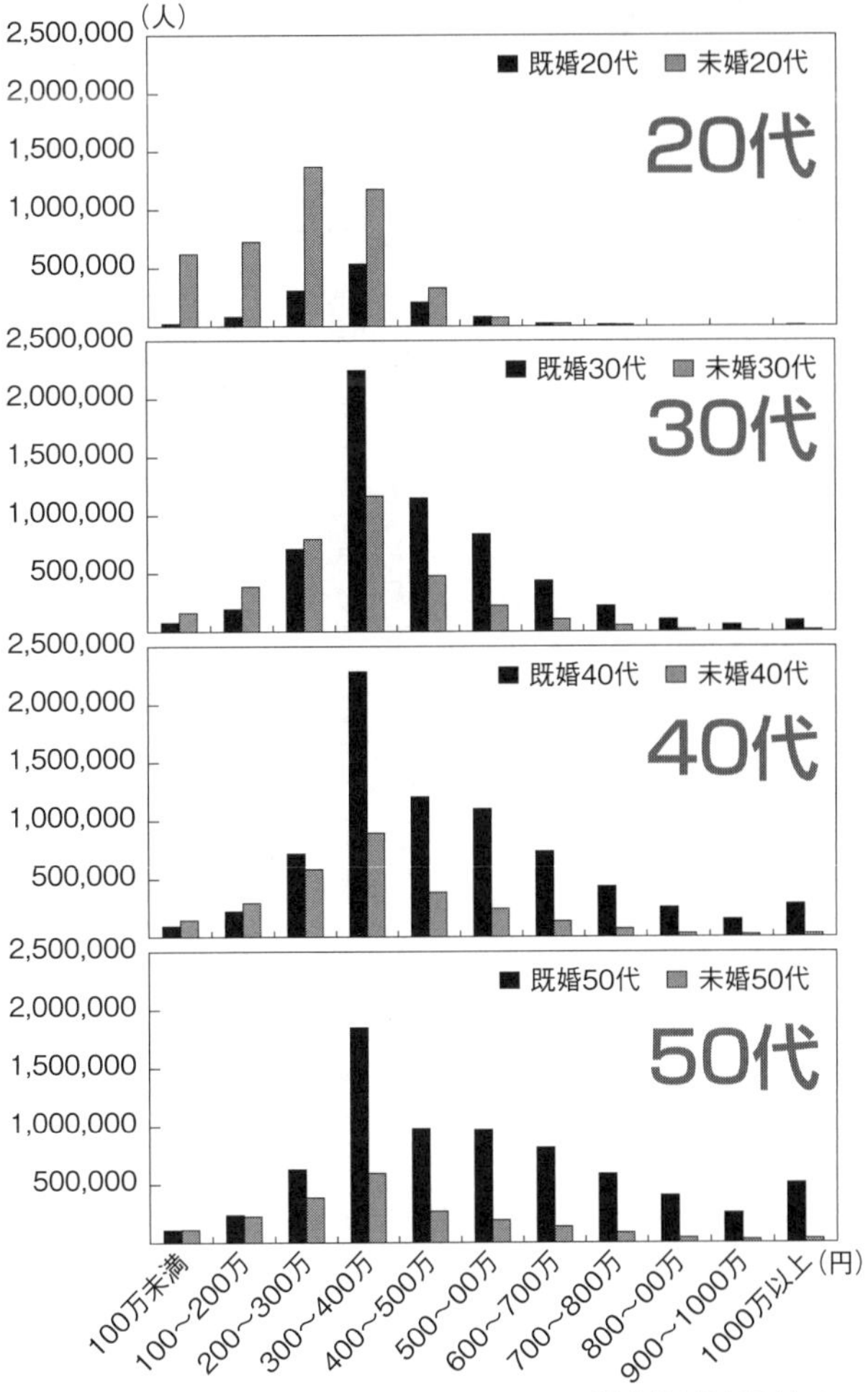

出典：2012年総務省統計局「就業構造基本調査」より

ら、恋愛動機すら湧き起こらないというのはあると思う。だが、食うのにやっとの超貧困層の話と未婚率上昇の話とを一緒にされては困る。食うのに困る超貧困層は昔から存在したし、そもそも彼らは結婚どころではないのだから。

では、既婚男性の年収とはどれくらいなのか。

2012年の就業構造調査から、年代別・年収別での未婚既婚の分布をグラフにしてみた（前ページ図3―5）。

20代は低年収の未婚者だらけのように見えるが、そもそも平均初婚年齢30歳超えの時代である。男の20代での結婚は少ない。大体、20代の頃は今も昔もみんな低年収だった。30代を見ていただきたい。300万円台で一気に既婚者の数値が跳ね上がる。40代でも同じだ。結婚する男は、300万円台を中心に結婚していることがわかる。

一方、300万円未満でも未婚者と既婚者の数はそれほど変わらない。300万円未満の年収でも、30代で98万人、40代では103万人が既婚者だ。

年収別の分布に関しても、未婚者も既婚者もそのバラつきに大差はない。結婚する男は年収の多寡《たか》など関係ない。できない男は、自分ができないことを自分のせいにしたくないから、年収のせいにするのである。裏返せば、年収が高いからといって必ず結婚できるわけでもないのだ。

この件について、私はよく「クルマ離れ現象」をたとえ話として出す。クルマ離れといっても、地方在住者のようにクルマが生活必需品ならどんなに金がなくても買う。必要だからだ。ただ、都会に住む者にとっては、クルマがなくても生活できるし、維持費を考えれば無駄でしかないと判断したから買わない。昔のように、みんながクルマを所有していた時代でもないから肩身も狭くない。いいクルマに乗っているからといって、モテたり、尊敬されるという時代でもない。クルマが買える十分なお金があっても、クルマに魅力を感じないから買わないのだ。結婚もそれと同じではないだろうか。

若者をはじめ、男性の貧困や雇用形態の不安定さは、ある部分では未婚化・非婚化に影響を与えている。それは否定しない。が、それだけが原因ではない。目に見える客観的な状況だけではなく、男性たちの心の動きにも関心を払うことが大事ではないか。

男たちが女性の若さにこだわる理由

40代男性の初婚率が、ずっと右肩上がりに推移していることをご存じだろうか。未婚のまま40歳を過ぎると、ほぼ結婚できる確率がゼロになると言われているが、決してそんなことはないのだ。

2014年人口動態調査における夫婦ともに初婚の夫婦の婚姻数を見てみると、

図3-6　年代別初婚同士の婚姻数比較

男性	1947年	2014年	2014年との比較
20代	358,216	212,746	0.59
30代	51,242	172,401	3.36
40代	2,629	35,071	13.34
50代	531	4,030	7.59
女性	1947年	2014年	2014年との比較
20代	339,608	262,106	0.77
30代	12,511	151,897	12.14
40代	1,403	18,467	13.16
50代	315	1,324	4.20

出典：2014年「人口動態調査」より筆者作成

1947年にわずか2629件だった40代男性初婚数が、2014年には3万5071件と13倍にも増加している（図3－6）。同時に、20代男性の婚姻数は半減しており、これだけでも晩婚化傾向がわかる。

では、その13倍にも増えた40代以上の「おっさん初婚者」たちは、一体誰と結婚しているのか？　若い20代の女性なのだろうか（本節ではあえて「おっさん」と表現させていただく）。

「男は何歳になっても若い女が好き」とか「畳となんとかは」みたいな言葉もあるように、若い女性を追い求める心理は、同じ男としてはわからないでもない。むしろ……非常によくわかる。ただし、おっさん

図3-7　未婚男女が希望する相手の年齢差

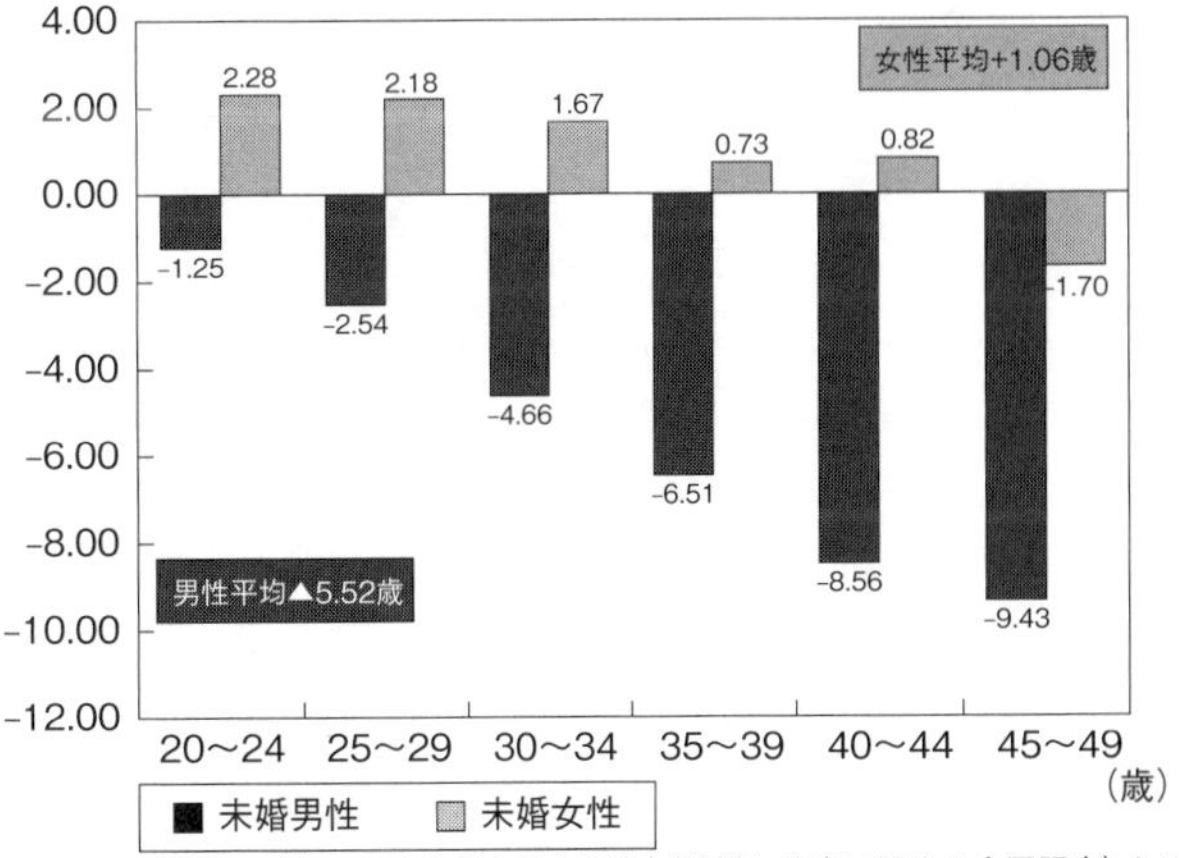

出典：2010年「第14回出生動向基本調査」（結婚と出産に関する全国調査）より
「希望する自分の結婚年齢」「希望する相手の結婚年齢」のデータから筆者作成

が派手な若い女性を連れて街を歩いている姿は、キャバ嬢との同伴にしか見えないという噂もある。

　2010年の出生動向基本調査の夫婦調査で、実際に結婚したカップルの平均年齢差を見ると、約1・7歳だけ男が年上だ。一時、歳の差婚がメディアを騒がせた割には、実際に結婚している男女はほぼ同年代である。

　実績ではなく、希望ではどうか。同じ出生動向基本調査の独身者調査で、「自分の希望結婚年齢」と「相手の希望結婚年齢」という調査データがある。両者をマージして、男女ともに年代別にどれくらいの歳の差の相手を希望しているのか、についてまとめてみた。自分の年齢と相手の年齢の差分を平均して算出したものである（前ページ図3―7）。

女性は、全体で平均プラス1・06歳年上の男性を求める。対して、男性は、自分よりマイナス5・52歳の相手を求める。

年代別では、40代前半の男性がマイナス8・56歳、40代後半になると、マイナス9・43歳の相手を求めるようだ。34歳以下に限れば、男マイナス2・8歳、女プラス2・0歳なので、30代後半以上の男がいかに若い相手を望んでいるかがわかる。個別に見れば、47歳で19歳女性を希望したおっさんもいた。あくまで希望なので、そこは自由だ。

女性は、全体的に自分より少しだけ年上の男性を希望しているが、さすがに40代後半になると対象が年下に変わる。また、女性の場合、29歳～31歳あたりでは「50歳の男でも構わない」という意見も見られた。

実際は、20歳以上の歳の差婚もあるだろうし、千差万別だと思うが、全体として見ると、「男は5歳年下」「女は1歳年上」を希望するというのが日本の平均値のようである。

ここにも、微妙だが男女の食い違いがある。

実績は、男女ともほぼ同年代で結婚しているということは、女性の希望年齢に近い同年代結婚が多いわけで、いつまでも若い子を狙い続けるおっさんは、生涯独身となる可能性が高いということになる。自業自得というべきか。

未婚のおっさんが若い女子を選びたくなる気持ちは、宝くじを買う感覚に似ている。

例えば、100円払えば必ず10円もらえるくじAと、同じく100円だが、100分の1の確率で1000円当たるかわりに、外れは0円というくじBがあったとする。どちらを選ぶだろうか？

大抵の人はBを選択すると思う。確率的には、まず当たらないのに、だ。確実に10円をもらうより、「もしかしたら」という期待報酬で人はBを選んでしまう。これが宝くじを買う人の心理である。

ところが、これが100円ではなく1万倍の1枚100万円のくじ（当選額も1万倍である）だとするとどう思うだろう？

確かに、当たれば1000万円もらえるかもしれないが、手元の100万円を失う可能性が大きい。こうなると、人はそのリスクを恐れ、Bを選択しなくなる。要は、自己リスクとの兼ね合いなのだ。金額が高いとどうしてもそれを失いたくない気持ちが勝るのが人情というものである。

これを結婚にあてはめてみよう。

※以下、たとえ話をわかりやすくするためにやや激しい単語を使用します。予めご了承ください。

ここにどうしても結婚したいおっさんがいたとする。今まで、合コンだ、婚活パーティーだ、お見合いだといろんなことをしてきたが、ずっと結婚できなかった。まあ、要するに非モテ男だったわけだ。もはや時間の猶予もない。次、決めなければ生涯独身だという状況だと仮定する。その時に、「あなたがＯＫすれば確実に結婚できるが、年増のあんまり可愛くないＡ」と「若くてピチピチでめちゃ可愛い女子、だけどその子を狙うライバルもたくさんいて、あなたがプロポーズしても結婚できない可能性がかなり高いＢ」のどちらを選ぶだろうか？

理屈で考えれば、間違いなくＡだろう。だって確実に結婚できるのだから。若いとか可愛いとかそんな条件は言っていられないはずである。

でも、このおっさんはＢを選んでしまう。そして、当然のごとくフラれる。生涯独身確定だ。もうこのおっさんでいいと言ってくれるＡのような女性は二度とあらわれることはないだろう。

なぜか？

これは、実はサルの実験でも立証されている。少量の果物を確実にもらえるＡか、大量の果物かもしくはもらえない可能性のあるＢのどちらを選ぶか、という実験をしたところ、サルはどんなにＢの確率を下げても（ほとんど果物はもらえなくなる状態）、一貫してＢを選び続けたらしい（２００５年米デューク大学プラッツ博士の実験より）。

サルはリスクを認知できないのだろうか？　いいえ。サルの脳の後帯状皮質という神経細胞はリスク自体は感知していた。つまり、リスクを承知で、サルはBを選び続けたということなのだ。

おっさんの話に戻すと、このおっさんにとって「Bを選ぶこと」がリスクであることは百も承知だが、確実な報酬よりも、リスクを乗り越えた先の大きな夢への誘惑に勝てなくなる。お金だと冷静に合理的に判断できるのに、結婚とか恋愛とかだとそれがすっ飛んでしまう。そして、延々と同じミスを繰り返す。それでも、おっさんたちは「いい夢を見させてもらった」と強がり、反省などしない。それこそが、結婚できないまま一生を終える男の特徴ではないだろうか。

また、こういうことも言えるかもしれない。確実な報酬であるAを選ばない男は、結局「結婚の意思がない」と。つまり、いつまでも若い相手を条件としてこだわる男とは、そもそも結婚意欲がない男なのだ。

歳の差婚を希望する男たちが生涯未婚になる理由とは、身から出た錆《さび》とも言えるが、本人の潜在意識が選択した能動的な決断なのかもしれない。

これは、そのまま女性にも当てはまる。相手の年収にこだわるあまり、婚期を逸してはいないだろうか。

結婚しない男の見分け方

とある一般女性のツイッターに以下のような書き込みがあった。

「友達が、彼氏に結婚はしないと言われたらしい……責任とれないなら三十路過ぎの女にアプローチしてくるなよ（怒）。女にはタイムリミットがあるんだよ！」

本人の話ではなく、お友達のことのようだ。30歳過ぎて付き合った男から、ある程度の期間を経て「結婚する気はない」と言われ、修羅場となったのだろう。

この女性のお怒りはごもっともである。だが、大変お気の毒な話だが、結構よくある話でもある。

例えば、「5年も付き合ったあげく、結婚する気はないから別れようと突然彼氏（30代）に言われた女性（33歳）」や「7年も付き合い続け、それでもプロポーズしない相手の男性（40歳）に業を煮やして、女性から逆プロポーズをしたところ、結婚はしないけどこのままの関係を続けようと訳のわからないことを言われた女性（37歳）」など同様の話は枚挙にいとまがない。いずれも女性は30歳を超え、子どもを産むことを考えたらもう時間がないという方たちだ。

恋愛はするが、その相手と結婚する気がない男はいる。これは、「恋愛の延長線上に結婚がある」と考えている女性には理解できないかもしれないが、確かにそういう男たちは存在するのだ。女性側に非はない。その男が結婚しない男だからである。

第1章でデータを提示したように、30代男性の半数が結婚に後ろ向きである。それでもその半分の非婚主義者のうち、さらに半分の25%は、結果的には結婚するかもしれない。が、それはもしかしたら40代や50代になってからの話で、30代では結婚する気がまったくないままかもしれないのだ。

そういう結婚しない男たち（ソロ男）が存在する以上、結婚する気がある女性は、そういう男とは最初から付き合わないことだ。どれだけ付き合っても時間の無駄である。そもそもターゲットにしてはいけない人たちなのである。婚活はマーケティングだ。10代の若者向けの商品を巣鴨の高齢者に売ろうとしても売れないのと同じである。

では、そういう男をどうやって見極めればいいのか？

次ページに、「結婚しない（したがらない）男の見分け方」チェックシートをご用意した。ぜひ、周りにいる男性に対して試してみてほしい。

「結婚しない（したがらない）男の見分け方」チェック質問

①束縛されたくない。
②一人の時間を確保したい。
③何か問題があっても、まずは自分でなんとかしようとする。
④服は無難な色を選ぶ。
⑤自撮り写真はほとんど撮らない。
⑥お菓子が好き。
⑦基本的にキレイ好きである。
⑧頑固なところがある。
⑨人の話をあまり聞かない。
⑩言っていることとやっていることが違うことが多い。
⑪仕事が好きである。
⑫愚痴を人に言いたくない。

※全体で8個以上○がついた場合、真性ソロ男。結婚したい女性は近づかないほうがよい。

結婚しない（したがらない）男の見分け方質問

	質問	回答
①	束縛されたくない。	
②	一人の時間を確保したい。	
③	何か問題があっても、まずは自分でなんとかしようとする。	
④	服は無難な色を選ぶ。	
⑤	自撮り写真はほとんど撮らない。	
⑥	お菓子が好き。	
⑦	基本的にキレイ好きである。	
⑧	頑固なところがある。	
⑨	人の話をあまり聞かない。	
⑩	言っていることとやっていることが違うことが多い。	
⑪	仕事が好きである。	
⑫	愚痴を人に言いたくない。	

※全体で○が3個以下の場合、よき夫よき父になる資質あり。
※但し、全体の○数が少なくても、①②③に全部○がついた人は、それだけでソロ男なので、お付き合いしないほうがよいと思われる。

第4章

結婚しても
ソロに戻る人たち

「結婚しないと孤独死が待っている」

そんな言葉をよく聞く。確かに、生涯ソロで生きる以上、死ぬ時もひとりだ。高齢となって、突然の脳出血や心臓発作などを起こしても誰にも気付かれず、救急車さえ呼ばれることなく息絶えてしまう可能性は否定できない。

とはいえ、結婚したからといって孤独死にならないと断言できるのだろうか。本章では、結婚後ソロに戻る可能性とリスクについて検討したい。

取り残される高齢ソロ女性たち

内閣府が出している「平成28年度版高齢社会白書」によれば、日本の65歳以上の高齢者人口は3392万人となり、総人口1億2711万人に占める割合である高齢化率は26・7%となった。65歳以上の高齢者人口を男女別に見ると、男性は1466万人、女性は1926万人で、性比（女性人口100人に対する男性人口）は76・1であり、男性対女性の比は約3対4となっている。しかし、メディアで大きく取り上げられるのは常に全体の高齢社会化問題だけである。高齢の独身者が増えるという高齢ソロ社会化問題に触れられることはほとんどない。

繰り返し提示しているように、2035年には独身者人口は4800万人。15歳以上

図4-1　男女年齢別ソロ生活者（未婚＋離死別合計）数推計

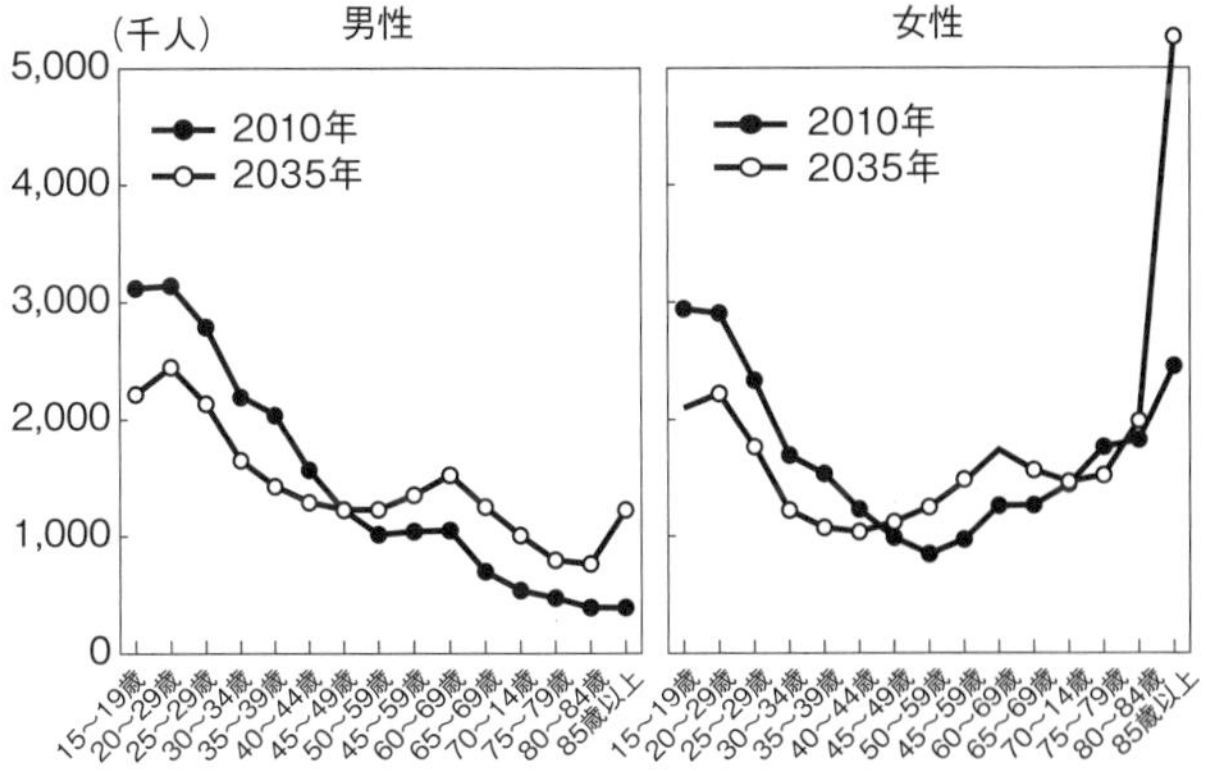

出典：国立社会保障・人口問題研究所「日本の世帯数の将来推計（全国推計）2013年1月推計」より

人口のほぼ半分が独身者となる。特に深刻なのは、高齢の独身男女の増加である。65歳以上の高齢ソロ人口は、男性４９７万人に対して女性は１１７９万人と、女性は男性のほぼ２・５倍にもなると推計されている。

特に、85歳以上の独身者の急上昇ぶりが顕著だ。85歳以上の独身女性だけで５００万人を突破する見込みだ（図４―１）。これは、配偶者と死別した独身高齢女性が多いためである。そもそも結婚のマッチング自体、男性が年上であるカップルが多く、加えて女性のほうが平均寿命が長いため当然の結果といえる。結婚したとしても、特に女性の場合は、人生の最後の段階で再びソロに戻る時期が必ずやって来るということだ。

夫婦が、同日同時刻に死ねるわけではない。どちらかが先に死ぬ。となれば、たとえ結婚したとしても、残された側はひとりとなる。子や孫や親せきがいたとしても、同居していない限りは、それは生涯未婚の一人暮らしと状態としては同じなのだ。

もはや国の年金など当てにできないこれからの時代に、配偶者に先立たれた先の人生、どのようにしてひとりで生活していくべきなのかを真剣に考えなければならない。

そして、実はすでに女性たちはその方法を考え、実践し始めているのではないだろうか。

現在、女性の平均寿命は約87歳である。早晩90歳を超えるだろう。3分割するならば、結婚までの30年、子育て期間としての30年、そして老後としての30年に分けられる。仮に、配偶者と添い遂げたとしても、大抵は夫が先に死ぬ。すると老後期間の15~20年もの長い間、ひとりで生きていかなければならない。そう考えた時、60歳になった妻たちが熟年離婚という形を選択したとしても、それは決して後ろ向きなものではない。

3組に1組は離婚する現代

厚生労働省「2015年人口動態統計月報年計（概数）」（図4-2）によると、婚

図4-2　婚姻件数及び婚姻率の年次推移

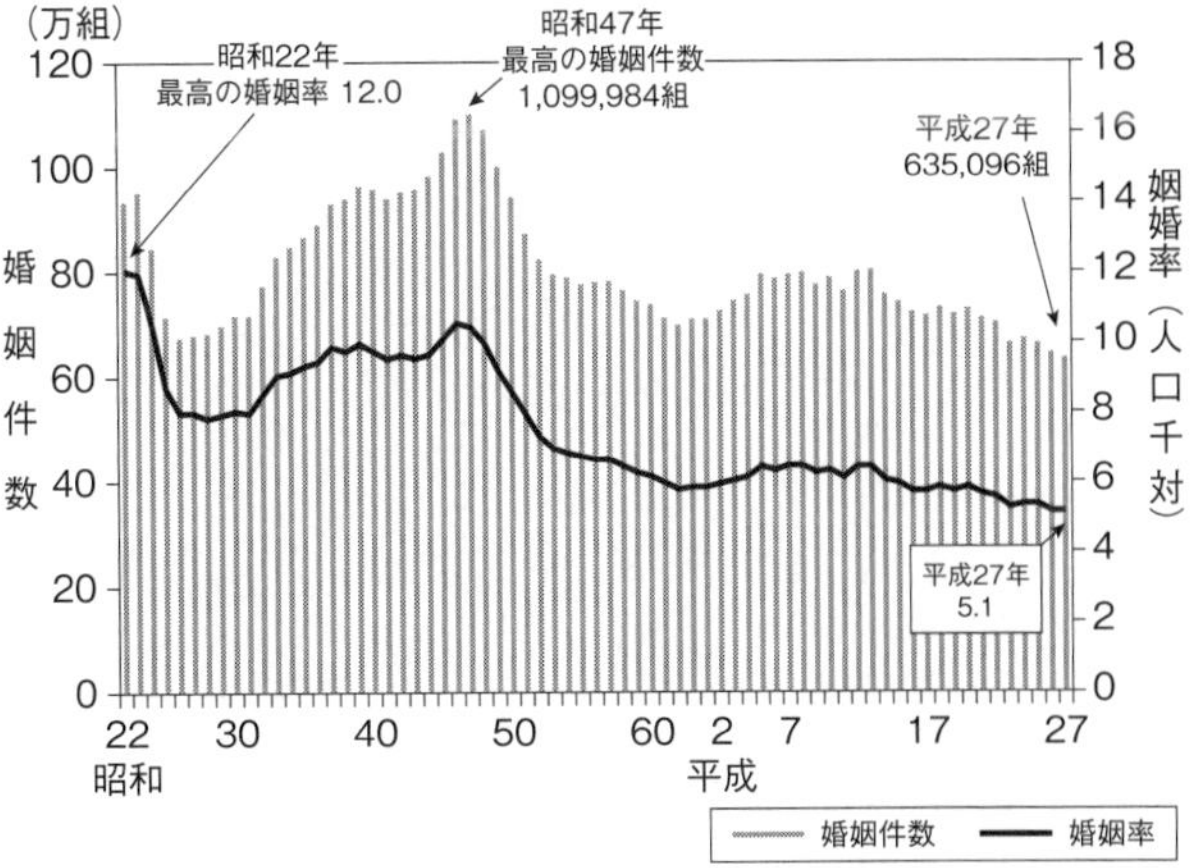

出典：厚生労働省　2015年「人口動態統計月報年計」より

姻件数は63万5096組と、前年より8653組減少（前年比98・6％）となり、ついに戦後最小となった。未婚化、晩婚化、非婚化の話題が世間を賑わせている現代で、「さもありなん」と納得もするが、それでもまだ年間63万組も結婚していると言われるとどうだろう。

　戦後最小といっても、グラフを見る限り、平成以降婚姻件数は、下降はしているものの、その曲線はなだらかに見える。そもそも結婚適齢期の若年層人口自体が減少しているわけであり、婚姻件数がほぼ横ばいなのはむしろ持ち直しているという見方もできる。人口千対の婚姻率で見ると、2003年の5・9以降ずっと5台を10年以上キープし、2015年も5・1だった。

少子化対策としての「婚活」の効果があらわれたのか？　いやいや、決してそうではない。

離婚件数は、２００２年の28万９８３６件（人口千対離婚率２・30）をピークとして、最近はやや減少しつつあるものの、２０１５年でも22万６１９８件（同１・77）も離婚している。太平洋戦争直前のもっとも離婚率が少なかった時からすると3倍に増大していることになる。この人口千対離婚率１・８という数値は、総務省統計局の「世界の統計２０１４」によれば、世界の中では中間程度である36位に位置する。1位はロシアの４・７（２０１１年）で、アメリカは２・８（２０１１年）で5位だ。アジアの中では、韓国がもっとも高く、２・３で17位となっている。

ちなみに、人口千対離婚率ではなく、離婚数を婚姻数で割った比率（特殊離婚率）で見ると、２００1年以降継続して35％以上をキープしている。よくマスコミが使う「3組に1組は離婚する」という表現は、ここからきている（図4－3）。

離婚が増えたと言っても、日本人はまだまだ欧米諸国と比較すると半分程度か、と思われるかもしれないが、そもそも日本は離婚大国だったという事実をご存じだろうか？

統計局の「帝国統計年鑑」によれば、１８９３年（明治26年）の人口千対離婚率は３・

図4-3　離婚率の推移

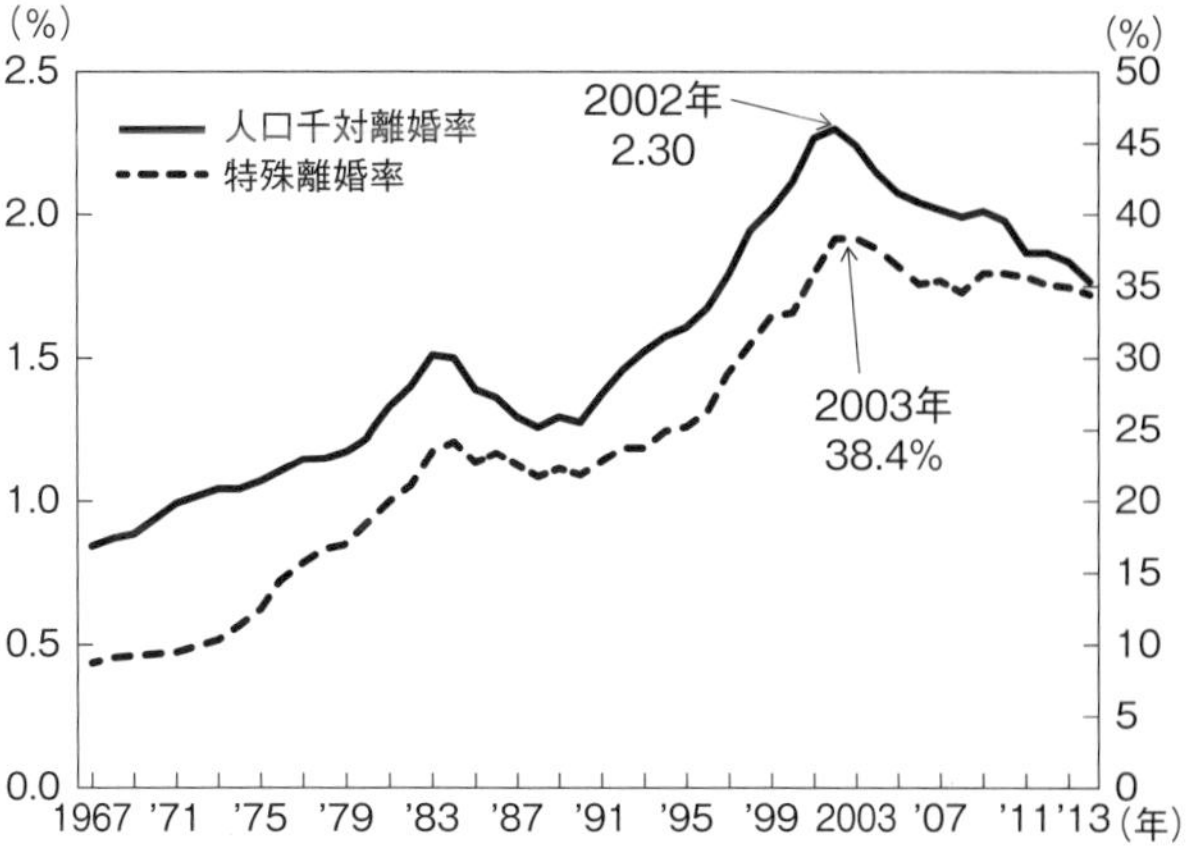

出典：2014年厚生労働省「人口動態統計」より

38だった。現在の離婚率のほぼ倍である。現在の世界一離婚率であるロシアの離婚率とほぼ変わらないし、当時の日本の離婚率は世界トップレベルだった。

明治期、日本の離婚が多かった要因として、『明治の結婚 明治の離婚―家庭内ジェンダーの原点』（角川選書）の著者である湯沢雍彦《やすひこ》氏は以下の要因を挙げている。姑《しゅうとめ》によって「当家の嫁にふさわしくないから出ていけ」という「追い出し離婚」が多かったり、そもそも離婚に明確な理由が不要だったり、離婚の手続きがルーズで、特に届出が必要ではなかった地域も多かったりと、のんびりとした社会環境が背景にあったという。特に、庶民自体に「結婚を生涯続けなければいけない」という意識が乏し

図4-4　普通離婚率（人口千対離婚率）長期推移

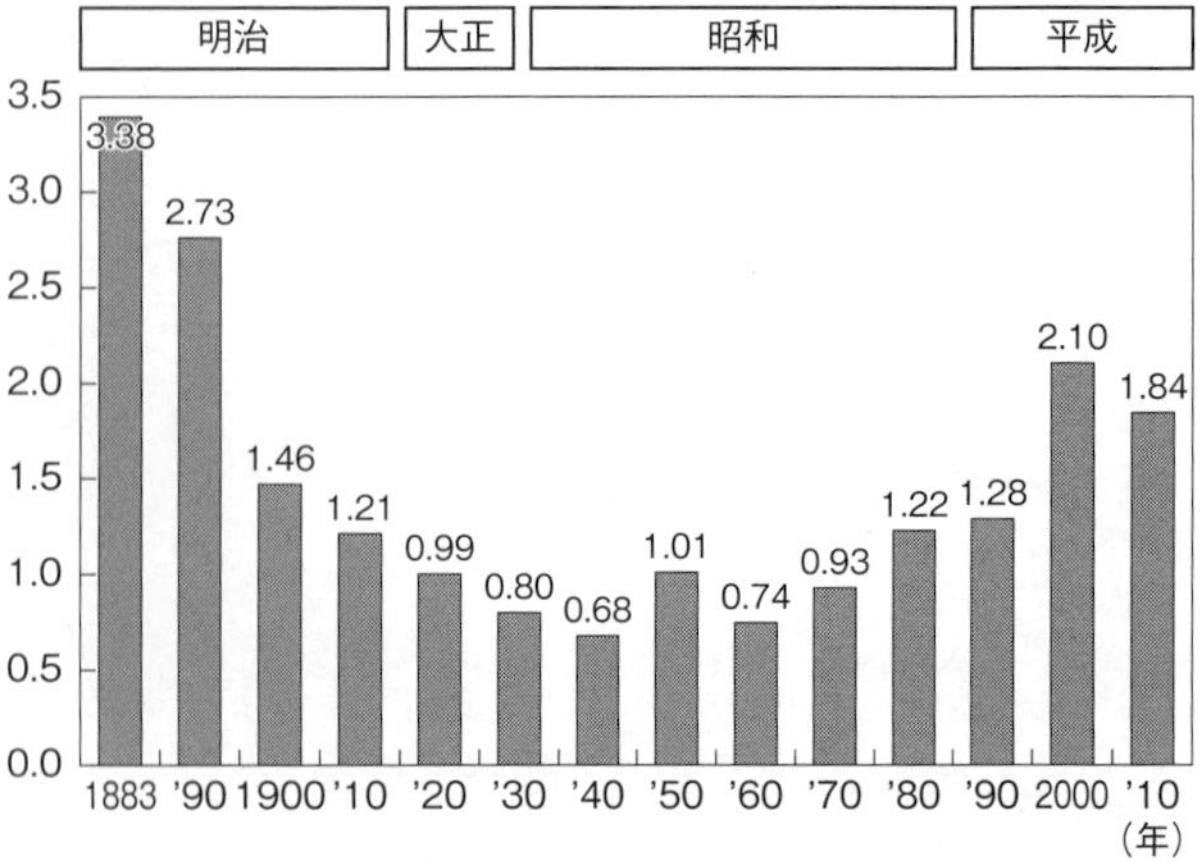

出典：1883、90年は内閣統計局『帝国統計年鑑』、1900年以後は厚生労働省統計情報部『人口動態統計』より。昭和47年以前は沖縄県を除く。

く、うまくいかなければいつ別れてもかまわないし、そもそも長続きするほうが例外なのだという考えが階層の上下を問わずあったらしい。実は、こうした意識は江戸自体の日本人の意識そのものなのだが、明治維新から間もない当時は、庶民の生活意識は、まだまだ江戸時代の延長のようなものだったのだろう。なお、江戸時代における自由な恋愛・結婚観についてはこのあと述べる。

　そんな離婚大国日本で、離婚が激減したきっかけとなったのは何か？

　それは、1898年（明治31年）7月に施行された明治民法である。明治民法の最大の特徴は、「家」制度である。明治維新までは、結婚しても姓は変わらなかった。結婚後、妻は夫の姓を称するよう規定されたのは、この明治民法からである。相続に関しても、「家督相続」といって、嫡出子《ちゃくしゅつ》の長男のみが、家長の地位を承継し、財産についても総取りするという制度とされた。これにより妻は、ある意味「家」を存続させるためのひとつの機能として縛りつけられる結果となる。この明治民法が作り上げた「家」制度が、日本人の家族意識や性規範などにもたらした影響は大きかった。それまでの江戸時代から続く庶民のおおらかな性や結婚観から、貞操観や良妻賢母を理想とする女性像を是とするものになる。

手続きも変わった。それまでのいい加減なやり方は通用しなくなり、姑による「追い出し離婚」は法律上は不可能となった。同時に、戸籍法によって離婚が届出制となり、戸籍管理上という名目で厳格になった。離婚した場合、戸籍謄本《とうほん》の配偶者欄にバツ印をつけるのもここからである。

とにかく、この明治民法の効果は絶大で、施行年の離婚数は前年の20％減、翌年も33％減と施行前と後で半分近くにまで急降下した。以降、離婚率は１９４３年までずっと右肩下がりに下がっていくことになる（図４−４）。

ところで、都道府県別で離婚率が高いのはどこなのだろうか（次ページ図４−５）。２０１４年の人口動態調査から一覧にすると、１位は沖縄県（２・53）で、以下、宮崎

図4-5　都道府県別離婚率ランキング

順位	県	離婚率
1	沖縄	2.53
2	宮崎	2.07
3	大阪	2.06
4	北海道	2.04
5	和歌山	1.98
6	福岡	1.98
7	高知	1.86
8	鹿児島	1.82
9	東京	1.81
10	鳥取	1.80
11	神奈川	1.78
12	静岡	1.76
13	兵庫	1.76
14	香川	1.76
15	埼玉	1.75
16	愛知	1.75

順位	県	離婚率
17	千葉	1.74
18	京都	1.74
19	熊本	1.74
20	三重	1.73
21	広島	1.73
22	愛媛	1.73
23	茨城	1.72
24	大分	1.72
25	群馬	1.71
26	栃木	1.70
27	山梨	1.69
28	岡山	1.68
29	長崎	1.68
30	青森	1.67
31	徳島	1.67
32	宮城	1.65

順位	県	離婚率
33	福島	1.64
34	奈良	1.63
35	山口	1.62
36	滋賀	1.60
37	佐賀	1.59
38	岐阜	1.58
39	長野	1.57
40	石川	1.49
41	山形	1.48
42	福井	1.46
43	岩手	1.45
44	秋田	1.40
45	島根	1.40
46	新潟	1.38
47	富山	1.34

出典：2014年「人口動態調査」より
（順位は、小数点3位以下の数字を加味して並べかえている）

図4-6　都道府県別離婚率とシングルマザー率相関

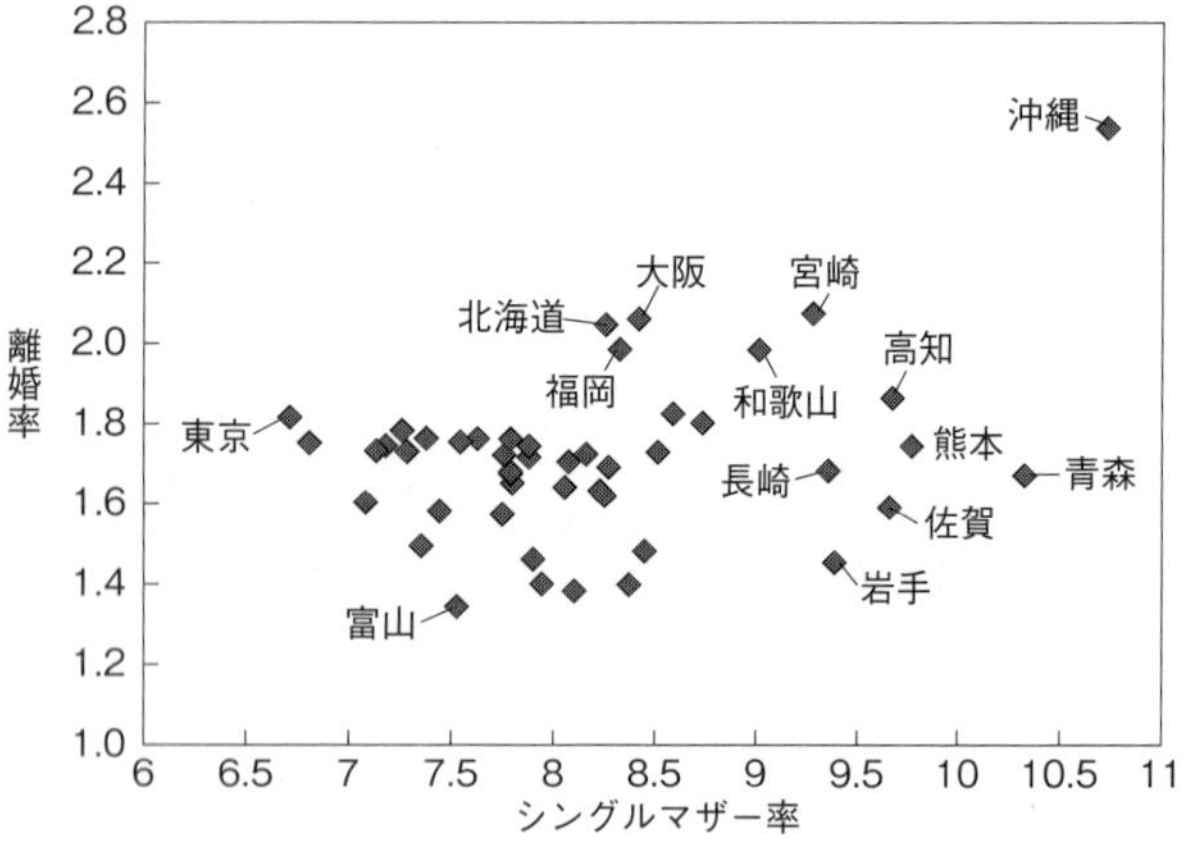

出典：シングルマザー率　2015年「国勢調査抽出速報」「女親と子世帯」比率より
離婚率　2014年「人口動態調査」より

県、大阪府と続く。全体的に西日本の離婚率が高い。東京は9位で、離婚率1・81も全国平均とほぼ同じだ。離婚率が少ないのは、富山県（1・34）。他にも、新潟、島根、秋田、岩手、福井など、豪雪地域に限ってなぜか離婚率が低いという共通点がある。ただし、北海道は逆に離婚率4位ではある。

ちなみに、離婚率1位の沖縄は、シングルマザー率も全国1位である（図4−6）。離婚率との相関を見てみると、沖縄だけが異質な存在であることが際立っている。また、青森、岩手などの東北や熊本、佐賀などの九州は、離婚率が低い割にはシングルマザー率が非常に高い。逆に、シングルマザー率がもっとも低いのが東京である。

増える熟年離婚

離婚件数を同居期間別で比較すると、5年以内がもっとも多く約34％である（次ページ図4−7）。しかし、戦後間もない1947年には5年以内が6割も占めていたことを考えると、かなり減少している。近年は、15年以上の離婚件数が増え、構成比として3割弱にまで拡大した。特に、同居期間20年以上の「熟年離婚」比率が増えており、1947年と2015年を比べると、5・8倍に膨らんでいる。同じく、銀婚式を迎えた後の同居期間25年以上というベテラン夫婦の離婚比率も上昇している。

図4-7　同居期間別離婚構成比推移

	5年以内	5-10年	10-15年	15年以上	20年以上	25年以上
1947年	61.2	23.4	8.5	6.9	3.1	—
1975年	49.3	24.2	13.7	12.7	5.8	2.4
1980年	37.2	27.7	17.3	17.7	7.7	3.0
1985年	34.0	21.3	19.5	25.4	12.4	4.7
1990年	38.2	21.2	14.1	26.7	14.0	5.8
1995年	39.5	21.2	13.0	26.3	16.4	7.2
2000年	38.0	23.0	13.0	26.1	16.5	9.1
2005年	36.6	23.1	14.1	26.2	16.2	8.8
2010年	34.9	22.6	14.7	27.7	16.9	9.5
2015年	33.7	22.2	14.6	29.4	18.1	10.1

出典：2015年「人口動態調査」より
（結婚生活に入ってから同居をやめたときまでの期間別にみた年次別離婚構成比推移　期間不詳を除く）

男女年齢別に離婚件数を見ると、39歳以下の離婚数が男女ともに減少しているのに対して、40歳以上の離婚件数は減っていない（図4−8）。ということは、40歳以上の中高年離婚者率は上昇していることになる。

熟年離婚というと、中高年の、特に定年退職後の夫と妻の離婚を想像する方も多いことと思う。

こんなイメージではないだろうか。家事や育児にはまったく関与せず、ただ外で仕事をすることだけに注力し、家の中のことはなにひとつわからない夫に対して、子どもが就職や結婚を決め、自立していったタイミングに合わせて、妻が突然離婚届を差し出す。2016年3月に公開された山

図4-8　年齢別にみた離婚件数

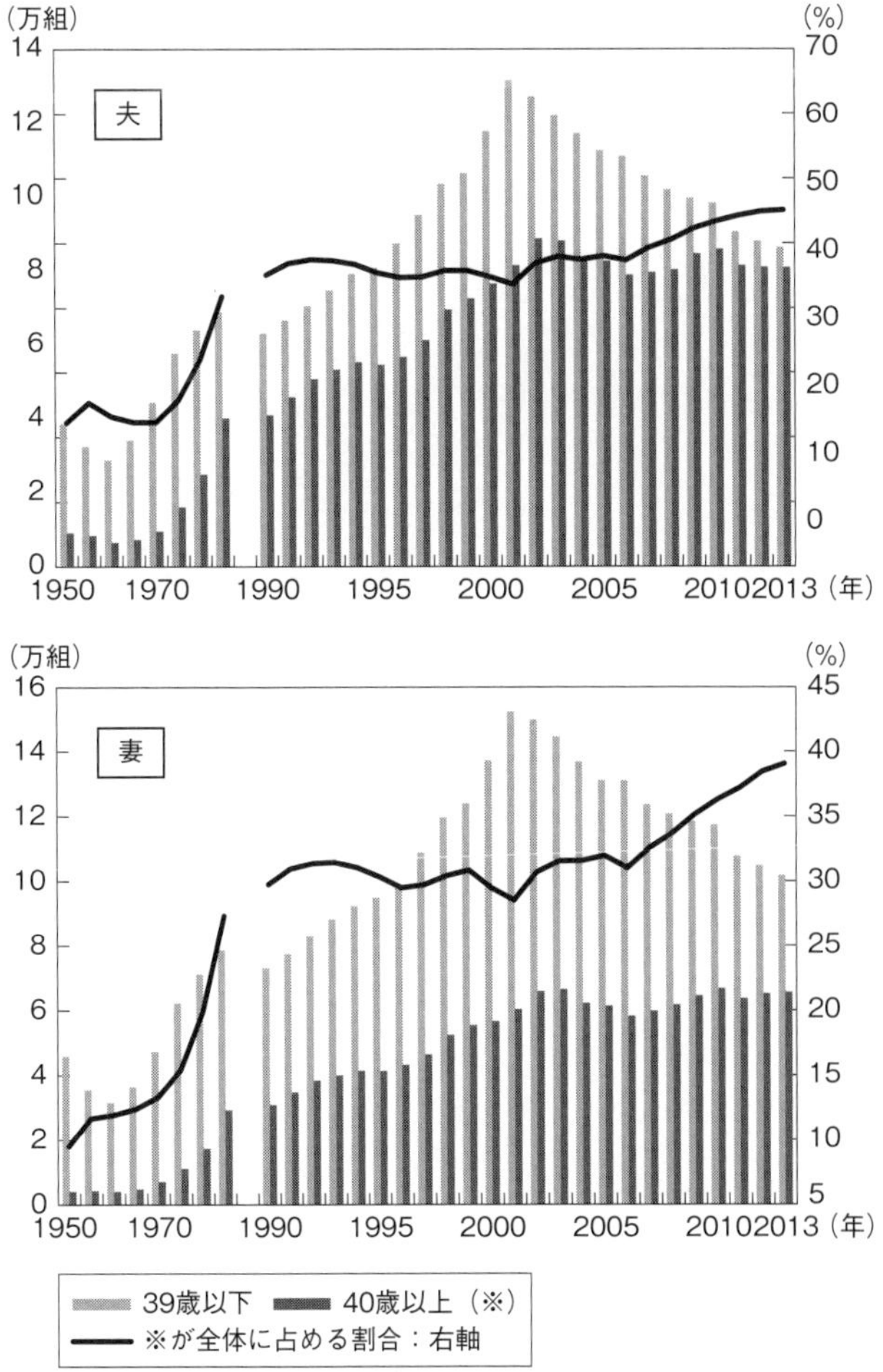

出典：2014年厚生労働省「人口動態統計」より

田洋次監督作品の映画「家族はつらいよ」で描かれたのもまさにそういう夫婦像だ（演じたのは、橋爪功と吉行和子）。

しかし、本来、熟年離婚とは離婚時点の年齢ではなく、婚姻期間が20年以上の夫婦の離婚を指す。日本の法律上、男は18歳、女は16歳から婚姻が可能だ。よって、最年少の熟年離婚は、38歳の夫と36歳の妻となる、あくまで数値上は。とはいえ、今や平均初婚年齢が30歳である現在、全体的に晩婚化となり、離婚年齢も後ろ倒しとなっている。結果、20年以上続いた夫婦というのは、大抵50歳以上というところに落ち着く。

離婚に対する意識の変化についても目を向けてみたい。

２００９年内閣府実施の「男女共同参画社会に関する世論調査」のデータを参考とした。「結婚しても相手に満足できないときは離婚すればよい」という考え方についての経年推移を見てみよう（図４－９、10）。

「賛成＋どちらかといえば賛成」の合計が１９９７年に54・２％と上昇して以降、２００９年までほぼ過半数を占めている。１９７９年には20％台だったことを考えれば、離婚に対する心理的抵抗感はかなり薄れてきていると言える。

離婚意識の男女差について、同じく２００９年の内閣府世論調査のデータを詳しく見てみたい。全体的に、男性より女性のほうが離婚に対して肯定的である。有配偶者でも子

図4-9「結婚しても相手に満足できないときは離婚すればよい」という考え方について（経年変化）

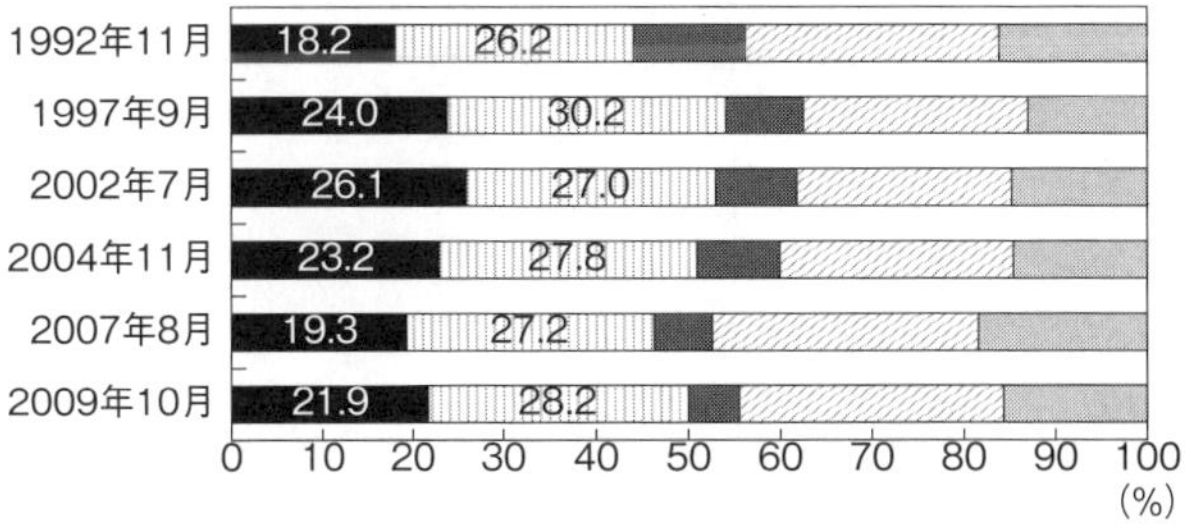

図4-10「結婚しても相手に満足できないときは離婚すればよい」という考え方について

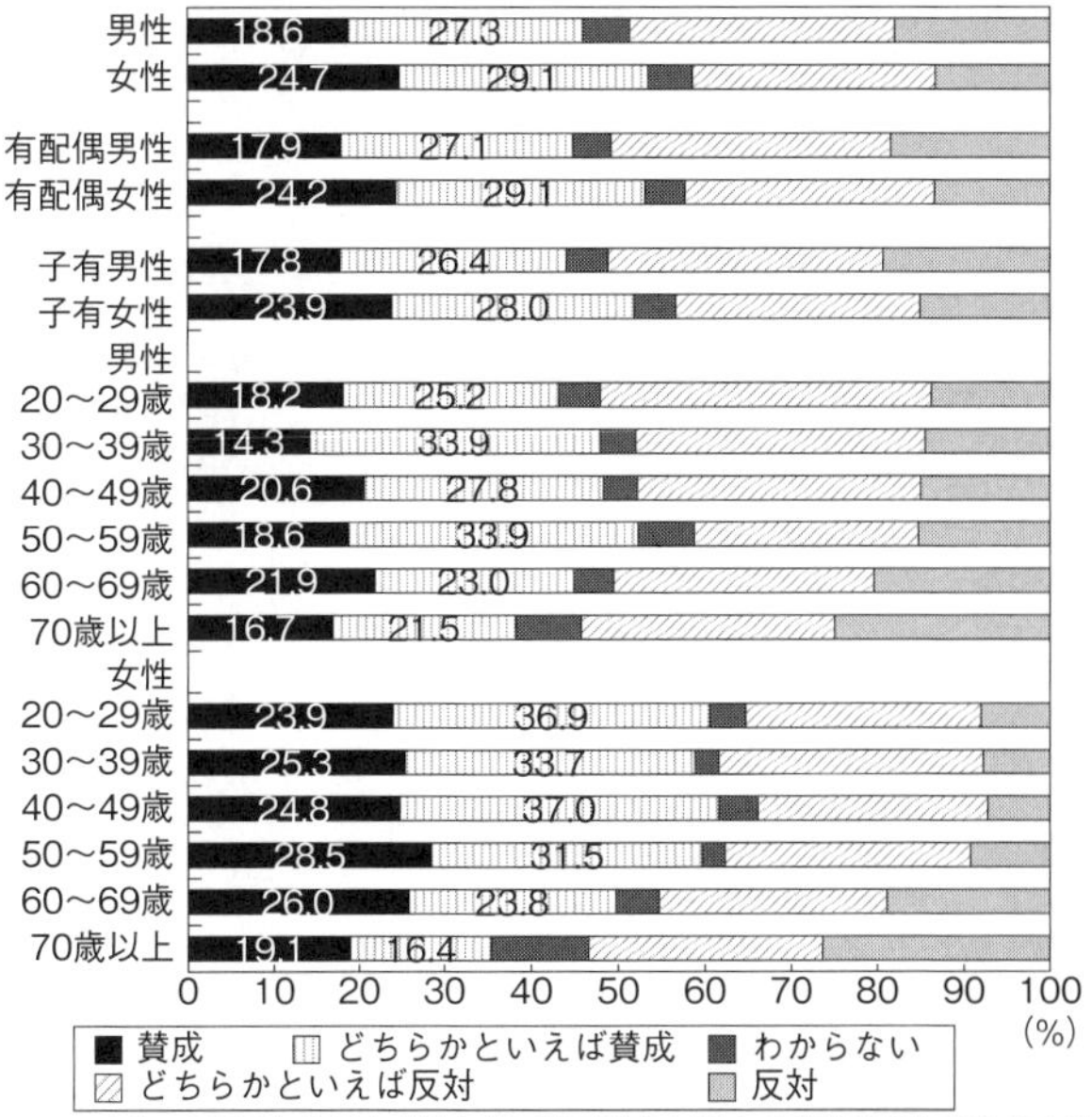

出典：2009年内閣府「男女共同参画社会に関する世論調査」報告書より
「家庭生活等に関する意識について」

どもを持つ場合でもそれらは変わらず、女性は過半数を超える。

それは、年齢別に比較しても同様である。20〜50代に限ると、ほぼ6割の女性が離婚に肯定的で、男性との差分は10ポイント以上ある。興味深いのは、TOP1（賛成）だけを見ると、男性は60代が22％ともっとも高く、女性も50代29％、60代26％と高い。50〜60代の夫婦がともに離婚に対しては一番肯定的なのだ。

離婚の主導権は妻

そもそも離婚を申し出るのは夫のほうなのか、妻なのか。

2012年度司法統計の家庭裁判所婚姻関係事件数のデータによると、総数6万7892件に対して妻からの申し出が4万9156件と圧倒的に多く、全体の72・4％を占める。この傾向は、それ以前の10年間をさかのぼってみても同様の傾向である。離婚を切り出すのは妻側というのが大勢のようである。

意識の面からも実際の申し立て件数の多さからも、離婚に対して主導権を握っているのは女性のほうである。

これを読んで「うちは大丈夫だ」と思った旦那さんもいるかもしれない。「長い時間が夫婦の愛を育むのだ」と反論されるかもしれない。しかし、果たして本当にそう言い切れ

図4-11　月別離婚件数推移比較

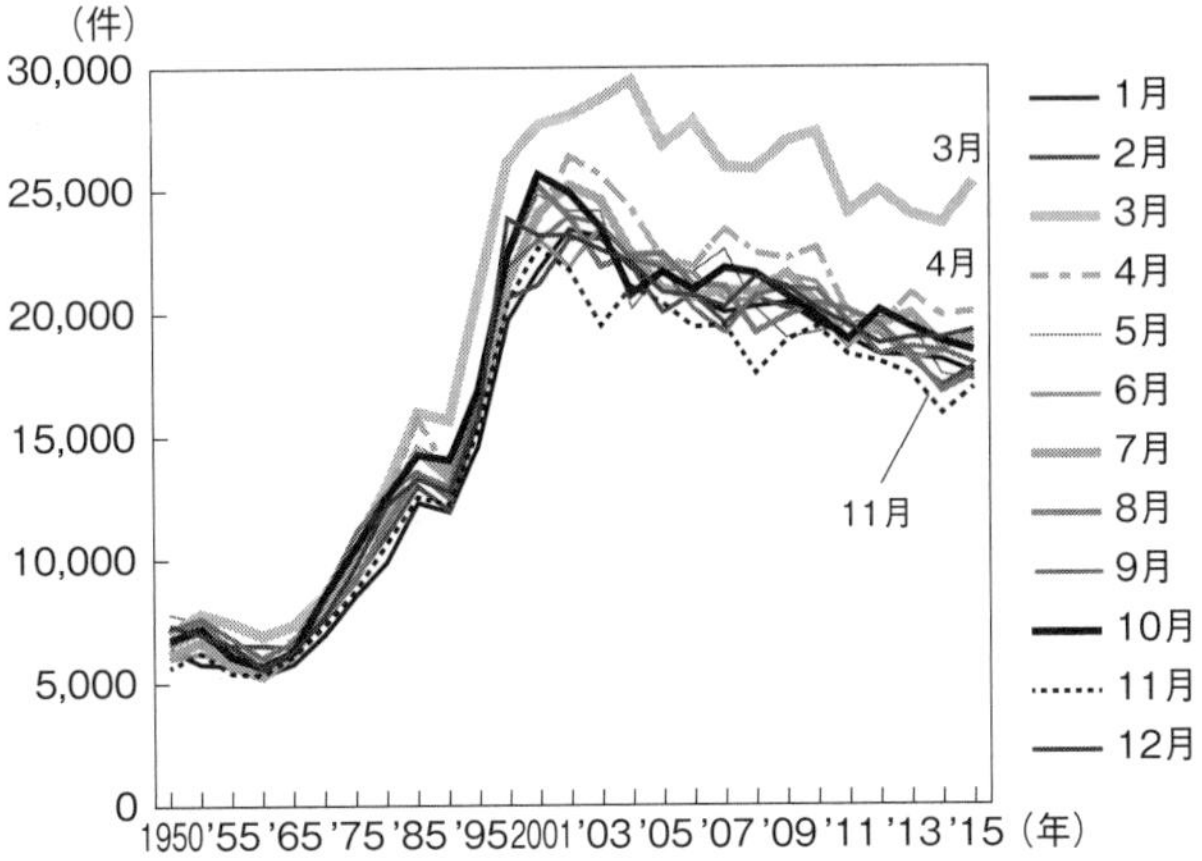

出典：2015年「人口動態調査」より　筆者作成

るだろうか？　長い時間をかけて築き上げられることもあるだろうが、長い年月を経たからこそ疲弊し、崩壊することだってあり得る。映画「家族はつらいよ」のように、ある日突然妻から離婚届を目の前に突き付けられるかもしれないのだ。

　余談だが、年間の中で一番離婚件数が多いのは、3月である（図4―11）。続いて4月。3月が多いのは、80年代からずっと継続している傾向だった。年度末の決算と同じように、結婚も清算してしまおうという気持ちがあるのか、4月の春先に人生の再スタートを切りたいという思いがあるのか、本当のところは不明だが、世の旦那さんたちは3月には奥さんにプレゼントを贈るなり、旅行に連れていくなり、サービスを考えたほうがいいかもしれない。

今まで見てきたように、婚姻期間20年以上の熟年離婚が定着化しつつあり、離婚に対する意識は男性よりも女性のほうが肯定的で、しかも実際に離婚を切り出すのも妻側が多いということがわかった。

では、離婚の理由は一体なんだろうか？

日本の場合、離婚の9割が協議離婚である。残りの1割が調停離婚、判決離婚。この比率は高度経済成長期からほぼ変わっていない。しかし、協議離婚では当事者同士の離婚の合意のみで成立する。離婚届けにいちいち理由を書く必要もない。よって、本当の離婚の理由というのが明らかにされることはなかった。仮に、離婚の理由を問われたとしても、それは退職届けに「一身上の都合により」としか記載しないのと同様、本当の理由を教えるわけがない。

司法統計年報による夫妻別の離婚理由は以下の通りである（図4－12）。

双方とも1位は「性格の不一致」だが、それ以降は男女差がある。夫側からすると、2位に「（妻からの）精神的虐待」、3位は「異性関係」となっている。4位に「家族親族との折り合いが悪い」という理由がきているのは、相変わらず嫁姑問題が残っているということなのだろうと推測できる。

図4-12　離婚申立ての動機

順位	夫	妻
1	性格が合わない	性格が合わない
2	精神的に虐待する	生活費を渡さない
3	異性関係	精神的に虐待する
4	家族親族との折り合いが悪い	暴力を振るう
5	性的不調和	異性関係
6	浪費する	浪費する
7	同居に応じない	家庭を捨てて顧みない
8	暴力を振るう	性的不調和
9	家庭を捨てて顧みない	家族親族との折り合いが悪い
10	病気	酒を飲み過ぎる

出典：2013年「司法統計」より

一方、妻側の申し立てでは、2位「生活費を渡さない」、6位「浪費する」という経済問題が上位にくる。4位「暴力を振るう」よりも「(夫からの)精神的虐待」が上位の3位にきているのも注目だ。夫の「異性関係」に関しては5位と意外にも低い。

注目したいのは、夫婦双方とも相手の「精神的虐待」が「暴力」よりも上位にきているということだ。何がこの「精神的虐待」に当てはまるのか。罵詈雑言《ばりぞうごん》は当然として、本人にはハラスメント意識がない小言、嫌味や「お前は何もわかってない」などの見下し発言なども、それを日常的に繰り返すと該当する。家計や子育てに対する責任転嫁発言も多いようだ。

図4-13　配偶者からの暴力事案等の被害者・加害者の状況等

（※以下は全て相談等件数の内訳）

	2011年	2012年	2013年	2014年	2015年	2015年の割合
男性	1,146	2,372	3,281	5,971	7,557	12.0%
女性	33,183	41,578	46,252	53,101	55,584	88.0%

出典：警察庁「2015年ストーカー事案及び配偶者からの暴力事案等の対比状況」より

一方、家庭内での配偶者の暴力、いわゆるＤＶ（ドメスティック・バイオレンス）についても、相変わらず増え続けている。警察庁が発表した「２０１５年ストーカー事案及び配偶者からの暴力事案等の対応状況」（図4−13）によると、２０１５年のＤＶ件数（相談案件ベース）は約６万３０００件で２０１１年の３万４０００件と比較すると1・8倍とほぼ倍増だ。被害者の男女比は1対9で、圧倒的に女性被害者が多いが、男性つまり夫の被害者がここ数年で7倍近く増えている。夫婦間の暴力行為がこれだけ増えているのだから、そこまでいかないまでも、言葉などによる精神的虐待で夫婦仲が壊れている件数の増加も納得できる。

とはいえ、調停や判決離婚にまで至るものというのは、裁判に持ち込むほどこじれている状況であり、きわめて特殊だ。件数もたった1割にすぎない。少数の特殊な事例をもって、全体の傾向と結論付けるのはいささ

図4-14　離婚を考えた理由

離婚をした夫婦

【夫】		【妻】	
①生活のすれ違い	31.3%	①金銭問題	48.5%
②愛情が冷めた	25.2%	②愛情が冷めた	35.0%
③性生活の不満	19.4%	③相手の親	22.3%

離婚検討中の夫婦

【夫】		【妻】	
①生活のすれ違い	33.3%	①生活のすれ違い	36.7%
②性生活の不満	23.5%	②愛情が冷めた	28.6%
③愛情が冷めた	19.6%	③金銭問題	26.5%

関係を修復した夫婦

【夫】		【妻】	
①生活のすれ違い	26.9%	①相手の親	27.8%
②性生活の不満	15.4%	②金銭問題	18.5%
③仕事への無理解	13.5%	③何となく	14.8%

出典：「アエラ」2010年11月22日号「離婚をした人、とどまった人の境目」より
n＝412（40歳前後）、複数回答、※性格の不一致は除く

さか乱暴だろう。

2010年11月22日号の雑誌「アエラ」（朝日新聞出版）誌面で、「離婚をした人、とどまった人の境目」という特集が組まれており、40歳前後の男女412人にアンケート調査を実施していた（図4－14）。この調査のユニークな部分は、実際に離婚をした理由だけではなく、離婚を検討中の夫婦の理由、関係を修復して離婚を思いとどまった夫婦の理由という3つのパターンを比較しているところだ。その結果を見てみよう。

まず、夫側の理由だが、「生活のすれ違い」「愛情が冷めた」「性生活の不満」の3つが共通理由として浮かび上がってくる。離婚実施、検討中、中止それぞれで違いは

ほとんどない。

むしろ妻側を見ると、潜在的な本音が透けて見えてくる。まず、夫側では出てこなかった「金銭問題」が突然出てくる。さらに、離婚検討中の妻の理由では、「金銭問題」（26・5％）は3位だが、実際に離婚した妻の理由の1位は「金銭問題」（48・5％）となっている。これは、離婚したい本当の理由は「金銭問題」だったのだが、それを「生活のすれ違い」や「愛情が冷めた」という建前の理由にしていた可能性があるということ。検討中では表面化していない「相手の親」が実際に離婚した原因の3位にランクインしているのもまた同様の〝すり替え〟だろう。

夫は妻とのすれ違いの生活や性生活の不満など、どちらかというとエモーショナルな部分の理由が多い。反対に、妻側は「金銭問題」が大部分を占めている。結婚を決意するのも金ならば、離婚を決意するのも金、それが女性の本音なのだろう。

離婚件数が経済的要因に左右されるのは、経年推移からも明らかである。バブル期には離婚率は下がり、バブル崩壊後の平成不況にあわせて離婚率は上昇した。小泉内閣時代だった2001年の離婚率は近年最高（最悪）の2・30を記録。その後のいざなみ景気でまた離婚率は下降に向かう。景気と連動して離婚率は乱高下しているのだ。

生活を管理し、家計をやりくりしている妻にしてみれば、結婚というのは経営に等しい。企業でいうところの売上にあたる収入がなくなれば、経営は破綻する。先のデータにもあった通り、女性は男性よりも離婚に対する心理的ハードルは低い。沈むゆく船と運命をともにしたくないと考えるのも致し方ない。

収入のほとんどを夫に依存せざるを得ない専業主婦だけの話ではない。共働き夫婦の場合でも、2人合わせての生活プランにおいて片翼が折れてしまっては為す術《すべ》がなくなる。

離婚に対する20代男性の意識もそうだが、結婚というものに対して、愛だの絆だのというロマンチックな幻想を抱いているのは、むしろ男のほうだけではないか。女性は、妻は、冷静に現実を見ている。

夫たちに必要な「人生三分の計」

定年後の離婚については、夫婦間の意識のズレが影響している場合も多い。

定年まで勤め上げた夫に対して「家でぶらぶらしていることが許せない」という理由で離婚を突き付ける妻もいるのだ。夫からすると、「今までさんざん働いてきたのに……」と呆気にとられるかもしれないが、そう思う時点で意識のズレがある。

もうひとつ、こんなケースもある。

定年を間近に控えていた夫は「定年後は、離島に引っ越してのんびりと夫婦水入らずで過ごしたい」と考えていた。その計画を妻に伝えたところ、突然離婚を突き付けられたのだそうだ。夫からするとまさに寝耳に水、まったく想定外の出来事だった。妻の言い分はこうである。

「東京に住むならまだしも、そんな不便な離島に連れていかれて、これからも夫だけを見て暮らすなんてまっぴらごめんです。東京でお友達とやりたいことだってたくさんあるんです。私は夫の家政婦でも母親でもない。今まで家のことは放置してきたのをずっと我慢してきたのに、もう限界です」

確かに、この夫は家事や育児には協力的ではなかったという。しかし、離婚を言い渡されるほどの不満を妻が持っているとは、思いもよらなかったそうである。

この例も、夫が家事などをしないからという理由で片づけてはいけない。

第一生命経済研究所の有配偶高齢者60～79歳の男女を対象とした調査レポート（２０１５年）によると、夫の6割が妻を「頼りにしている」と回答しているのに対し、妻はたった2割にとどまり、「頼りにならない」としている率が42％に達する。また、「生まれ変わっても現在の配偶者とまた結婚したいか」という問いに対しても、夫の6割はイエスと答えているが、妻は半分の3割にも満たない。ここにも、配偶者に依存する夫の傾向が見てとれる。この意識の乖離《かいり》にこそ、熟年離婚の根本的原因が隠されている。

結婚した時点では、大抵の夫は仕事をしていたはずだ。自分が家族を支えているという大黒柱の意識もあり、妻からも子どもからも頼りにされていた。自信もあったことだろう。しかし、定年になって仕事を辞めた高齢の夫は、それまでの自分とは違う。客観的に見れば、年老いた無職の男でしかない。いつまでも妻が自分を頼ってくれていると思うのは大間違いだ。

童話の世界では、お姫様が王子様と結婚したところでお話は終わりだ。しかし、結婚したからといって、すべてが「めでたし、めでたし」というわけにはいかない。結婚期間が長くなればなるほど、男性のほうがそうしたメルヘン脳になっていき、妻に依存しがちなのだ。

中央大学教授の社会学者山田昌弘氏は、結婚とは女性にとって「生まれ変わり」だと表現している。同じように、夫婦として20年連れ添った時期には、夫のほうが意識を変え、「生まれ変わる」必要があるのではないだろうか。

女性が人生90年を三分割して考え、60歳を過ぎてから自分自身を見つめ直すきっかけとなっていることはすでに述べた。男もまた、結婚までの30年、仕事を全うするまでの30年と、それ以降の人生について改めて考える必要があろう。三国志ではないが、「人生三分の計」だ。

特に、仕事に燃えた真ん中の30年と退職後とでは、自分自身の社会的役割が大きく変わったことに気付かなければいけない。今のあなたから、「仕事」「収入」「肩書」を全部取り払ってみてほしい。一体何が残るだろうか？　すべての男性に「何も残らない」と断言するつもりはない。が、少なくともこの3つがあなたの30年間のアイデンティティのよりどころであったことは否定できない。妻もまたそこを頼りにしていたはずだ。退職後はその3つがなくなる。それまでの自分とは違うのだ。60代を迎え、仕事を辞めた時にこそ、男たちはもう一度生まれ変わるために何が必要なのか、そういったことを考えるべきなのかもしれない。

未婚者に対して、既婚者が「結婚しないと孤独死するぞ」とよく言うが、結婚したところでソロに戻り、孤独死するリスクは誰にでもある。結婚したからといって何も安心できないし、あがりではない。我々はいつなんどきにでもまたソロに戻る可能性を秘めている。

初婚同士の婚姻は減って、再婚が増えている

離婚数の増加に伴って、実は再婚数が増えている。これはあまりニュースにならない。婚姻数とは、初婚数＋再婚数の合計。つまり、再婚が増えているにもかかわらず、全体

図4-15　婚姻数内訳推移

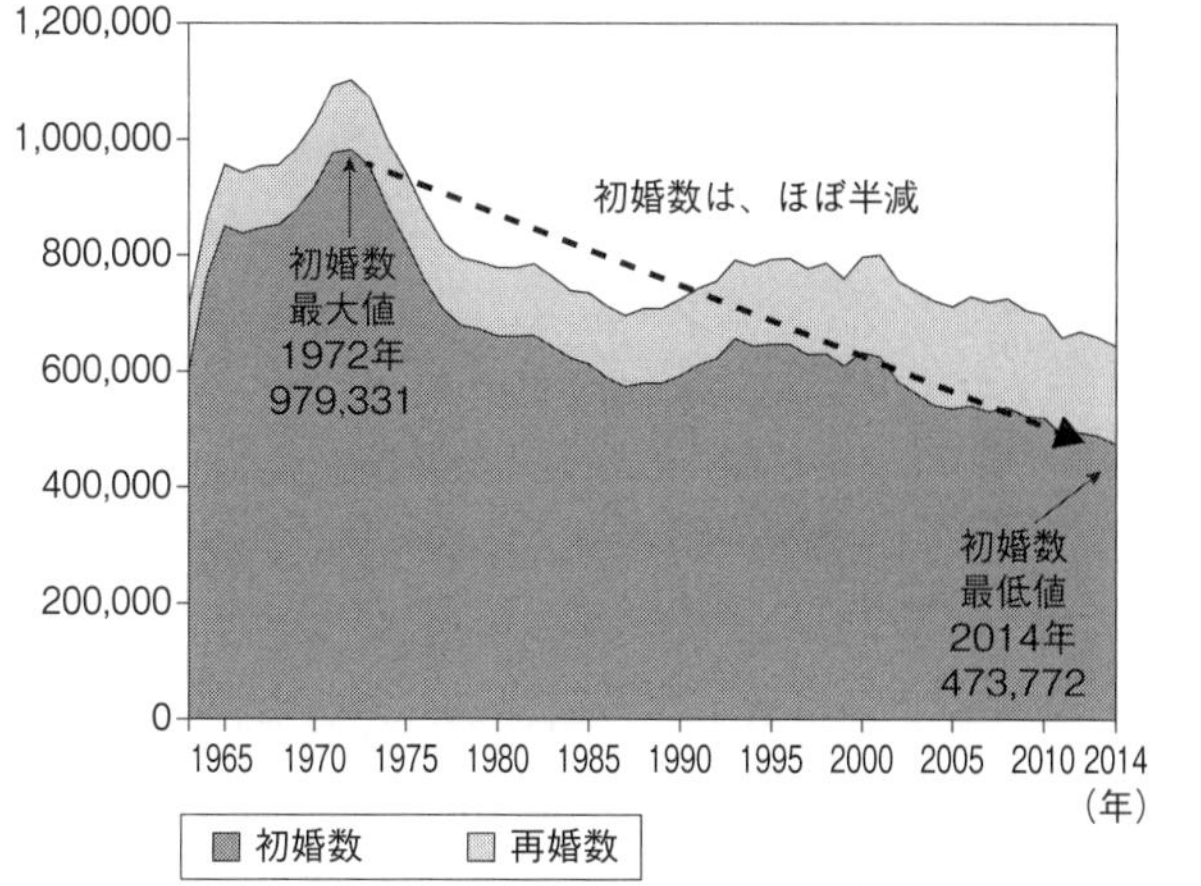

出典：2014年厚生労働省「人口動態調査」より

の婚姻数が減っているのは、初婚数が激減しているということなのだ。

婚姻件数の内訳をグラフ化すると一目瞭然である（図4－15）。

初婚者同士の婚姻が最大だったのは1972年だが、2014年と比較すると、ほぼ半減しているのがわかる。初婚が増えないことは、そのまま未婚者数の増加に直結している。逆に、離婚して再婚する人たちがなんとかがんばって婚姻数を稼いでいるとも言える。

では、その再婚者の内訳はどうなっているのか。

再婚者というと、なんとなく「離婚した男性が初婚の若い女性と再婚する」というイメージが強いのではないだろうか。私も

図4-16　再婚内訳推移

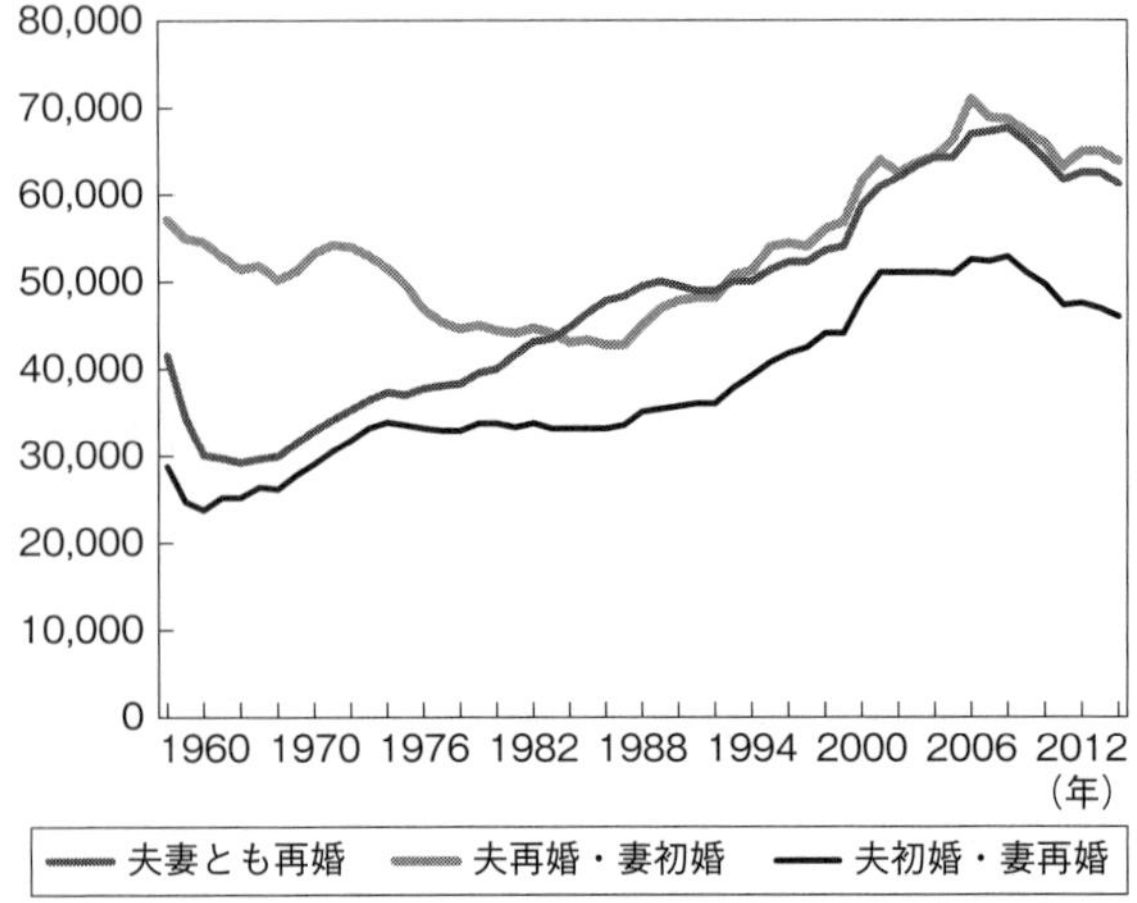

出典：2014年厚生労働省「人口動態調査」より

実はそう思っていた。

　戦後間もない時期から70年代までは、確かにその通りだが、最近では「再婚同士」のカップルが増加しており、「再婚男性と初婚女性の再婚」とほぼ変わらない数にまで増えている。さらに、「初婚男性と再婚女性の再婚」の比率も徐々に上昇している（図4−16）。

　それでも再婚者数は圧倒的にまだまだ男のほうが多い。一度その差分は接近したものの、最近また開いてきている。シングルマザーの数が増えているのもそのためだろう。

「貞女二夫に見えず」などという価値観はとっくに薄れているとは思うが、女性にとって再婚はまだハードルが高いもの

図4-17　再婚数男女差分（男性再婚数－女性再婚数）

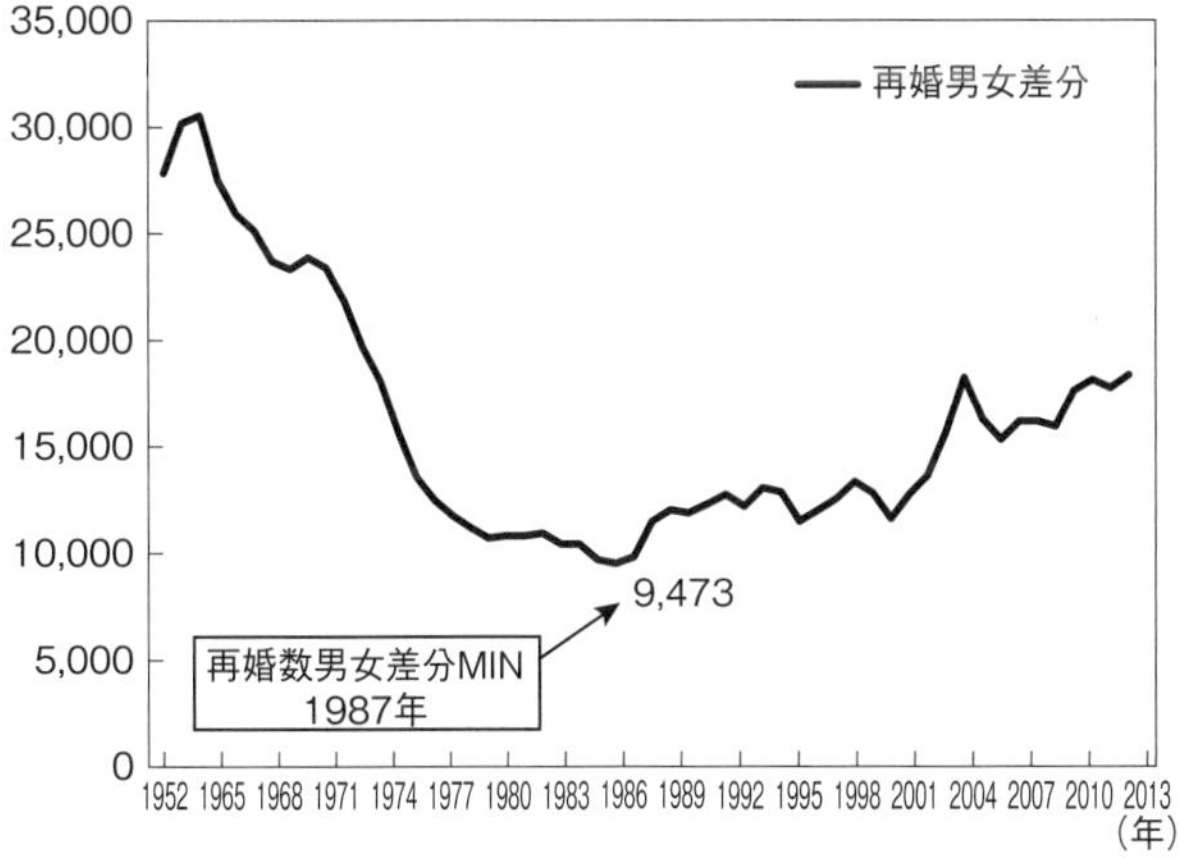

出典：2014年厚生労働省「人口動態調査」より

なのだろうか。

面白いのは、再婚数男女差分（男性再婚数－女性再婚数）を見ると（図4－17）、その差が最小になったのは1987年。現在に至るまでこの年を下回ったことはなく、女性はまた以前のように再婚しないという選択をし始めている。

1987年とは、本書でも繰り返し指摘してきたが、「生涯未婚率が急激に上がったきっかけの年」であり、「男女雇用機会均等法が施行された翌年」であり、結婚しない男たちが増えたきっかけにもなった年だ。ちなみに、今50歳前半の人たち（生涯未婚算定対象者）が大学を出て、社会に出た年でもある。当時、彼らは新人類と呼ばれた。さらに言うと、離婚件数が初めて15万件を超え、離婚率（離婚件数／婚姻件数）が20％を超えたのも、その2年前である1985年である。

80年代後半はバブル絶頂期。ワンレン、ボディコンが大流行し、日本中が好景気に舞い上がっていた頃だ。誰もが成長し続ける未来を信じて疑わなかった時代で、結婚による幸せよりも金儲けによる幸せを得られた時代でもある。皆婚時代から未婚時代の「谷間」となったのがバブル時代だったというのは何の因果だろうか。余談だが、「胸の谷間」という言葉は、80年代後半からのボディコンブームに合わせる形で生まれている。

とにかく、今後も離婚数は増えるし、それに連動して再婚数も増えていくだろう。結婚する人たちは何度も結婚するし、できない人は一生できないという二極化がより鮮明になっていく。婚姻数自体は横ばいなのに、生涯未婚者が増え続けているのはそのためである。

江戸時代の離婚率は世界トップクラス

明治初期の日本人は、今よりも離婚率が高く、世界トップレベルだったが、江戸時代にさかのぼるとさらに離婚率は高い。正式な統計はないが、一説には、町民でも人口千対離婚率が4・8あったと言われる。これは、現在の倍以上だし、ロシアや米国よりも高い。

「三行半（みくだりはん）」という言葉がある。離縁状の俗称で、正式には離別状、あるいは去状（さりじょう）、暇状（いとまじょう）などと言っていた。

意外に誤解している人が多いが、この「三行半」は、夫が妻に対して勝手に突き付けるものではない。離縁というものは、双方の承諾がなければできなかった。夫だけにその権利があったわけでは決してないのだ。

また、三行半は「離縁証明書」でもあり、「再婚許可証」でもあった。

江戸時代、重婚や不倫は重罪であった。だからこそ、離縁したのであれば、その証拠がないと再婚ができないのだ。夫から妻に出すのが離縁状で、その離縁状を受けて「返し一礼」なるものを妻から提出。これにてめでたく（？）2人の離婚が成立ということだ。元夫婦ともこれでお互いに再婚許可証を手にすることができる。

主な離縁の原因とは何か？

現存する離縁状を見ると、一番多いのは「我等勝手に付き」というもの。退職願いの「一身上の都合により」みたいなものだ。他には「不縁に付き」という言葉も多い。これは、現代風に言えば「性格の不一致」ということになるのだろうが、離縁状に書かれたことは大抵建前だろう。なぜなら、これは再婚許可証の役割を果たすので、いちいち本当の理由を正直に書かれても次の相手との間で都合が悪い。

そもそも死別も多かった。夫の病死の場合もあるし、出産に伴う妻の死の場合もあった。この場合は、相手方が死んでいるので、互いの親類などが離縁状を発行していた。

ただ、すべてが円満離婚だったわけでもなく、互いにもめた場合、調停に至ることもあったようである。今で言う離婚調停だ。それを見ると、夫の経済力や生活力のなさ、つまり甲斐性なしの夫に妻が愛想をつかして離婚してくれと訴えたものもあるし、今で言う夫のDVを訴えたものもある。妻が夫の暴力をただひたすらに耐え忍んで……なんてことは実際の江戸時代にはなかったのかもしれない。また、出稼ぎに行った夫がそのまま失踪してしまい、生活に困窮《こんきゅう》し、もう待てないから、という理由もある。当然、浮気に絡む理由もあった。さらに、83歳の夫の介護が嫌で逃げ出した妻もいたそうだ。なんだか江戸時代も今もたいして変わらない。

離縁状には本当の理由を書かないのが普通だったが、なかにはこんなものもあった。「今後はどこへ嫁いでもかまわないが、隣の家だけは除く」というもの。隣の家の間男と何かあったことがバレバレである。

江戸時代の離婚も経済的理由

調停しても、妻からの離縁要請に「うん」と言わない旦那も多かった。それもそのはずで、江戸時代の女性人口は男性に比べ圧倒的に少なく、例えば農家であれば、妻は貴重な労働力のひとつでもあったわけで、「別れます」「はい、よござんす」とは簡単に言えない事情があったのだ。ここで注意してほしいのは、「お前のことがまだ好きなんだよ、別れないでくれよ〜」というエモーショナルな理由でもめたわけではないということだ。男女ともに「結婚は生活」という意識が強く、そこにあまり色恋の感情はなかった。きわめて合理的でドライな関係だったと言える。

それでも調停によって、まれに妻が離縁要請を撤回した事例もある。ただし、その際に妻が出した条件がユニークだ。「今回は撤回するが、もし再度離縁沙汰になったら、1年につき35匁《もんめ》をよこせ」というもの。当時普通に働く女性の平均年収の相場が約40匁らしいので、ほぼ年収分の金をよこせという条件である。他にも「再度離縁に至った場合、夫の全財産の3分の1をよこせ」というものもあった。こうして見ると、いかに当時の女性の立場が強かったかがおわかりいただけるだろう。

離縁に絡む諸問題はやはり金の話である。一番の問題は、結納金や嫁入り道具など持参金の返却問題。原則として、それらは離縁の際には全額全品返却しなければいけなかった。しかし、これがもめた。

旦那が金持ちなら問題ないが、そもそも離婚したいと妻から思われるような旦那なのだ。浪費癖がある場合も多いので、「そんなもん返せるか」と開き直られたり、「返せないから離縁はしない」と本末転倒になったりもする。そんな場合、仕方なく結納金は諦める妻も多かったようだ。そんなものいらないから別れたいということなのだろう。

また、逆に妻からすれば、それら持参金を活用して、旦那を脅《おど》し、コントロールしていたという節もある。

こんな川柳が残っている。

「持参金　封を切らぬに　嫁困り」→嫁入り時の持参金に旦那が手をつけてもらわなければ脅しが効かないということを揶揄《やゆ》している。

「持参金　封を切られて　安堵する」→持参金を使ってしまえばもうこっちのもの。これで貧乏亭主を脅して支配下に置くことができる。仮に、離縁となっても持参金を返してくれなければ、堂々と奉行所に訴え出ればいい。

慰謝料というのも当然あった。どちらに非があるかによって変わるのも今の離婚裁定と同じだ。夫から妻への慰謝料としては、ほぼ平均的な女性の年収程度が相場だったようだが、年収の10倍という例もあったようだ。

婿養子の場合はどうだったか。婿養子（夫）側に非がなく、妻からの離縁要請の場合は、夫に慰謝料が支払われていたようである。なんだか、江戸時代のほうがきわめて男女平等だった気がしないだろうか？

ちなみに、子どもに関しては、婿養子と離縁する場合を除けば、家の存続という問題もあり、原則男が引き取った。が、男子は夫が、女子は妻が引き取るという例もある。ただ、これも夫側の経済環境によるところが大きく、夫が引き取れない場合、多くの子どもを抱えながらシングルマザーとして生きなければいけない妻がいたことも事実だ。

江戸時代のほうが男女とも自立していた

江戸時代は、離婚が多いため、当然再婚も活発だった。享保15年（1730年）の史料に「世上に再縁は多く御座候」と記述があるくらい、江戸時代は再婚が多かった。土佐藩には「7回以上離婚することは許さない」という規則がわざわざあったくらいで、離婚・再婚がいかに多かったかを示すものだ。

では、どちらかが子どもを抱えていた再婚の場合はどうしていたのか。

ある事例を紹介する。

彼女は、前夫と別れて、娘を手元に引き取り、実母と3人で暮らしていた。そんななか、ある男から貰《もら》われることになったのだが、その男からは「母と娘は預かれない。身ひとつで嫁に来い」という条件を出された。今の世だったら、酷《ひど》い男と思われるかもしれないが、それが当たり前だった。

さて、この女性が下した決断はどうだったか。

男から母の生活費を出してもらう約束を取り付け、母は母方の実家に帰した。娘の預かりに関しては、母方の実家からも拒否されたので、仕方なく前夫の実家に引き取ってもらった。晴れて身ひとつになってこの女性は再婚した。

どうだろう、このドライでクールな処置。自分の人生、誰の束縛も受けず好きなように生きていくという確固たる強さがあるとともに、非常にビジネスライクに思える。この例は、新夫に経済力があり、前夫に理解があったためできたことだが、そうではない場合、自分の再婚のために元夫婦が互いに子どもを押し付け合うという悲しい事実もあったという。

子どもの問題が絡むといろいろと複雑にはなるが、かくのごとく江戸時代は、男女ともに結婚も離婚も再婚も自由だった。女性はたとえ専業主婦であろうとも、家事や育児の労働は価値あるものとして社会が認めていたし、農家や商家の場合は、夫婦に「共働き」という概念が染みついていた。女が強かったというより、それぞれが自立していて、きわめて男女平等だったと言える。

当然この時代は、昭和の高度経済成長期のように皆婚でもなかった。生涯独身で通す男も多くいた。が、そこに悲壮感はまったくない。それぞれが自分たちの価値観のなかで、それぞれの生き方を謳歌していたわけである。まさに「ソロで生きる力」が男女ともにあふれていた。

古来より日本人というものは、このように双方自立した男女の関係性で成り立っていたわけで、明治以降西欧列強に追いつこうと西洋的な婚姻制度を導入したことが間違いだったのではないかと、そう思わずにはいられない。大正、昭和にかけて、確かに離婚率は減り、皆婚状態になったが、そもそもそれが日本人には合っていないのだ。今の未婚率・離婚率の上昇はその揺り戻しにすぎないのであって、本来の日本人のあるべき姿に戻っているのだ、と言ったら言いすぎだろうか。

離婚されると自殺してしまう現代の夫たち

2015年政府白書によれば、自殺者数は前年比1402人減の2万4025人となり、4年連続で3万人を下回ったとのことだが、これをもって「自殺者が減った」などとはとても言えない。驚くべきことに、男性10歳から44歳の死亡原因の1位はすべて自殺である。事故より癌《がん》より多いのだ。

しかも、男女別では、男性が約7割を占め、相変わらず男の自殺率が高い。「女より男のほうが自殺者が多い」というのは日本に限らず、世界的にそうだ。先進国だろうと新興国だろうと民族や宗教が変わろうと、すべて男のほうが多い。なぜ男のほうが自殺をしてしまうのか。

男の自殺者を年齢別で見ると、全体の約半数が40～60代である。原因・動機別では、「健康問題」がもっとも多く、続いて「経済・生活問題」。健康問題は60歳以上で特に多くなっているが、身体的な健康だけではなく、うつ病のような精神的健康問題も当然含まれているだろう。

これを年代別の配偶関係単位にまとめてみた（図4－18）。

これによると、男性の自殺率がもっとも高いのは「離別」者である。続いて「死別」者。要するに、配偶関係にあった男性が、妻と「離別」か「死別」した場合の自殺率が一番高いということになる。これはこの年に限ったことではなく、毎年同じ傾向だ。

年代が若いほどその率が高いようになっているが、これは、20代～30代の場合、そもそもの「離別」「死別」の絶対数が少ないことが影響している。同様に、高齢「未婚」者の自殺率が高いのも、その絶対数の少なさと関係していると思われる。ちなみに、率ではなく絶対数として見ると、自殺者全体の半数を占めているのは「有配偶者」である。特に、40～60代の有配偶者の男性自殺者が絶対数としてはもっとも多い。

図4-18　年代別配偶関係別自殺率

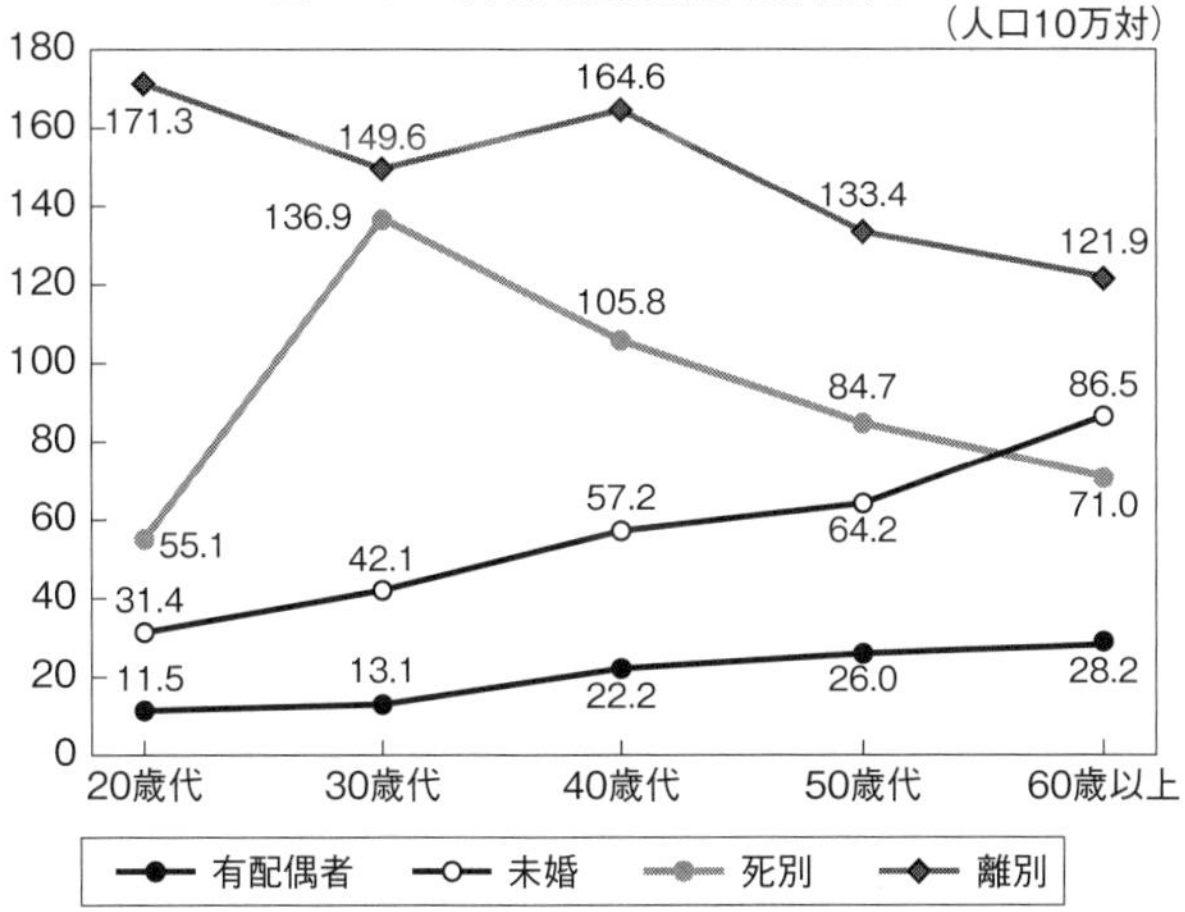

出典：2015年内閣府「自殺対策白書」より2013年の実質値

とはいえ、「離別」「死別」を突き付けられた男の自殺率が高いのは、厳然たる事実である。「人はひとりでは生きていけない」とはよく言われるが、男とは、かくも配偶者との「離別」や「死別」に弱いものなのだろうか。

既婚者の読者の方はどうだろうか。想像していただきたい。もし、妻に先立たれてしまったら？　もし、長年連れ添った妻からいきなり離婚を突き付けられてしまったとしたら？　あなたは、その先ひとりで生きていける自信があるだろうか。

かなり古くて恐縮だが、さだまさしのヒット曲に「関白宣言」という曲がある。これから結婚する嫁に対して、男がいろいろと注文を付ける内容だが、その中に、自分より先に死んではならない、という意味のフレーズがある。

これは、「妻に先立たれてしまったら、俺はどうしたらいいかわからない」という男の本音をあらわしている。当時も今も共感する既婚男性は多いのではないだろうか。

また、2014年にシチズンホールディングスが実施した調査でも、「あなたはパートナー（配偶者）より長生きしたいですか？」という質問に対して、「いいえ」と答えた男性は80％に達する。女性の場合は58％だった。

男とはそういうものだ。

配偶者に依存しすぎる日本の夫婦

実は、配偶者に依存してしまう傾向は日本人に特に強い。

2010年に実施された内閣府の国際比較調査（各国60歳以上の高齢者を対象）によれば、「心の支えとなっている人」としての配偶者の割合が、他の国々と比べて日本人は高い（図4－19）。日本人は、配偶者に対してかなり精神的に依存していることがわかる。

アメリカと比べても20ポイント近くも高い。比較的民族性が似ているとされるドイツと比べても15ポイントも高い。むしろ各国とも配偶者より子どもの率が高い。日本のよう

図4-19　心の支えとなっている人国際比較

	配偶者あるいはパートナー	子供（養子含む）	兄弟・姉妹	親しい友人・知人
日　本	65.3	57.4	13.9	15.5
米　国	46.0	69.8	39.3	46.5
韓　国	55.4	57.1	4.7	6.0
ドイツ	50.2	52.0	12.8	32.3
フランス	48.1	66.9	11.1	25.4
スウェーデン	70.9	59.8	15.9	24.8

出典：内閣府「高齢者の生活と意識に関する国際比較調査」（2010年調査、仏のみ05年）

に、子どもより配偶者のほうを心の支えとしているのはスウェーデンくらいなものである。社会保障の充実しているスウェーデンと傾向が似ているというのは不思議でもあるが、逆に興味深い。また、西欧人と比べて日本人は友人・知人を頼らない（頼れない）傾向も顕著だ。アメリカの46・5％に対して、3分の1である。

さらに、同じ資料から「夫婦の時間に対する考え方」を時系列で比較してみると、日本人は「夫婦一緒の時間を過ごす時間を持つようにする」傾向が年々増加している（次ページ図4－20）。1990年頃の日本は、夫婦の時間、それぞれの時間、どちらの時間も持つという三者がほぼ同じ率でバランスが取れていた。それが、近年、夫婦一緒型の時間の過ごし方にシフトしてきている。これは、ドイツとは同じだ

図4-20　夫婦の時間（高齢者意識の国際比較）

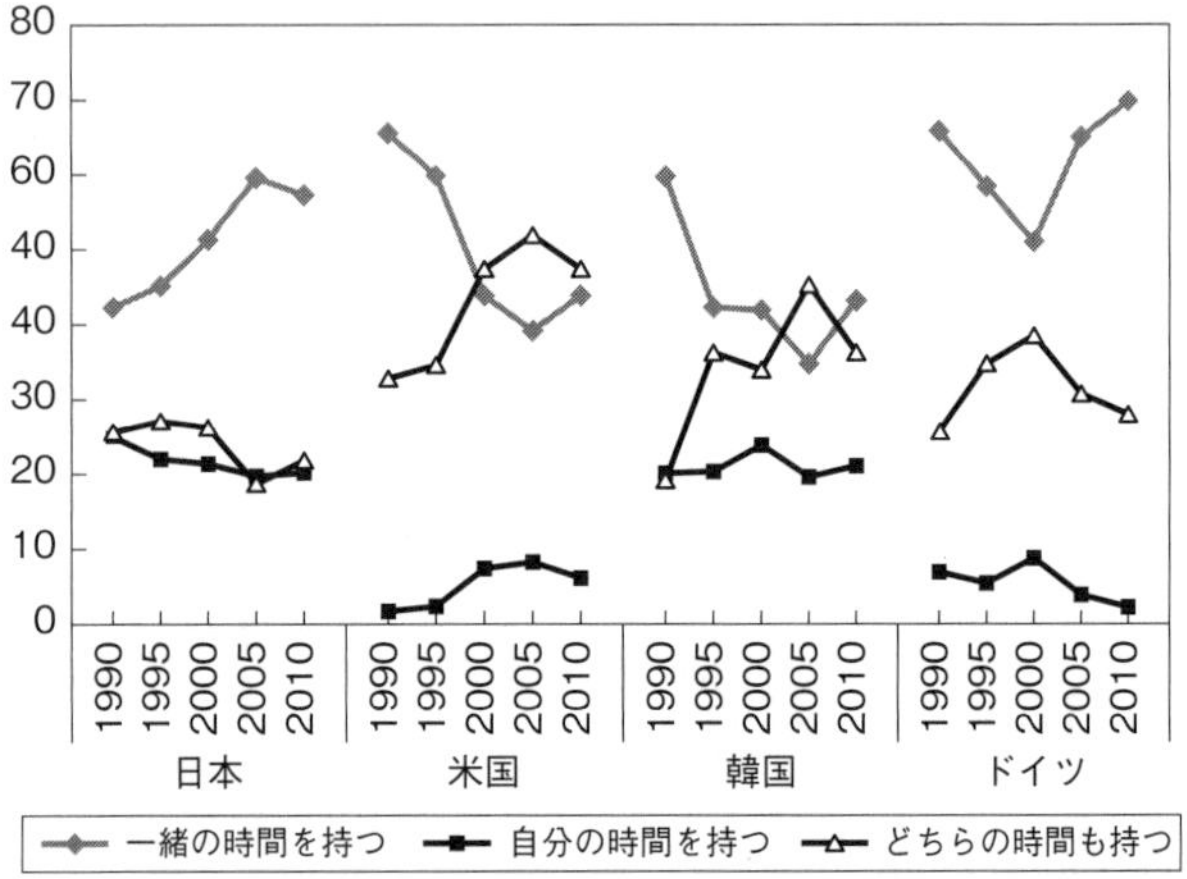

出典：2010年内閣府「高齢者の生活と意識に関する国際比較調査」

が、アメリカとはまったく真逆の傾向である。

　調査対象となっているこの60歳以上の年代は、団塊《だんかい》の世代と呼ばれている人たちで、生涯未婚率が急上昇する前に結婚した人たちだ。高度経済成長期の皆婚時代に夫婦となり、核家族化を推進していった人たちであり、「男は外で仕事、女は家庭で家事」という価値観がもっとも強く刷り込まれた層でもある。家の中のことはさっぱりわからないという典型的な昭和の夫像がそこにはある。

　しかし、これは何もこの年代の男性だけの特徴とは言えないのではないか。40代でも30代でも、結婚した後、特に子どもが生まれた後は、それ以前の友人知人との関係が疎遠になりがちだ。コミュニケーションをとる相手も、職場関係と配偶者だけに限られてしまうようになる。そんな旦那は多いのではないだろうか。

夫婦仲がいいのは結構なことだが、配偶者だけが心の支えとなっていたり、夫婦一緒の時間だけが幸福であると考えてしまうことは、いささか危険だと思う。熟年離婚の可能性もあるし、たとえ添い遂げたとしても、いずれ確実にどちらかが先に死んでしまうわけなのだ。いつまでも今まで同様の夫婦生活が続くわけではない。結婚してもソロに戻るリスクについてはすでに述べた通りだ。

そうなった時、女性のほうはともかく、妻に過度に依存し切ってしまった夫は大丈夫なのか。仕事をしている現役ならまだいい。だが、定年退職後などでリタイアすると職場との人間関係もなくなる。今まで何百通ときていた年賀状でさえ一気に減る。仕事一筋、趣味もなく、子どもさえも独立してしまった後、家の中にひとりぽつんと取り残された自分の姿を思い浮かべてほしい。その状況にあなたは耐えられるだろうか？

単身世帯4割の時代へ

かつて標準世帯と呼ばれた「夫婦と子世帯」だが、すでに2010年の国勢調査の段階で、家族類型別の一般世帯の構成比では「単身世帯」にトップの座を明け渡している。

2015年の国勢調査抽出速報集計結果を見ても、引き続き「単身世帯」が約1685万世帯ともっとも多く、世帯構成比でも32・6％に達している。「夫婦と子世帯」は1400万台でほぼ横ばい状態が続いているが、世帯構成比はもはや3割を切って28％になっている。

今後、人口総数が減少するなかにあっても、この「単身世帯」数は増加すると推計されており、2035年には37％に達すると見込まれている。全世帯のほぼ4割が「単身世帯」という時代がやってくるのだ（2013年国立社会保障・人口問題研究所「日本の将来推計人口」より）。

ご存じない方も大勢いるのだが、日本は世界に冠たる「単身世帯」国家である（図4−21）。「単身世帯」の数で言えば、日本は世界の第3位なのだ。1位は、総人口の多い中国で約5840万世帯、2位はアメリカ合衆国の約3121万世帯、そして、3位に日本の約1679万世帯と続く（出典は総務省統計局「世界の統計2016」より。数字はいずれも2010年の実績）。4位のロシアを含めたこの4カ国だけで世界の単身世帯のほぼ4割を占めている。

単身世帯が増加するのは世界的に見ても、人口が集中する都市部に顕著で、日本においても東京がもっとも多い。東京都は、国勢調査をもとに世帯数の長期予測を5年に1度発

図4-21　世界の単身世帯

国（地域）	年次	単独世帯数（千世帯）	単独世帯率
中国 a	10	58,396	14,5
アメリカ合衆国 a	10	31,205	26.7
日本 ab	10	16,785	32.4
ロシア a	10	14,019	25.7
ドイツ a	11	13,765	37.3
イギリス a	11	8,087	30.6
イタリア	11	7,667	31.2
インド c	1	7,564	3.9
フランス a	90	5,826	27.1
スペイン a	11	4,193	23.2
韓国 a	10	4,142	23.9
ブラジル a	0	3,967	8.9
カナダ a	11	3,673	27.6
ポーランド a	11	3,229	24.0
メキシコ	10	2,475	8.8
南アフリカ f	1	2,078	18.5
ルーマニア a	11	1,941	26.0
オーストラリア a	11	1,889	24.3
ベトナム	9	1,626	7.2
スウェーデン a	90	1,516	39.6
イラン a	11	1,512	7.2
チェコ a	11	1,422	32.5
ベルギー a	1	1,366	31.8
オーストリア a	11	1,324	36.3
ハンガリー a	11	1,317	32.1
エチオピア	7	1,297	8.3
コロンビア a	5	1,177	11.1
ベラルーシ a	9	1,149	29.7
フィリピン a	7	1,092	5.9
バングラデシュ	11	1,031	3.2
ポルトガル	11	867	21.4
ペルー	7	795	11.8
ギリシャ a	1	724	19.8
ウガンダ	2	675	13.4
エジプト	86	624	6.4
チリ	2	481	11.6
パキスタン d	81	385	3.1
ニュージーランド a	6	324	22.4
タイ a	80	297	3.5
ベネズエラ e	81	179	6.6

a 常住人口。b 総務省統計局「国税調査結果」による。c ジャム・カシミールを含み、マニプール州の一部地域を除く。d ジャム・カシミール、ジュナガード、マナバダール、ギルギット及びパルチスタンを除く。e 先住民族を除く。f 一部地域を除く。

出典：総務省統計局「世界の統計2016」より

表しているが、2014年3月に東京都が発表した資料によれば、「2030年に東京都の単身世帯比率は47・2％に及び、35年には50・2％と初めて過半数を超え、世帯の半数以上が『単身世帯』となる」未来を予測している。

この「単身世帯」数の推移を見る際に、注目すべきなのは、65歳以上の高齢者世帯の比率増加である（図4－22下）。「単身世帯」を構成するのは、未婚者だけではなく、離別死別者も含まれる。特に、配偶者と死別した高齢女性の単身世帯数が増え続けている。高齢夫婦の場合、子も独立している場合が多い。夫に先立たれた妻が、今まで居住していた広い家にそのままたったひとりで寂しく住み続けるケースが非常に多いのだ。高齢単身世帯は、2000年の303万世帯から、2015年には563万世帯と1・9倍に増えている。

これは、「夫婦のみ世帯」でも同様で、397万から624万へと1・6倍増だ。この624万世帯も将来的には高齢「単身世帯」へと変化する予備群と考えられる。未婚の「単身世帯」よりも死別した高齢「単身世帯」数が上回る可能性が高い。さらに、もっと深刻なのは「夫婦と子世帯」の高齢化である。「夫婦と子世帯」は、全体では2000年と比較すると、絶対数が1490万世帯から1454万世帯へと減少している（図4－22上）にもかかわらず、65歳以上の世帯員を含む高齢世帯数は、157万世帯から311

図4-22　家族類型別世帯数の推移
＜一般世帯総計＞

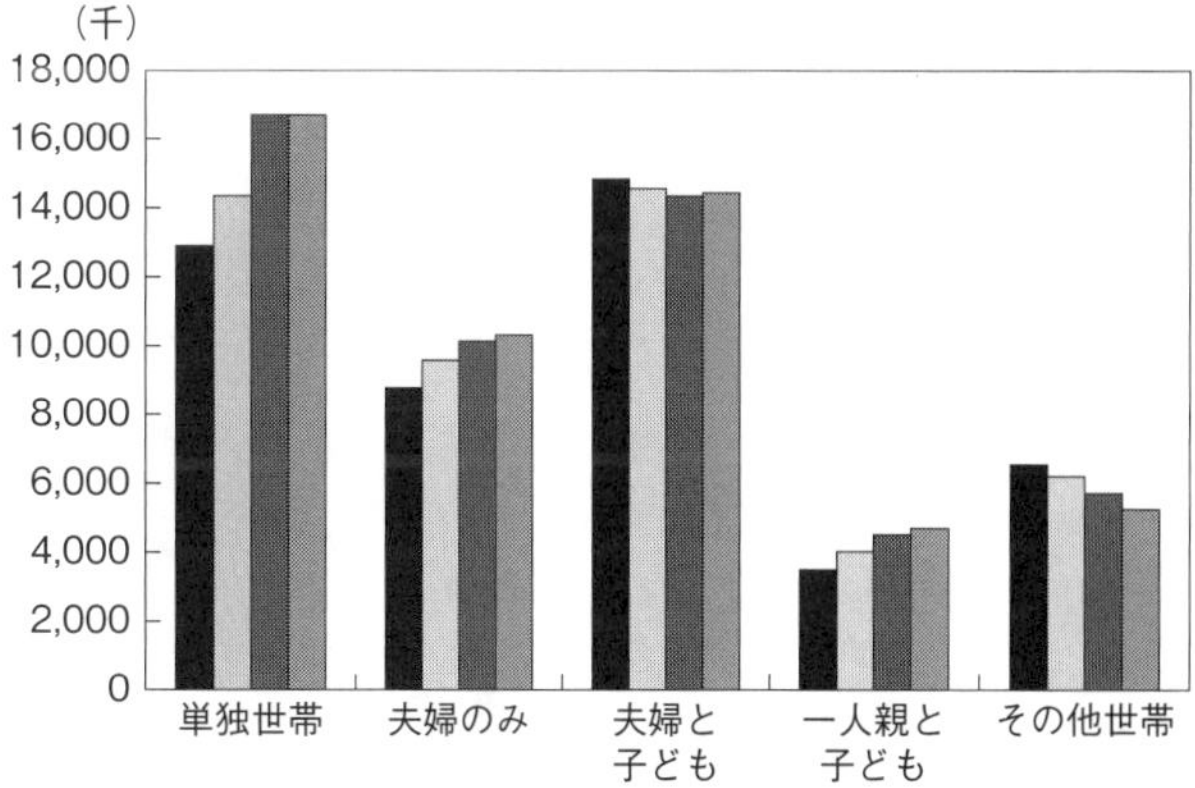

＜65歳以上世帯員のいる一般世帯＞

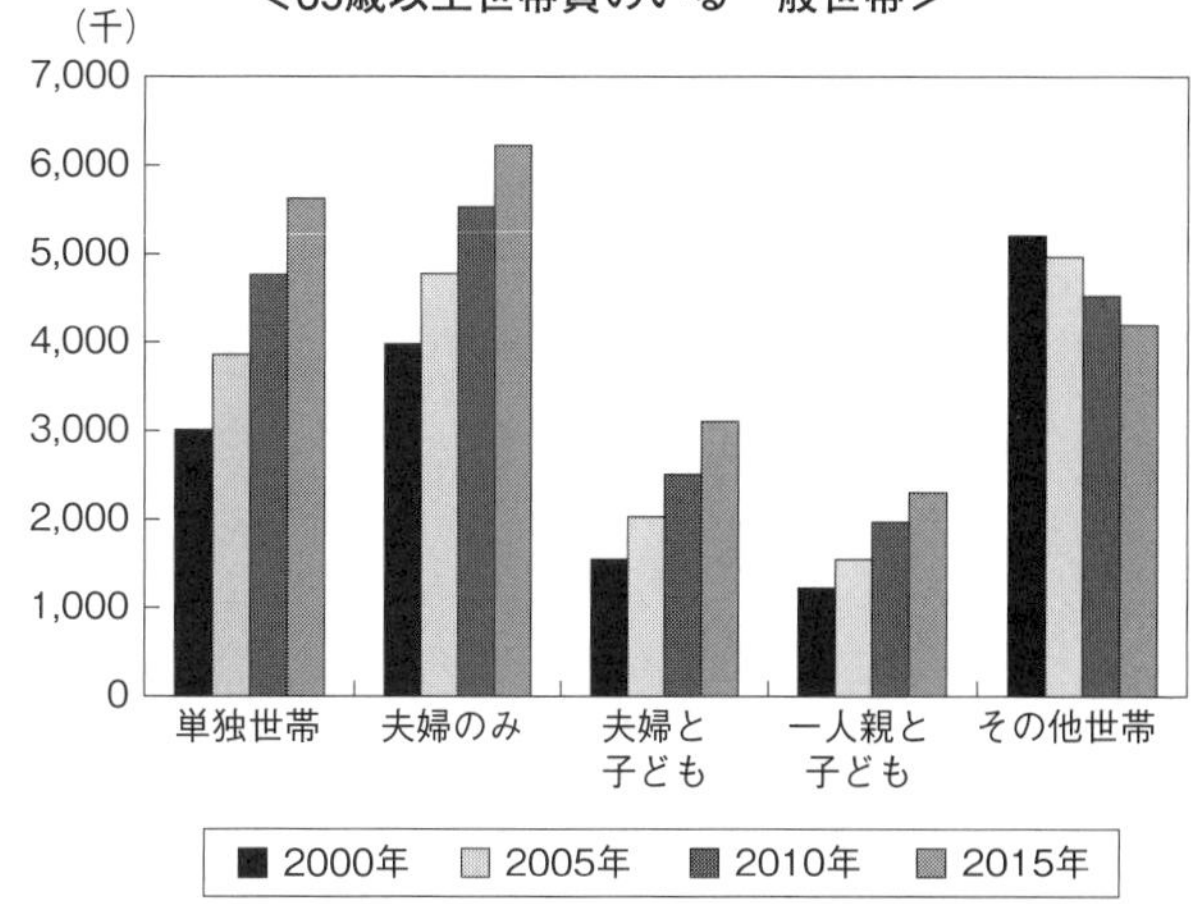

出典：2015国勢調査抽出速報結果より

万世帯へとほぼ倍増している。これは、高齢の親と晩婚・非婚の子という世帯が増えていることを示唆《しさ》している。

以前のように、子が必ずしも結婚するとは限らない。80歳代の親に対して、50歳代の未婚の子が同居する形ももう珍しいものではない。「同居しているなら、子どもが親の面倒を見るのが当然だろう」という意見もある。しかし、未婚の子ならば、仕事をしなければ生きていけない。たとえ介護の必要がある親であっても付きっきりとはいかない。ましてや、40歳、50歳になっても独身のままの場合、そもそも非正規雇用などの低収入により、子ども自身が貧困で、生きるのに精一杯の状態かもしれない。外部の介護サービスを利用する余裕すらない場合もある。仮に同居していようとも、子どもにすべて依存できるほど甘くはないのだ。

認識を改めてほしい。一人ひとりが「ソロで生きる」力と覚悟を持たなければ、共倒れという悲劇が待っている。子どもだから、夫婦だから、家族だからといってずっと面倒を見てくれるなんて幻想かもしれないのだ。

家族という自己責任論の悲劇

年老いた親の介護のために仕事も辞めて（辞めざるを得なくなり）、疲れ果て、金もなくなり、ついには殺してしまうという痛ましい介護殺人事件が2週間に1件の割合で発生している。

2006年2月に起きた、いわゆる「京都認知症母殺害心中未遂事件」もそのひとつだ。事件当時、生活保護や介護体制など日本の社会福祉制度のあり方に課題を突き付けて話題となった。ご記憶の方も多いと思うが、以下に事件の概要を記す。

京都市伏見区で、認知症を患う母親（当時86歳）をひとりで介護していた息子（当時54歳・未婚）が、母の首を絞めて殺害。その後、自らも自殺を図ったが未遂に終わった事件だ。母親の認知症は、1995年に彼の父親が亡くなった後からあらわれ始めていたが、2005年頃にはさらに症状が悪化していた。母親は真夜中でも15分おきに起き出してしまうため、息子は昼夜逆転、睡眠不足の生活を余儀なくされていく。また、息子が仕事に行っている間に徘徊して警察に保護されたりしたことも度々あった。夏には介護保険を申請し、アパートの近くの施設でデイケアサービスを受け始めたが、それだけでは昼夜逆転の生活は戻らなかった。にもかかわらず、息子は献身に介護するため、7月頃には仕事を休職している。9月頃、工場勤めをしながらの介護に限界を感じて、ついに息子は仕事を辞めることになる。もちろん、自宅で介護しながらできる仕事を探した。しかし、見つからなかった。区役所にもすでに三度相談していた息子だったが、生活保護の受給を断られている。失業保険の給付も終了しており、カードローンも限度額上限に達していた。日々の食費にも窮するようになった彼は、自分の食事を減らすなどして対応したが、ついに3万円の家賃すら払えない状態となり、心中を決意するに至る。

最後の親孝行にと、車椅子の母親とともに市内を巡り歩いた後、自宅近くの河川敷で息子は母親に泣きながら語りかける。

「もうお金もない。もう生きられへんのやで。これで終わりやで」

母親はそんな息子の頭を撫でながら、「泣かんでええ。そうか、もうアカンか。一緒やで。お前と一緒やで」と言った。その後、息子は母親を自分の手で殺したのだ。

この事件に対しては、京都地裁は2006年7月、息子に懲役2年6月、執行猶予3年（求刑・懲役3年）と、殺人（承諾殺人）としては異例の執行猶予付きの判決を言い渡した。

裁判官は判決後、息子に対して次のような言葉をかけている。

「痛ましく悲しい事件だった。今後あなた自身は生き抜いて、絶対に自分をあやめることのないよう、母のことを祈り、母のためにも幸せに生きてください」

その言葉に息子は「温情ある判決をいただき感謝しています。なるべく早く仕事を探して、母の冥福を祈りたい」と答えていた。

この事件は、繰り返しニュースでも報道され、ネットでも話題にはなった。しかし、その後、この息子がどうなったか、についてはあまり知られていない。

それからおよそ8年後、2014年8月に、この男性は琵琶湖周辺で遺体となって発見されていた。自殺だった。裁判後、男性は滋賀県のアパートに一人暮らししながら、木材会社で働いていたそうだが、2013年2月、「会社をクビになった」と親族に伝えたのを最後に、音信不通になっていたという。

彼の自殺の真の理由はわからない。彼は孤独だったわけではない。気にかけてくれた親族がいたにもかかわらず、誰にも頼らずひとり静かに死を選んでいった。

この事件は、決して対岸の火事ではない。我々の身にいつ起きてもおかしくないことである。結婚したとしても最後はソロに戻るということ、子どもがいたとしてもすべてを依存してしまうことで起こり得る悲劇があるということ、それを忘れてはいけないと思う。高齢社会で長生きする分だけ、我々自身がその期間の生き続けるコストを知るべきだし、その覚悟が必要だ。

最初の事件の判決の際、裁判官はもうひとつこんな言葉を残している。

「本件で裁かれるのは被告人だけではなく、介護保険や生活保護行政の在り方も問われている。こうして事件に発展した以上は、どう対応すべきだったかを行政の関係者は考え直す余地がある」
もちろん、こうした社会的な矛盾を個人の自己責任論にすり替えてしまう社会は問題がある。しかし、これは行政の関係者だけの問題ではない。人まかせ、子どもまかせ、行政まかせ、社会制度まかせにしてしまってはいけない。我々一人ひとりが考えていく必要があるのだ。

本章では、「ソロで生きる」とは決して未婚だけの問題ではないことを書いた。結婚すればバラ色の人生が待ち受けているわけではないことは誰もが承知のはずだが、この未婚化・非婚化の問題に関しては、「とりあえず結婚すればすべてうまくいく」かのごとき論調が繰り返されている。そこに私は、違和感とある種の恐怖を感じていた。

離婚の問題もそうである。ネット上では、何の根拠もなく「25歳までの早期結婚が幸せを呼ぶ」などという記事が掲載されているのを目にするが、無責任すぎる。結婚後5年以内の離婚率の高さを知っているのだろうか？　できちゃった結婚から数年後に離婚して、結果シングルマザーが増加している事実を知っているのだろうか？　シングルマザー世帯の増加に伴う子どもの貧困問題も忘れてはいけない。

未婚化、晩婚化、少子化、高齢化、離婚やシングルマザー増加の問題など、これらは切り離して考えるべき問題ではない。すべて全体として「ソロ社会化」という方向へと連動しているし、つながっている問題として考えないといけないと思う。未婚者だけではなく、結婚しても誰もが「ソロに戻る可能性」があるし、「ソロ社会化」は全員の問題なのだ。だからこそ、一人ひとりが「ソロで生きる力」を身につける必要があるし、それを自分事化して考えるべきなのだ。

第5章

ソロたちの消費

単身世帯率が4割、独身が人口の5割、人口ボリュームとして大きく拡大するソロ生活者によって、消費もまた大きな転換期を迎える。本章では、特にマーケティングの観点から、20～50代のソロ生活者（ソロ男・ソロ女）の存在が市場に及ぼす影響について述べたい。

消費を牽引するソロ生活者たち

世帯類型の変化に応じて、消費市場の業態が変わってきていることは過去の動きを見ても明らかである。

戦後の復興期、人々の消費の中心は商店街の個店からスーパーへと変わった。大量生産大量消費の時代の到来である。1953年の紀ノ国屋からスタートしたスーパーは、その後60年代に、ダイエー、イトーヨーカ堂、岡田屋（現イオン）がチェーン展開を始め、目覚ましい成長を遂げた。その消費行動の中心的役割を果たしたのは、一家の財布を切り盛りする主婦だった。

しかし、70年代に入ると家族の形が大家族から核家族へと移行した。それに呼応するかのように、70年代後半には総合スーパーの成長は鈍化していくことになる。さらに、1974年に日本にセブン－イレブン1号店が生まれ、コンビニ店舗数は今や優に5万

図5-1　世帯類型推移とスーパー・コンビニ売上との関係

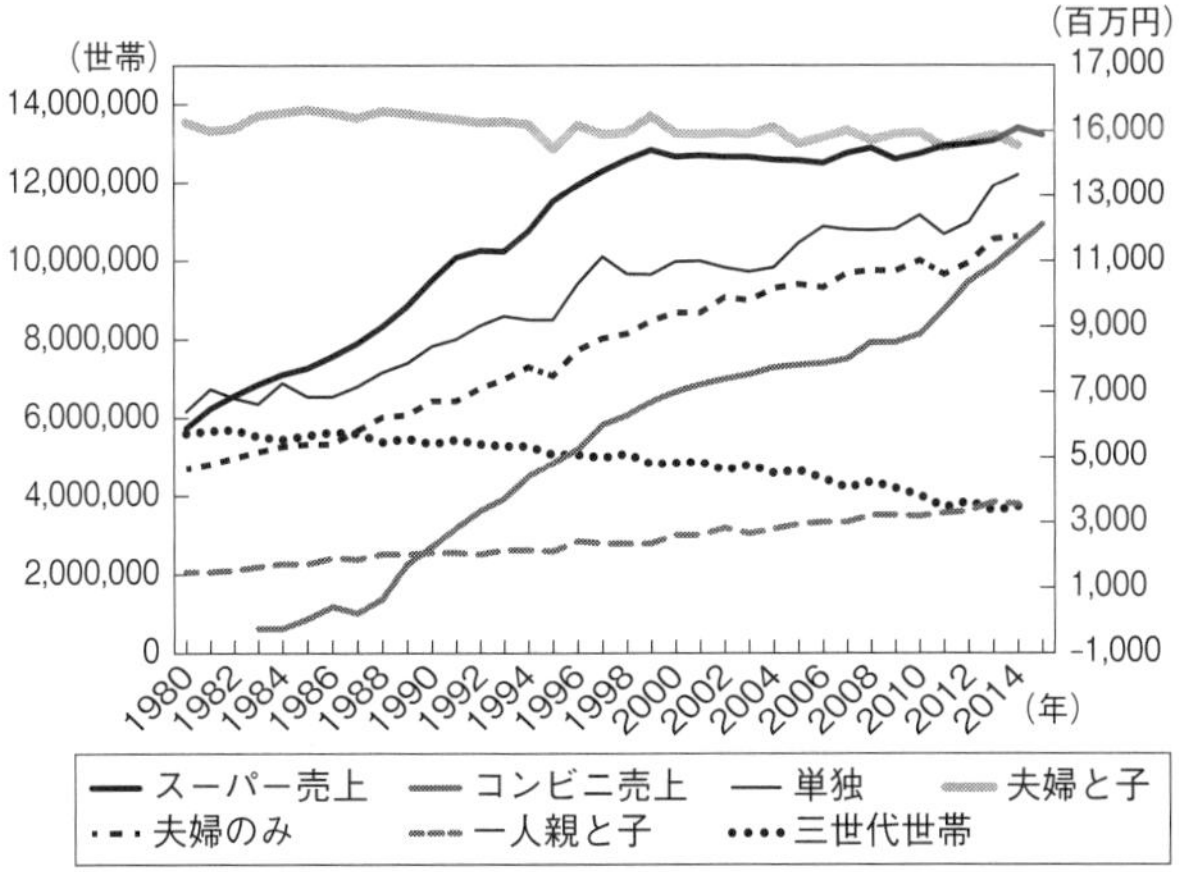

出典：世帯数 2014年「国民生活基礎調査」より／売上　経済産業省「商業統計調査」より
コンビニ 2008年まではFC統計調査（年報）より

店を超す規模にまで成長している。

スーパーとコンビニの売上と世帯類型別推移のグラフ（図5―1）を見ると、その相関が明白である。男性の生涯未婚率が急上昇し始めたのは1990年以降だが、それはコンビニ売上高が急上昇し始める時期と一致する。さらに、いわゆる標準世帯と言われた「夫婦と子」からなる世帯は、ずっと横ばい現象だった。同時に1998年頃からスーパーの売上も横ばいになっていく。

これは、市場を動かすターゲット層が変わったということである。

かつて、スーパーでの買い物は主に主婦の役割だった。これに対し、その後大きく拡大したコンビニのメイン顧客層は、独身

図5-2　コンビニで買う物　ソロ男対ソロ女

飲料系・カップ麺・生野菜・日用品などはソロ男のほうが多い。
菓子類・スイーツ系はソロ男よりソロ女が多く買う。

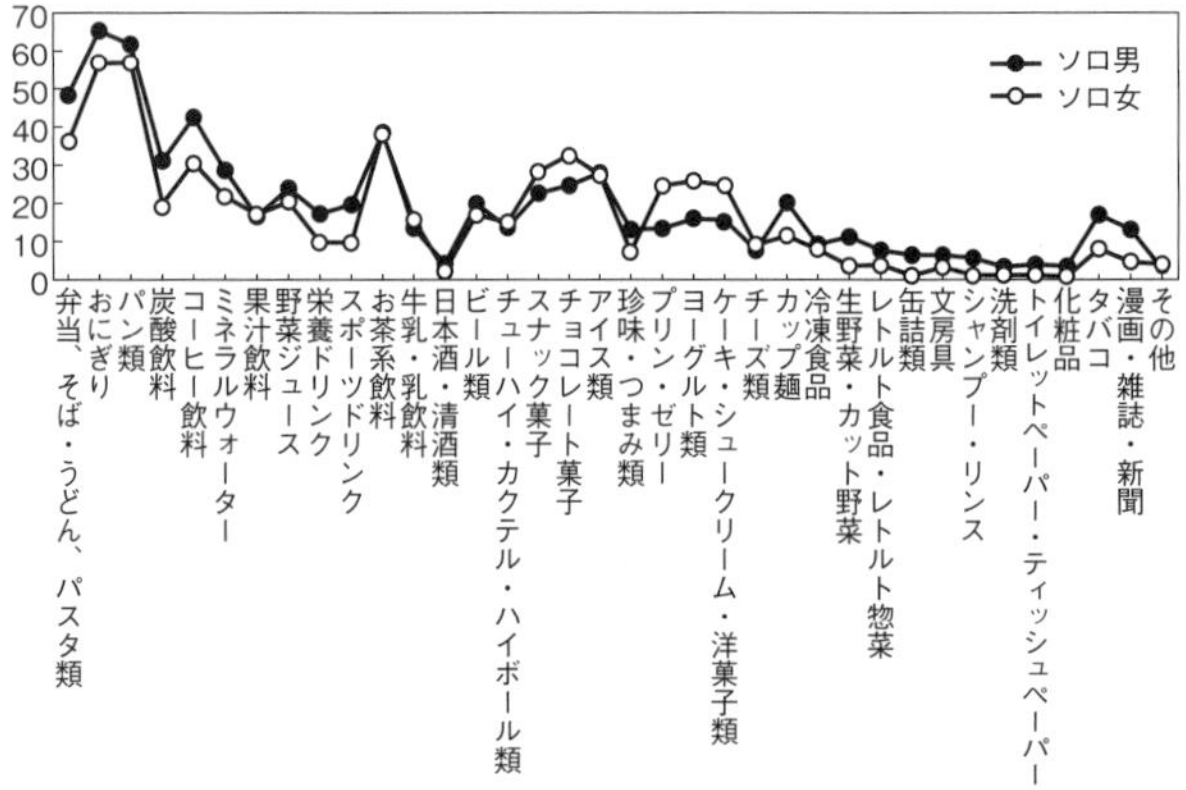

出典：2016年「ソロ男プロジェクト」調べより　20～50代男女　n＝272

の男性客である。なぜなら、彼らソロ男たちは、食品など日々の買い物をしてくれる妻もいない。なんでも自分自身でしなければいけないからだ。また、彼らの生活行動にコンビニは非常にマッチしていた。多少値段が高くても、「深夜まで開いている」「家の近くにある」「すぐに食べられる弁当、充実したラインナップの惣菜」など主に一人暮らしで、料理をしないソロ男のニーズにぴったりと合致するものだからだ。

　ソロ男だけではない。ソロ女もまたコンビニをよく利用する。コンビニにおけるソロ男とソロ女が主に購入する品目の比較を見ていただきたい（図5－2）。弁当やおにぎり、コーヒーなどはソロ男のほうが多く購入しているが、ソロ女もそれに負けてはいない。特に、スナックやチョコなどの菓子類、プリン、ヨーグルト、ケーキなどはソロ女が上回っている。コンビニでの最近のヒットアイテムと言われている、1食分のカット野菜やレトルト食品に関してはソロ男のほうが買っている。

コンビニ売上増の要因として、淹《い》れたてコーヒーを含むカウンター商材や弁当・調理麺・惣菜等の中食《なかしょく》類、デザート等が好調に推移したことが挙げられているが、まさにこれらをメインに購入しているのがソロ男・ソロ女たちなのだ。

一般社団法人日本フランチャイズチェーン協会が発表している2015年CVS統計年間動向によれば、コンビニ全店ベースの平均客単価は約609円だそうだが、ソロ男に関して言えば1回の購入で千円を下ることは少ない。彼らは来店頻度も高い。コンビニに関して言えばほぼ毎日来店する。頻度も高く、客単価も高いソロ男がいかにコンビニにとって上顧客であるかおわかりいただけると思う。

コンビニだけではない。ソロ生活者はスーパーも利用する。以前と違い、現在は、スーパーも夜遅くまで営業する店が多く存在する。営業時間が延びたことで、スーパーは時間帯によってメインの客層が変わるという状況が生まれている。開店からお昼頃までは高齢者、夕方は主婦、そして夜8時以降の時間帯は男性客が増える。男性客が一人で来店し、買物カゴをさげて、主に惣菜と酒などを購入している姿を多く見かけるだろう。すべてがそうだとは言い切れないが、彼らのほとんどはソロ男だと推定できる。コンビニのように毎日スーパーに通うほどではないが、それでも平均して週2日はスーパーで買い物をする。

特筆すべきは、コンビニとスーパーとで購入する品目を分けているということだ。コンビニでは、弁当・おにぎりなどの調理加工食品や飲料などを主に購入するが、スーパーでは、牛乳・酒類・生野菜・冷凍食品及びトイレットペーパーなど日用品を購入する。これらの商品は当然コンビニよりもスーパーでの価格が安い。なんでもかんでもコンビニで済ませるという買い方はしない。コンビニで買うべきものとスーパーで買うべきものをしっかりと区分けしている点も特徴的だ。コスパを考えたメリハリ消費をしていると言える。

ただし、彼らにとっては、安いからといって「まとめ買い」をするという概念はない。お店が冷蔵庫という考え方なのだ。決して自宅に冷蔵庫がないわけではない。一度にまとめて買ったとしても、その日に食べてしまわないと結局放置して腐らせてしまうということを学習しているからだ。

買い物とは経験である。主婦だけがメインで買い物をしていた時代は、彼女たちに知見と知恵が蓄積された。しかし、ソロ男も毎日買い物をする。そのため、変動する市場価格に敏感になる。既婚男性とは圧倒的に経験値が違うのだ。既婚男性にレタスやきゅうりの価格を聞いても答えられる男性は皆無だと思うが、ソロ男たちは知っているはずだ。

ひとりで一家族分消費するソロ男たち

このように、もはや彼らソロ男たちの消費力は無視できないレベルにまで膨れ上がっている。とはいえ、「所詮男性。消費力では女性に敵《かな》わないのでは？」という声をよく頂戴する。確かに「消費は女性がつくる」と言われ、マーケティングの世界では、大抵女性がターゲットとして設定される。広告会社の中にいて、数多くの企業とのミーティングの場に参加させていただいたが、特に独身男性ターゲットが蚊帳《かや》の外に置かれていた感は否めない。テレビＣＭも女性向けのつくりが多かった。消費性向では、女性75％に対して男性は60％台。可処分所得のうちのほとんどを消費に回す女性と比較すると男性の消費力は低いと思われがちだ。それもそのはずで、家計調査が基本的に２人以上の世帯単位で追跡していた時代には、単身世帯の男女の消費傾向が可視化されなかった。実は、単身男女の消費支出実額で比較すると、決して男性の消費力が弱いとは言えないのだ。

単年度で見ると、男女で上下があるため、２００７年から２０１５年の９年間の実績を平均して比較してみる（次ページ図５－３）。34歳以下では男性16万８４２９円、女性17

図5-3　月当たり平均消費支出額比較

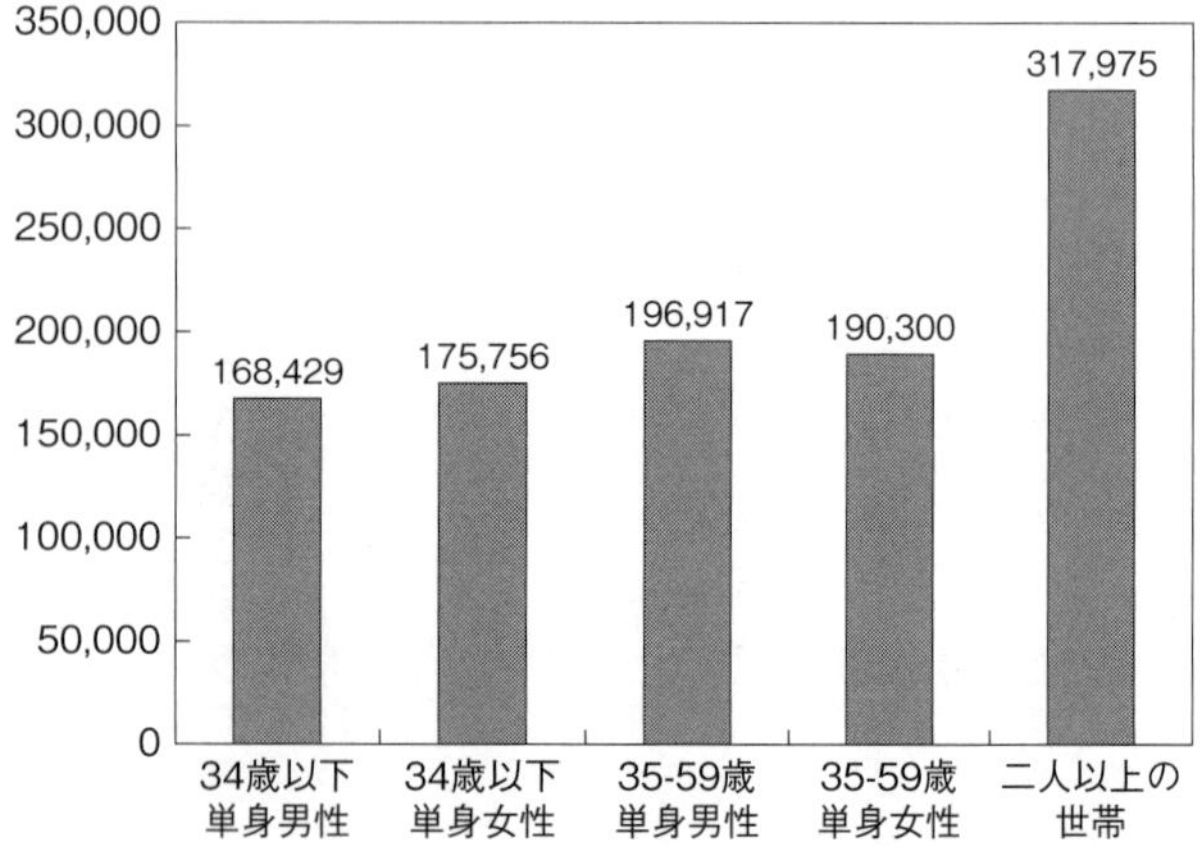

出典：総務省「家計調査」2007～2015年平均値での消費支出額（単身、二人以上の世帯ともに勤労者世帯）を元に筆者作成

万5756円とやや女性が上回るが、35～59歳では男性19万6917円、女性19万300円と逆転する。ちなみに、2人以上の世帯の平均は31万7975円だが、これは平均世帯員3・4人の数値である。仮に大人2人として考えても、ソロ生活者ひとり当たりの消費支出金額に及ばない。

　ソロ男の消費の特徴は、高いエンゲル係数と娯楽費である（図5－4）。エンゲル係数とは、消費支出に占める食費（外食含む）の割合で、一般的にはこの数字が高いということは生活水準が低いとされている（エンゲルの法則）。食費は、生きていくために必要なものであり、その最低限必要な絶対額は人によってそう大差はない。エン

図5-4　月当たり消費支出比率比較

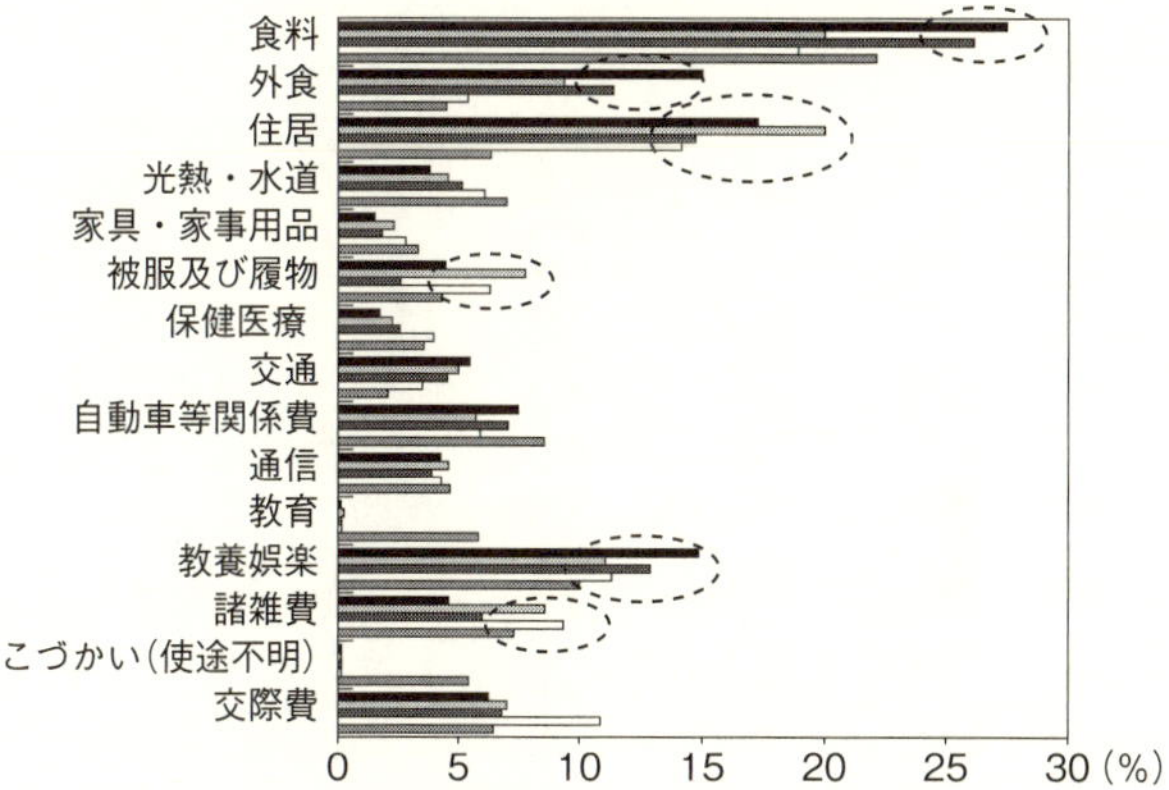

図5-5　月当たり消費支出額（食費外食費除く）比較

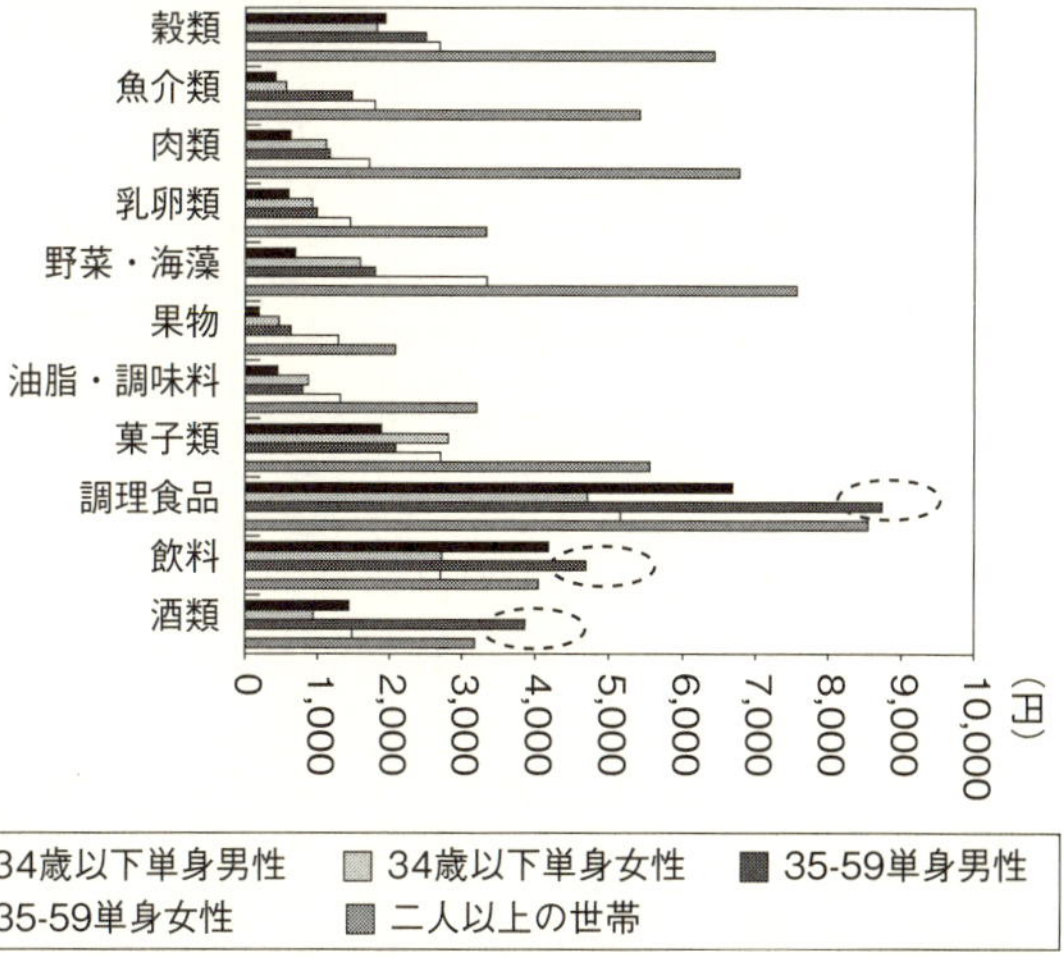

出典：総務省「家計調査」2007～2015年平均値での消費支出額内比率
（単身、二人以上の世帯ともに勤労者世帯）

図5-6　月当たり平均消費支出額（食費全体と外食費）比較

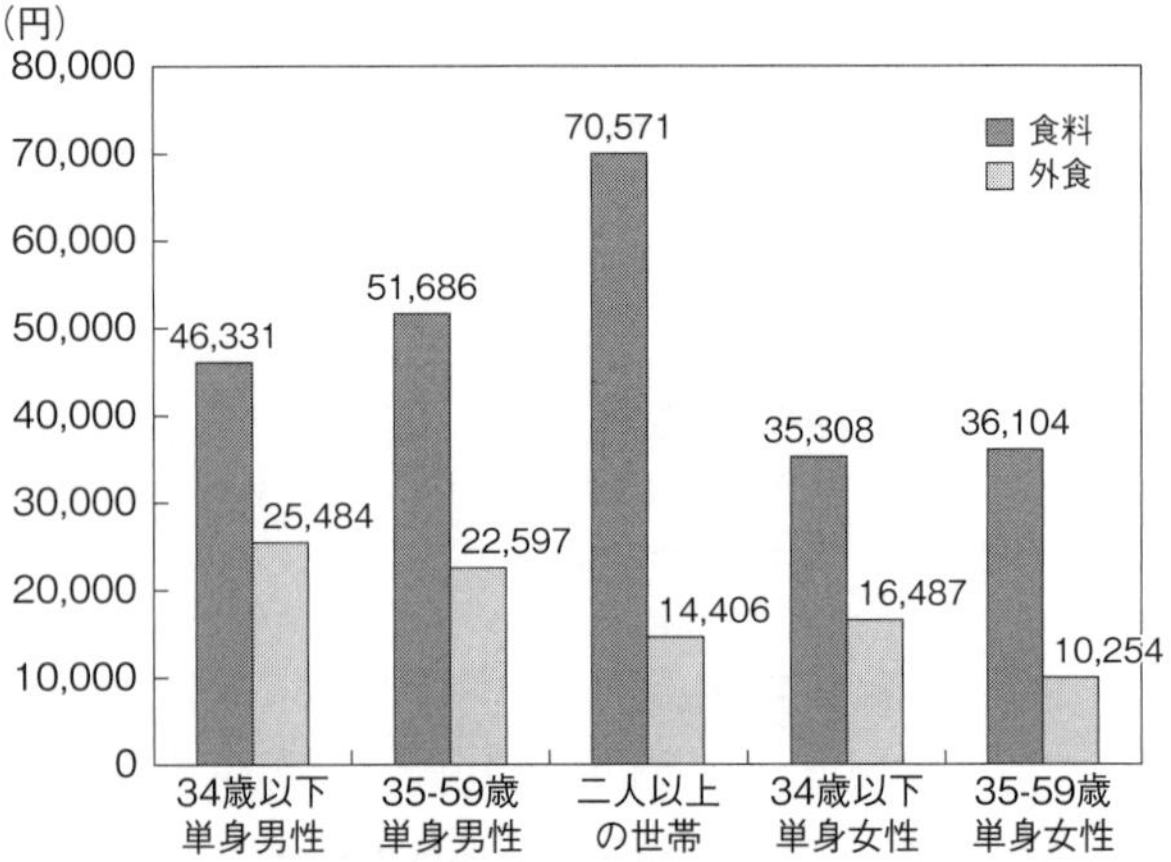

出典：総務省「家計調査」2007～2015年消費支出実額平均値（単身、二人以上の世帯ともに勤労者世帯）より筆者作成

ゲル係数が高いということは、支出の中でその最低必要額の比率が高いということであり、生活水準が低いとみなされるわけである。

２０１５年家計調査によれば、単身世帯の男性のエンゲル係数は27・9％。単身女性が21・9％、２人以上の世帯が23・６％なので断然高い。外食費に至っては、２人以上の世帯の2～3倍の高さだ。高いのは食費だけではない。比率として、単身男性が家族を上回るのは「住居費」と「教養娯楽費」、単身女性が上回るのは同じく「住居費」と「被服費」、美容院代などを含む「諸雑費」である。

割合だけではない。消費支出実額で比較（図５－６）しても、一家族分をソロ生活者が上回る品目もある。男性の食費関連では、弁当などの調理食品、コーヒーを含む飲料、酒類の消費支出実額は一家族分とほぼ同額以上だ。さらに、外食にいたっては一家族分をはるかに凌《りょう》駕《が》している。平均3・4人の一家族分以上をソロ男たちはひとりで消費するのだ。この事実はあまり知られていないし、メディアもほとんど取り上げたことがない。これは決して不思議なことではない。食費などは、家族世帯で分け合って消費したほうが効率的だし、ひとり分の消費金額は抑えられるからだ。

食費の中でも外食費は特に顕著だ。家族が月1・4万円に対して、単身男性は34歳以下で2・5万円、35歳以上でも2・3万円と月1万円ほども違う。34歳以下の単身女性ですら、家族を上回る1・6万円の外食費を計上している。外食産業もまたこうしたソロ生活者を無視できない。

今後、生涯未婚率のさらなる上昇や晩婚化により、こうした単価の高いソロ男の人口がますます増える。女性の社会進出や結婚や出産を選択しない女性の増加を勘案すると、ソロ女もまた増えるだろう。ひとりで一家族分を消費する単価の高いこうしたソロ生活者の増加は、人口増×高単価で食品消費全体の底上げにつながるはずである。彼らこそ、今後の食品消費市場の鍵を握る可能性が高いと考える。

ソロ生活時間が増えている

消費頻度と単価の高いソロ男・ソロ女の人口ボリュームが増えるだけではない。晩婚化、非婚化、離婚の増加、死別の増加によって何が起きるかというと、人間ひとり当たりの人生における「ソロで生きる時間」が増えるということである。

今まで説明してきたとおり、結婚して家族生活をする場合と、自由で気ままなソロ生活とではお金の使い方が違うのは明らかである。例えば、ある男性のライフタイムにおいて1年結婚が遅れたとしよう。すると、365日分はソロ男的消費をする時間が増えるということだ。それは既婚となった場合とは使う金額も使う対象も違うわけで、結果市場にも影響を与える。

だから、ソロで生きる時間は消費市場ボリュームと密接に関係する。

今から25年前、1990年の平均初婚年齢は、男28・4歳、女25・9歳だった。それが2015年に行われた最新の国勢調査速報では、男31・1歳、女29・4歳と、男女とも約3歳遅くなっている。この初婚年齢の遅れ分の3年が「ソロで生きる時間」の増加分だろうか。いやいや、そんな単純な話ではない。

生涯未婚率は男女ともに増え続けており、さらに、離婚件数も1990年に15・8万

図5-7　生涯ソロ生活期間の変化

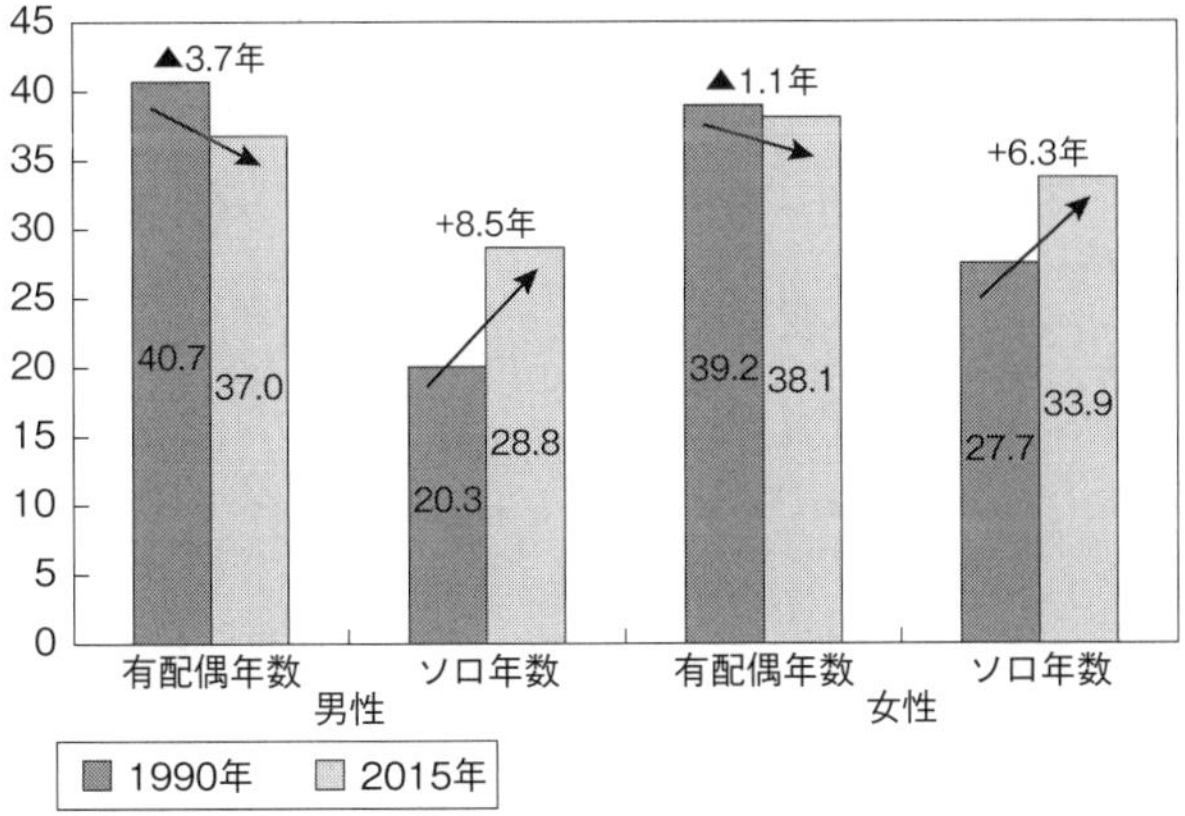

出典：1990国勢調査　2015国勢調査 抽出速報集計より
各年代別配偶関係別割合から推計し、筆者作成。
（ソロ年数対象には、未婚・離別・死別人数合算。15歳以上対象）

件だったものが、２０１５年には22・6万件と１・４倍にまで増大している。これら、初婚年齢の遅れや未婚率の上昇、離別死別数の増加を考慮して、国勢調査の配偶関係別数値を元に、１９９０年と２０１５年とでソロで生きる人生時間の平均がどれくらい違うのかを検証してみた(図５－７)。

結果、１９９０年の場合、男性は76年の生涯で、有配偶期間40・7年、ソロ生活期間20・3年、女性は82年の生涯中、有配偶期間39・2年、ソロ生活期間27・7年となった。(15歳未満までは除外)。男女とも生涯において40年ほどは配偶者と過ごしていたことになる。女性のソロ生活年数が長いのは、配偶者の死別後の期間が長いためである。

それが、2015年ではこう変わった。

男性は81年の生涯で有配偶期間37・0年、ソロ生活期間28・8年、女性は87年の人生で有配偶期間38・1年、ソロ生活期間33・9年。男性は寿命が5年延びているにもかかわらず、有配偶期間は3年短くなっている。女性もまた寿命が5年延びているが、有配偶期間は1年少なくなった。結果、この25年の間にソロ生活期間は男性で8年、女性でも6年も増えていることになる。平均的な男性の生涯において、ひとり当たり約8年間分ソロ生活期間が長くなっているということは、前述したソロ男的消費行動が8年間分増えるということだ。ただでさえエンゲル係数が高く、特に、調理食品、飲料、コーヒー、酒、外食費などは、一家族分以上のお金をひとりで使う人たちである。少なくともこの品目に関しては、ライフタイムバリュー（顧客生涯価値）として8年分の需要余地が新たに創造されたことになる。この25年のコンビニの売上伸長ははからずもそれを証明している。

コンビニだけではない。食品・飲料メーカーや外食産業などの食関連産業及びエンタメ業界、さらにはソロ生活を支える各種生活インフラ産業にとって、このターゲットは今後間違いなくブルーオーシャンだと言える。同様のことは、50代以下のソロ女にも言える。

人数ボリュームの増大だけを見ていてはいけない。顧客生涯価値としても重要度を増していく、結婚しないソロ男・ソロ女たち。彼ら彼女らは、市場にとって無視できない存在であることは間違いない。

よく独身貴族と混同されるのだが、彼らは決して潤沢な収入があるわけではない。贅沢消費をしているわけではないし、嗜好品や高額商品を買い漁《あさ》っているわけではない。もちろん、他人から見たら理解できないような「変な趣味」に無駄な出費をしている人たちも存在するが、メインに使っているのは日常の食や住といった、生活必需消費だ。

高齢化社会が叫ばれた時、資産や貯蓄のある高齢者こそ「次の消費を牽引《けんいん》するターゲット」ともてはやされたが、実際はどうだったか？　彼ら高齢者は資産や貯蓄はあっても、それらを消費に使わなかったのだ。持っていても使わないのなら消費市場においては意味がない。それとは対照的に、たったひとりで一家族分以上使うソロ男・ソロ女たちが人数的にも期間的にも増えるインパクトは大きい。消費の業態構造そのものを変えると言っても過言ではない。

今までのマーケティングも市場の業態構造も「夫婦と子」という標準世帯に縛られすぎていた。「夫婦と子」世帯は今後ますます減りこそすれ、増えることはまずない。これは断言してもいい。独身が人口の半分を占める世の中に向けて、いつまでも「家族」向けサービスだけでは頭打ちになる。単身世帯以外にも「夫婦のみ」の世帯は増えると予想されている。「夫婦と子」世帯になる前の過渡期としても存在するが、子を持たない選択をする夫婦も増えるだろう。専業主婦や専業主夫形態はさらに減少し、夫婦だけの共働き世帯が増える。そうなると、お互い働きながら自炊や家事をこなすことは大変になる。準備や後片付けが発生する自炊はやめて、平日は互いに別々に外食や中食（出来合いの惣菜などを買って済ませる）パターンのほうが楽だ。これもまた「結婚はしているが消費行動はソロ生活者」と言えるかもしれない。

生活者のニーズは、確実にソロ生活者側に寄っていくし、ソロ生活者的消費形態が主流となっていくはずである。そんなソロ生活者たちの、日常的でありながら旺盛な消費行動をどうつかまえるか。または、どう新しく彼らの需要を喚起できるか。それが、これからの鍵になると思われる。

消費の単位が「群」から「個」へ

総務省の家計調査は国の基幹統計のひとつであり、生活者の消費の実態を把握するのに有効だが、もともとは2人以上の世帯単位の調査であり、ひとりで暮らす単身世帯は対象外だった。国の統計として単身世帯が追跡されるようになったのは最近のことである。家計調査とは別に「単身世帯収支調査」が行われることになったのが1995年からで、単身世帯が家計調査の対象に正式に加えられることになったのは2002年からである。

生活者の消費動向は、主婦が切り盛りする「家族」をベースに把握されてきたが、いずれ4割にならんとする単身世帯を無視することはできない。家族と同居している独身者だとしても、経済的に自立していれば、その消費行動は家族のものとは別物として考えるべきである。

視聴率にしてもそうだったが、今までは「家族」という「群」でとらえていた。しかし、「家族」という生き物が存在するわけではない。「家族」を構成するのは一人ひとりの「個」である。これからは「個」の消費、「個」の視聴率という「個」の行動を把握していくべきだ。その上で、それら「個」の消費や行動が「家族」という集団に属しているか否かでどう差異があるのか、そういった視点で見つめ直していく必要があるだろう。

すでに述べたように、ソロ男・ソロ女というソロ生活者と、結婚して子を持ち家族となった生活者とでは、明らかに「個」としてのお金の使い方や使い道が異なるからだ。それは、消費に対する意識の違いが大きく関連している。

時代とともに移り変わる消費意識

現在のソロ生活者の消費意識について書く前に、そもそも消費意識がどのように変遷していったのかについて、ごく簡単にではあるが説明したい。

昨今、「人々から物欲が失われていっている」と、よく言われる。消費者がモノを買わなくなり、若者の「〇〇離れ」という言葉はすべての品目に該当するのではないかと思うくらい種類が豊富だ。

所有価値としての「モノ消費」から体験価値としての「コト消費」と言われるようになったのは最近ではない。私がその概念に最初に触れたのは、2000年に出版されたバーンド・H・シュミット氏による『経験価値マーケティング─消費者が「何か」を感じるプラスαの魅力』(ダイヤモンド社)であった。シュミットは、「自分たちのライフスタイルに関連付けることができ、経験価値を提供してくれる製品やコミュニケーションこそ顧客に届く」としている。

経験価値とは、「SENSE：感覚的経験価値」「FEEL：情緒的経験価値」「THINK：創造的・認知的経験価値」「ACT：肉体的経験価値とライフスタイル全般」「RELATE：準拠集団や文化との関連づけ」の5つのモジュールに分類でき、これらを総合的に使用して、ブランドを構築するべきとしていた。この内容は当時衝撃的なものだったし、今なお通用する概念だ。これはモノの価値を否定しているわけではなく、モノ単体に価値があるのは当たり前で、それにどれだけ経験という付加価値を付けられるかという話だ。

思えば、高度経済成長期の日本はモノ消費時代だった。

1950年代は、三種の神器と呼ばれた家電（白黒テレビ・洗濯機・冷蔵庫）をほぼすべての国民が買い求めた。1960年代には、3C（カラーテレビ・クーラー・自動車）と呼ばれた新・三種の神器にとってかわった。クーラーが全員に行き渡ったのは随分と後の時代になるが、64年の東京オリンピックに合わせてカラーテレビは爆発的に普及し、70年代にカラーテレビは90％の普及率になっていった。

その後、オイルショックをはさんで、1974年にはマイナス1・2％という戦後初めてのマイナス成長を記録し、大量生産・大量消費の高度経済成長期が終焉となる。とはいえ、所有価値がなくなったわけではない。モノを選択するに当たって、「みんなと同じ」から「差別化・個性化」という価値観が唱えられ、より他とは違う品質や価格といった部分が重視されるようになった。この時期、マーケティングの世界では、「ライフスタイル」という言葉が使われ始め、「足りないモノを揃える」消費から「自分たちにふさわしいモノを選択する」消費へと変わった。1975年には、女性誌「JJ」（光文社）、翌76年に男性誌「ポパイ」（平凡出版、現・マガジンハウス）が相次いで創刊され、「ニュートラ」や「ハマトラ」というブームや、おしゃれの代名詞として「ポパイ少年」という言葉も生んだ。

そして、1980年に田中康夫氏が発表した小説『なんとなく、クリスタル』(河出書房新社)によって、消費はより自己表現のツールとしての位置付けを明確化していくことになる。どこのブランドの服を身につけ、どこのメーカーの車に乗り、どんなお店で食事をするかが、その人自身をあらわす重要な記号となっていた。そして同じく80年代、バブル景気とともに、メディアで紹介される消費の主役は、主婦から若者へと移っていく。

デザイナーズ・ブランドの半額セールを行う丸井の前には、開店前の早朝から長蛇の列ができ、しかも、並んでいたのは女性だけではなく男性も多かった。それほど経済力のなかった大学生たちが、半額とはいえ高価なブランド商品を大量に購入できたのは、当時では珍しかったクレジット販売方式(当時は月賦販売方式と言った)による。お金があるからモノを買うのではなく、先にモノを買い、後で分割で支払うという、買い方のひとつの発明だった。いうなれば、「モノ」を先に買うことによって自分自身の個性や自分らしさというものを形作ろうとしていた。

セールで購入した肩パッドの入った武士の裃《かみしも》のようなスーツを着て、開店したばかりのマハラジャで踊り、チークタイムで女性をナンパする。そんな時代だった。毎週のように湘南にサーフィンに出かけるくせに、波待ちだけで一向に動かない「波待ちサーファー」

や、そもそも海に行かないファッションだけの「陸《おか》サーファー」なるものも生まれた。男がやたらとセカンドバッグを小脇に抱えていたのもこの時代。

ちなみに、ホイチョイ・プロダクション原作の原田知世主演の映画「私をスキーに連れてって」や中山美穂主演の「波の数だけ抱きしめて」の舞台となった時代がこれに当たる。

当時は、大学生であっても、男性は自分専用の車を所有したがったものだ。メカとしての車が好きというよりも、それが自己表現のひとつだったからである。トヨタでは、今の86（ハチロク）の前身に当たるＡＥ86という型式のレビンとトレノが人気だったし、ホンダのプレリュードＸＸはモテ車として注目されていた。

こうした時代の消費の記号として脚光を浴びたのが「新人類」だった。新人類とはちょうど60年代前半に生まれ、大卒であれば87年に社会人となった人たちである。当時の40〜50代の大人たちに理解不能と言われ、世代のギャップを感じさせた彼らが、今や50代に達している。実は、その頃「オタク」も生まれていた。「新人類」と「オタク」とは、陽と陰、光と影のように対極に位置付けされることが多いが、そもそも母胎は同一である。しかし、オタク論に関しては本書では割愛させていただく。

個性化や自己表現としての消費を新人類が牽引したと誤解されるが、決してそうではない。むしろ当時は、その上の世代が消費自体を動かしていた。バブル景気にも後押しされて、自己表現というよりも自己実現や自己顕示の意味合いで、高級車や高級ブランドなどが売れた時代でもあった。バブルという消費ドラッグの影響で、その時代はやや軸がブレている。

そして、90年代に入ると、様相が一変する。携帯電話やPHSの登場である。携帯電話の普及に伴い、自己表現的な消費とオーバーラップしながら徐々にコミュニケーション消費という形へ変化するきっかけとなった。携帯電話そのものに価値があるのではなく、携帯電話を使用することで得られる体験価値のほうに重きが置かれるようになっていった。体験価値というと、海外旅行やテーマパークなどの非日常体験をイメージされる方も多いが、決してそうではなく、モノを買う目的が、そのモノを使用することによって得られる体験の価値へとシフトしていったのであり、日常的な買い物もそれに含まれる。

2000年以降は、インターネットの普及に伴い、ますますコミュニケーション消費の重要度が高まる。前述したシュミットの「経験価値マーケティング」の他にも、マーク・ゴーベ氏による「エモーショナル・ブランディング」（人々とブランドの間に、強固な感覚的価値をつくり、人々がブランドの価値を楽しむことが、関係を強化することを可能にする）や、ジェイ・コンラッド・レビンソン氏の「ゲリラ・マーケティング」（どれだけのセールスをあげたかではなく、どれだけの関係を構築できたかに気を配れ）など、顧客との「体験の共有」がこれからのブランディングの要であるという考え方が提唱され、拡散されていった。マーケティングの考え方がモノ消費（所有価値）からコト消費（体験価値）へと転換し始めた時期である。

この流れは、2002年のカメラ付き携帯電話の普及とSNSのブレイクによってさらに加速する。総務省情報通信政策研究所「ブログの実態に関する調査研究の結果（2008年）」によれば、2001年初にはほぼゼロに近かったブログ数が、2004年9月に100万を突破し、翌年10月には300万に到達している。少し遅れて、2005年7月にミクシィが100万ユーザーに到達、翌年には「モバゲータウン」、さらに翌々年には「グリー」が1000万ユーザーを突破した。さらに、2007年にミクシィ、2008年にモバゲータウン、2009年にグリーと1年ズレでそれぞれ1000万人ユーザーを達成している。ちなみに、2010年にはツイッターのユーザー数も1000万人を超えた（2011年総務省「ICTインフラの進展が国民のライフスタイルや社会環境等に及ぼした影響と相互関係に関する調査研究」より）。

こうした状況を受けて、当時はCGM（コンシューマー・ジェネレイテッド・メディア）と呼ばれ、今まで受け手でしかなかった生活者が自ら能動的に情報を発信し、メディアとして機能する時代と言われた。いわゆる「ネットクチコミ」の重要性が叫ばれ、「シェア」という概念が広まった。

生活者は自ら発信するネタを探して消費をするようにもなり、コミュニケーションのために消費をする形がここにおいて完成されたと言ってよい。自己表現のために服を買うのではなく、自撮りをするために服を買うというのもそのひとつだ。自己表現のための消費がまったくゼロとなったわけではないが、もはや、いい性能や機能があるだけでは生活者はモノを買わなくなった。いい製品をつくって、それを大衆が認知さえすればほとんどの人が買ってくれたという「群」消費の時代が終わったのだ。「体験価値」が重視されればされるほど、「個」の判断基準に影響されるようになるからだ。

モノ消費からコト消費へ、そして次なる段階へ

以上、高度経済成長期から現在に至る、所有価値としての「モノ消費」から体験価値としての「コト消費」へ、「自己表現のため」の消費から「コミュニケーションのため」の消費へと移行してきた流れを説明してきた。同時に、それは消費の単位が「群」から「個」へ移行する流れとリンクしている。

そして、消費は次の段階に進みつつある。しかも、それは主にソロ生活者を中心に動き

始めたものだと私は考えている。かつては目的でもあった「モノの所有」や「自己表現」、「コミュニケーションのための体験」はもはや手段と化して、そうした行動の先にある精神的な安定や充足を求めるようになっている。所有価値でもなければ、体験価値でもない、それらはパーツにすぎなく、それを通じて得られる「精神価値」に重心が移行している。

「エモい」という言葉をご存じだろうか。若者言葉ではない。ネットスラングとして「エモい」という言葉はすでに10年以上も前から使われている。「エモ」とは「エモーショナル」の略だが、その定義には諸説ある。

もともとは、音楽のジャンルのひとつである「イーモウ（Emo）」からきている。メロディアスで哀愁的な音楽性と切ない心情を吐露するような歌詞が特徴的なロック・ミュージックを指すという。それが、「なんとなく寂しい気持ちや悲しい気持ちをあらわす」コギャル語として使われるようになったという説もあるが、現在この意味での使用は少ない。一部、「エロい＋キモい」の意味で使われる場合もあるようで、その使い方は多様である。基本的には「心が動いた」「心に刺さった」という感動的な意味合いでもあるし、「なんか、うまく説明できないけど良い」という論理的なものを超越した情感でもある。「エモい」を口癖のように使うのが、「現代の魔法使い」ことメディアアーティストの落合陽一氏であるが、彼の定義が一番わかりやすい。彼によれば、「エモいとは、ロジカルの対極にある、一見ムダなもの。〝もののあはれ〟や〝いとをかし〟」だという。〝いとをかし〟とは、枕草子で有名な「非常に興味深い」と訳されるが、そのほかにも、「美しい」「趣がある」「すばらしい」など多くの意味を持つ奥深い言葉である。なんとなく感じる部分があるのではないだろうか。ロジカルの対極にある以上、この言葉の説明自体が野暮というものである。

この「エモい」という感情をつくれるかどうかが、今後の消費のポイントになると私は考えている。それを、精神価値としての「エモ消費」と名付けることにする。では、具体的に「エモ消費」とは何だろうか?

ひとつには、2016年に大ヒットした映画「君の名は。」がそれに当たる。ヒットする映画の常であるが、同じ人間が何回もリピート鑑賞しているのはまさに「なんかいい」という感情であり、「もう一度その感情を味わいたい」という欲求である。昨年、全世界的に拡散したピコ太郎の「PPAP(ペンパイナッポーアッポーペン)」も然りだ。あの動画の閲覧には対価が発生しないから消費ではないのではないか、と思うだろうか。消費とは金銭だけではない。時間の消費も含まれる。あの動画を拡散したり、二次創作によって時間を費やすこともまた立派な「エモ消費」になる。

だからといって、「エモ消費」とは情感に訴える感動的なものをつくったり、瞬間的にバズらせればいいかという表層的な話ではない。映像や言葉でいかに共感や感動を与えても、そこに本質的な精神的価値が存在しなければ、ただ単に通り過ぎるだけで無意味である。

まず、そもそも「エモ消費」のモチベーションは何か、から考察したい。「エモ消費」は大きくは、2つの欲求に起因する消費である。

人間として根源的な欲求には「承認欲求」と「達成欲求」がある。「エモ消費」はこの2つの欲求を満足させることで、幸福感を得るものである。この欲求は、仕事や学業・スポーツなど、消費に絡まない行動でも満足させられるものであるし、恋愛や子育てにおいても感じられるものだ。

世の父親たちが「子どもの笑顔を見ると疲れがふっとぶ」とよく口にするが、これこそ自分の中での社会的承認感と自己達成感を得られているがゆえの感情だろう。子どもではなくとも相手が配偶者の場合でも同じかもしれない。表現が辛辣《しんらつ》すぎるかもしれないが、仕事上ではうまくいかず、出世もできず、承認感も達成感を得られない既婚男性がいたとしよう。それでも彼は家族の笑顔を見たり、大黒柱として家族を支えているという自分自身を認識することで前向きになれるのだ。

しかし、独身であるソロ男・ソロ女はそうした子どもも配偶者も持たない。既婚男女が感じられる「家族によってもたらされる日常的な幸せ」は、どうあがいても物理的に感じようがない。家族を持たないからといって気に病む必要はないのだが、根強い結婚規範や無意識の家族信仰によって、ソロ男・ソロ女は「結婚しない状態の自分」に認知的不協和を感じているのだ。だからこそ「未婚で家族を持たない人間は不幸だ」という理屈を打ち消すために「未婚で家族はいないけれど十分幸せを感じている」という事実をつくりたがる。その代償行為が「承認」や「達成」を満足させる消費行動につながっている。

ちなみに、消費以外にも代償行動はある。それは仕事である。仕事に「承認」と「達成」を感じる人は、デザイナーやライター、映像制作など専門職の、特にフリーの人たちに多く見られる。彼らは決してお金のためだけに仕事をしているのではなく、自己の幸せのために仕事をしているのだ。仕事をすることそれ自体が喜びである場合も多い。そういう職業の人たちの生涯未婚率が異常に高いのはそのせいかもしれない。

一方、消費行動において、「承認」と「達成」を得るとはどういうことか。わかりやすい例は、自分の趣味に没頭する人たちである。彼らは、お金や時間の両方を消費することで精神的な充足を得ている「エモ消費」マニアだと言える。

一時期、スマホゲームの課金にはまる人たちが話題になったが、彼らの大部分はソロ男である。課金をすることでゲーム内での戦闘力が高まり、当該コミュニティ内でのヒーローになれる。それは、彼にとって「承認」でもあり「達成」でもあるのだ。また、アイドル商法と揶揄《やゆ》されたが、あれも消費している本人たちは幸せなのだ。同じCDを何枚も購入するなど、興味ない人たちから見たら理解できない行為だろう。だが、そういった消費こそがアイドルたちからの「承認」を得る手段だし、そうやって応援している自分自身を「達成」感で満たしてくれるものなのだ。

ゲームやアイドルだけではなく、日常の消費行動にもそれが言える。

例えば、ソロ女が「癒やされたい」という気持ちで甘いものを食べたり（最近はソロ男にもこの行動が多く、下手すればソロ女より多くスイーツを買う）、温泉旅行に行ったり、ヨガやサウナに行ったりすることもある主の「承認」のための消費だ。他にも、SNSで「いいね！」されたいという気持ちで自撮りのための服を買ったり、行列のできるレストランに行くことも当てはまる。「がんばった自分にご褒美」という名目で高価なモノを買ったり、高級レストランに行くというご褒美消費もまさに「自分で自分を承認する」ための消費である。

毎日出勤時に同じ自販機で同じ銘柄の缶コーヒーを買うというソロ男もいる。これは、彼にとっては小さな「達成」だ。だからこそ、たまにその銘柄が売り切れていたりすると落ち込む。

また、毎日帰宅時に同じコンビニで買い物をするソロ男は、買う内容がいつも一緒だという。同じ銘柄のビールと同じ種類のスナック菓子と同じ銘柄のタバコを必ず買う。たまに、他の商品を付加する場合があっても、この3点を買わない日はない。365日、病気で家から出られない日以外は、たとえ出張先だとしても買うのだそうだ。これも小さな「達成」のひとつだ。そんな状態だから、コンビニの店員も覚えていて、彼が入店するとタバコを用意して待っているという。それはそれで、小さな「承認」でもある。

このように大小はあれど、消費全般に関わってくる欲求であることは間違いない。消費によって「承認」と「達成」という欲求を満たし、ソロ男・ソロ女は幸せを感じる。消費は彼らの幸せに直結する行動であり、家族がいない彼らの生きるモチベーションのひとつかもしれない。

だからこそ、自分の金と時間を消費する対象の選択にはこだわるし、その目は厳しい。機能や性能が優れていることはもちろん前提になるし、それだけではなく、その商品やブランドの成り立ちやバックストーリーまで含めて納得をしなければ承知しない。

上っ面の感動動画広告だけでは彼らは動かないし、世間的に認知度100%の商品であろうと、それだけでは買わない。たとえその企業やブランドが好きだったとしても、なんの精神的価値ももたらさないのであれば財布は開かない。好感度が高くても売れない現象などはまさにそれである。そして、以前のように、「皆がそうだから」という集団心理ではなかなか動きにくい。個々人が「承認」と「達成」とをいかに感じられるかどうかがポイントなのである。

それゆえに、一旦納得し、支持すれば長く愛用し続けるのだ。これはもはや単なる買い物の域を超え、人生の伴走者を選ぶのと一緒だ。

ソロ生活者の幸福感が低いというのは定説になっている。その理由は次章で説明するが、それは結婚規範や家族信仰により、「家族によってもたらされる幸せが欠如している」という社会的暗示に依るところがあるだろう。だから、彼らはそれを消費によって打ち消そうとするし、消費の対象には、単なる所有や体験だけではない「幸せに直結する精神的価値」を求める。価値を認めないものに対しては1円でも1秒でも惜しむが、一度価値を認めれば、惜しみなく金も時間も注ぎ込むことができる。それはもはや論理的に説明しろと言われてできるものではなく、「エモい」としか表現できない領域に達している。これこそが、ソロ男女たちの「エモ消費」であり、ソロ男女の大いなる消費の原動力なのだ。

ソロ生活者の人口ボリュームも消費機会も増えるソロ社会において、精神的価値による

「エモ消費」をどう喚起していけるか、彼らの「承認」と「達成」をどういう形で刺激できるかが今後の大きな鍵となるだろう。

未完成こそが達成感の連鎖を生む

マーケティング視点で、彼らソロ生活者をお客様として見た時に、どうやって「承認」と「達成」を刺激できるだろうか。

モノが売れない時代と言われて久しいが、それは決してモノ自体が悪いのではなく、伝え方・売り方・買い方・届け方含めて、それがどうお客様の「承認」や「達成」感を刺激して、どういうお客様の行動を生み出せるかまで考えられてはおらず、そうした期待も伝え切れていないからだ。

かつては、良いモノを完成型として提示すればそれだけで売れた。そんな時代は過ぎた。作り手や売り手のこだわりとして、どうしても完成品を提供したいという気持ちが優先する。それは当然のことだ。しかし、モノを所有する価値が薄まり、世の中に類似のモノがあふれるなか、完成した（一所懸命つくった）モノというだけの価値はもはや選択すべき価値とは呼べなくなっている。

だからこそ、あえて発想を変える必要がある。

ひとつのキーワードとして「未完成」がある。未完成の状態で提示し、完成させるのはお客様自身に委ねるという姿勢である。

これは何も商品そのものを製造途中の段階で販売するということではない。商品開発の段階でお客様の意見を聞くということでもない。商品自体はしっかりと作り手自身で完成させるのだが、その伝え方と売り方自体を変えるのだ。

メーカーの場合、新商品の開発企画は常に検討されているし、大企業になればなるほどその件数も多い。だが、大企業であるがゆえに、何を実際に世に出すかという決定プロセスが遅れがちになる。それも当然で、一度生産体制に入ってしまえば、売れなければ在庫リスクを抱えるのだ。長い時間と複数回の事前調査と検証を経て商品化が実現していくのだが、今までそういったプロセスはすべて企業内で閉じていたものだった。お客様はただ商品発売を待つしかなかった。

しかし、そういうプロセスをすべてオープンに展開することが可能なシステムがある。クラウドファンディングがそれだ。

クラウドファンディングとは、群衆（crowd）と資金調達（funding）を組み合わせた造語で、ネットを通じて不特定多数の個人（支援者）から資金を募る仕組みである。支援に対するリターンとしては、金銭的リターンのない「寄付型」、金銭リターンが伴う「投資型」、何らかの権利や物品を購入することで支援を行う「購入型」の3つがあるが、日本では購入型が多い。

個人の趣味から、ベンチャー企業の資金調達、飲食店・サービス業のプロモーション利用に加え、最近では大手メーカーのマーケティング調査など活用事例が増えている。大手電機メーカーの例でいうと、通常の社内決裁では通らないような挑戦的な商品の需要調査のために活用したところ、目標金額の10倍以上の支援を集めるという大成功を収めたりしている。

今まで世になかったモノを一所懸命つくるところはこれまでと変わらないが、お客様（クラウドファンディングでは支援者）に対する向き合い方が大きく違う。

どんな良い商品アイデアでも、支援者が賛同し、目標金額に到達しなければプロジェクトは失敗で、その商品は世に出ない。もちろん、資金力のある大企業なら自力で商品化することは容易《たやす》い。だが、そんなことをしたら信用丸潰れである。しかし、そこにこそ本質がある。

これは、メーカーと支援者とがある意味信用でつながり、運命共同体となるに等しい。成功した場合は、支援者に対して誰よりも早く現物が届く。特別感もあり、何より支援者にとっては達成感が大きい。

一所懸命開発し、つくることは同じでも、まだ世に生まれていないものの途中経過を逐一ガラス越しで見せられれば、子どもの成長を見守るような気持ちになる（たとえ子のいない支援者でも）。それこそ「エモい」と感じるものだ。支援が足りなければ、その子はこの世に生まれてこないと思うと、自然と自分から拡散協力するし、他者にも薦めるようになる。

片渕須直監督による映画「この世界の片隅に」も、またクラウドファンディングによって世に生まれた。82日間で延べ３３７４人、総額３９００万円以上の支援を集めた。もっとも支援を集めたのは、映画のエンドロールに名前がクレジットされる権利（１万円）で、１９９３人が支援している。何かモノが提供されるのではない。一緒に作り上げた、という達成感を求めているのだ。まさに、運命共同体であり、言葉は悪いが「共犯者」でもある。

だからこそワクワクするのだ。ドキドキするのだ。

お客様にとってはモノはあくまで、未来の喜びを獲得するための道具である。であれば、その道具を使って彼らが何か行動したくなる、そんな未来へのスタートラインを提示してもらいたい。お客様の未来の行動までが商品に含まれているのだ。未完成というのはそういうことである。

お客様自身がどう行動するかは彼ら自身の問題。しかし、動き出した分だけそこには大きな達成感という幸福が待っているはずである。一度達成感を知った人は繰り返し参加するだろう。それは達成感の連鎖を生む。こんな幸せなことはない。

また、メーカーにとっては別の大きな意味を持つ。元来、メーカーとお客様個人は直接向き合う場がなかった。流通の店頭という軒先を借りて、初めて相対することができた。しかし、クラウドファンディングでは、お客様と直接向き合い、やりとりし、反応を確認できる。今まで「群」としてしかとらえられなかったお客様の個とメーカーとしての個とが向き合うことになるのだ。それどころか、リピート支援者はロイヤル顧客でもある。彼らに対して特別なメニューを提供することでロイヤルティマーケティングを実践することも可能だ。

未完成で提示して、達成感という精神価値でつながる。「エモ消費」のひとつの切り口として提示させていただいた。

消費の形が「個と個」の向き合いへ

近年はさらに進んでいる。スマホの登場やネット上での決済システムの簡素化により、さらに進んで、シェアリングエコノミーが普及している。シェアリングエコノミーとは、モノを所有し、独占使用するのではなく、個人の持つモノやサービスを、共有や個人間での貸し借りをすることで成立させる経済の仕組みで、「共有経済」とも呼ばれる。

欧米で先行しており、具体的には、自宅の空き部屋をホテルのように貸し出す「Airbnb」や、一般人が自分の空き時間と自家用車を使って他人を運ぶ仕組みの「Uber」などがある。前述のクラウドファンディングもシェアリングエコノミーのひとつである。

個人同士だけではなく、企業の持つ資産を共有したり、貸し借りする場合もあるが、従来の消費形態が、つくる側・売る側としての企業と、買う側・使う側の大衆という群（または個の集合体としての群）であったのに対して、これは、明らかに「個と個」の向き合いになっている。

もちろん、シェアリングエコノミーそれ自体は、コスパなど経済的合理性を追求したものであり、ソロ生活者に限定されたものではない。既婚者を含めて広く利用価値のあるものだ。しかし、合理的価値だけではなく、消費の形として、この「個と個」の向き合いが広がることは、ソロ生活者にとっては新たな「承認」と「達成」の機会と場が広がることを意味する。

モノや場所だけではなく、個人のスキルの共有や貸し借りもシェアリングエコノミーのひとつである。これは、クラウドソーシングとも言われる。クラウドソーシングとは、群衆（crowd）と業務委託（sourcing）を組み合わせた造語である。企業などが特定の専門機関に業務を外部委託することをアウトソーシングというが、ネットを介した不特定多数の人に対するアウトソーシングであり、新しい働き方とも言われている。

料理を例にする。料理は、ソロ生活者にとってコスト的に非効率なものである。いくら安売りをしているからといって、スーパーやディスカウントストアで野菜や肉をまとめ買いをしても、結局1食分だけしか使わず、残りは腐らせてしまう場合が多い。であれば、単価が高くても1食分だけの小分けされた商品（コンビニのカット野菜など）を買うほうが結果として節約になる。ソロ生活者がコンビニを支持する理由は、そういう長い目で見たコスパ意識もふまえての話なのだ。

とはいえ、料理をしたいソロ女もいるし、最近では料理が得意なソロ男もいる。自分で料理はしないが、外食だけではなく、たまには手料理を食べたいというソロ男はもっとたくさんいるだろう。そういう潜在ニーズに対して、例えば、シェアリングエコノミーでこの料理スキルを共有するという考え方もある。

スーパーやコンビニ店舗自体にシェアキッチンが併設されたサービスがあれば、複数人で食材を買って持ち寄り、一緒につくって食べたり、誰かがつくった料理をそこで食べるために立ち寄るなど、内食と中食の中間のような新たな需要も創造できるのではないか。

それこそ、料理好きなソロ女であれば、そこで定期的に自身の料理を有料で食べてもらう「1day○○さんキッチン」という展開も考えられるだろうし、高齢ソロ女による「おふくろの味」を展開することも可能だろう。いずれにしても、そこは料理をつくる側の「承認」と「達成」を満足させるとともに、食べる側の幸せをも生み出すという「エモ」の共有が実現できる点がいい。もちろん、ソロ生活者だけではなく、子どもが大きくなって独立したため、手料理をつくる機会が減ったという主婦が活躍したっていい。

シェアキッチンという業態は、すでにいろいろと存在するが、現在のような貸しキッチン的な形態では広がりがない。食品を買う買い場と個々人のスキルを共有できるコミュニティの場を併せ持った形での展開が待たれる。

こうしたモノ・場所・ヒトすべてを複合的に共有し合えるシェアリングエコノミーならば、店舗での食材やアルコール飲料の売上にもつながる。イメージ的には、非同居のシェアハウスのダイニング機能が独立したようなものかもしれない。モノを買う店舗がこうした共有機能を持つことで、そこは単なる「買い場」からコミュニティの場へと進化する。

数年前に堀江貴文氏が提言していたコンビニ居酒屋という形態も同様だろう。

また、一本数万円もする高価なワインや100グラム1万円もするシャトーブリアンをソロ生活者がひとりで買うには、相応の経済力と勇気がいる。しかし、こうしたコミュニティの場で料金をシェアしてワイン会や肉会を催すならば、ひとり当たりの負担は少なく、みんなとわいわい楽しく食事ができる。

結婚しないと、家族がいないと、あたたかい食卓の幸せを感じられないわけではないのだ。むしろ、結婚していても、家族がいても、冷たく寂しい食卓の人たちだって大勢いる。年頃の娘とは一緒に食事すらしてもらえないようなお父さんなら、こういう場所でささやかに「エモ」を感じ取っていただきたいとも思う。

ちなみに、シェアリングエコノミーというと21世紀型の新しい業態だと思われるかもしれないが、江戸時代にはすでに存在していた。損料屋《そんりようや》と言われ、使用に際する代償を損料として受け取る商売だ。衣料品、布団、蚊帳、食器、冠婚葬祭具、雨具、道具、家具、畳、大八車《だいはちぐるま》など生活に必要なほとんどの物がレンタルで賄《まかな》えた。吉原に行くための見栄としてのふんどしでさえレンタルしていたという。シェアリングマインドはその頃から日本人の中に根付いていたものなのである。

第6章

ソロ社会の未来

生涯未婚率と離婚率の上昇、単身世帯4割、離別死別に伴う高齢独身女性の増加など、人口の半分がソロ生活者となる未来がやってくる。残念ながら、少子化の解決には寄与しない彼らソロ生活者だが、だからといって意味のない存在であるはずがない。結婚して子どもをつくり、家族となることがスタンダードという考え方からは、いい加減脱却すべきだし、誰もがいつかはソロに戻るという観点のほうこそ重視すべきである。

消費力の旺盛な彼らのための商品・サービスの充実は、今は想像できない新たな需要を生み出し、それが大きな未来の力となる可能性を秘めている。

それでも、まだ「ソロで生きる彼らは幸福ではない、そんな生き方は幸福であるはずがない」と言い張って聞かない人がいる。幸福であったら誰が困るのかと追求したいくらいだが、そういう決めつけがないとは言えない。

何をもって幸福というのか？

ソロ生活者は幸福ではない？

絶対的な幸福の尺度が存在しないため、その定義は難しい。過去と比較して相対的に今が好転していれば、それはそれで幸福を感じるかもしれないが、相対的なものならば尚更数値化できない。

実は、そもそも日本人は幸福度が高くない。

アメリカのシンクタンクのピュー・リサーチセンターが２０１４年に世界43カ国を対象として「幸福度」を調べたのだが、日本の幸福度は43点で、アメリカの65点、ドイツの60点など先進国の中では最下位のグループに位置している。アジアの中でも中国やインドネシア、韓国よりも下だ。全体的に、ＧＤＰの高さと幸福度とは正の相関にあるが、唯一日本だけが「ＧＤＰが高いのに幸せを感じられない特殊な国」となっている。

謙虚な国民性、メリットよりリスクを考える慎重さ、周囲との和を尊重する協調主義的な国民性などもっともらしい理屈は挙げられるが、それは意味をなさないだろう。これは一人ひとりの心の中の感受性の問題だからだ。小さいことに幸せを感じられる人もいれば、どんなにお金持ちで豪邸に住んでいようと不幸だと感じる人もいる。

よく言われるのが、家族を持たない未婚者は不幸度が高いということだ。未婚と既婚、男女年代別に調べたところ、確かに既婚者のほうが幸福度を多く感じている（次ページ図6－1）。既婚者の場合は、年代が上がるごとに若干下がる傾向はあるものの、ほぼ全年代同等である。一方、未婚者の場合は、男女ともに40代が最低となる。特に、40代未婚男性は幸福と感じる率がたったの36％しかない。むしろ、不幸と感じる率（28％）と変わらない。40代までずっと未婚だった男性は、結婚できないがゆえに不幸感が最大化するとい

図6-1　幸せ度

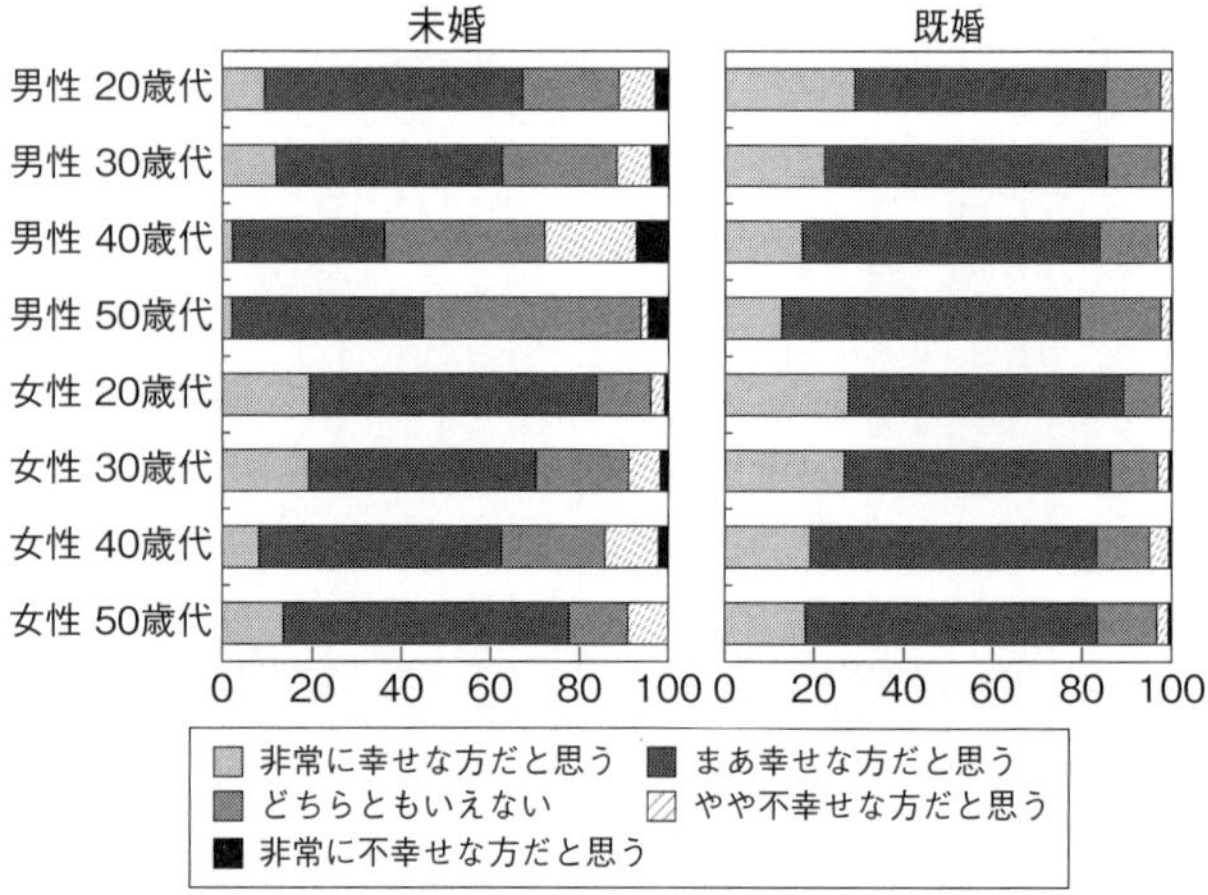

出典：2016年「ソロ男プロジェクト」調べ　20～50代男女　n=520

う解釈もできるが、それがすべてではない。逆に、50代になると幸福度が上がるという共通点がある。

ソロ男に限らず、ソロ女も同様だが、彼らは「自己有能感」と「自己肯定感」のバランスが既婚者とは逆転している（次ページ図6－2）。「自己有能感」とは、学業や仕事などで他者より自分は優れているという自負であり、「自己肯定感」とは、自分が好きかどうかという視点である。既婚男女はたとえ「自己有能感」が低くても、それも含めて自分自身を好きだと感じる「自己肯定感」が高いのに比べて、ソロ男・ソロ女は「自己有能感」が高い割に、「自己肯定感」がそれほど高くない。どちらかというと「有能でない自分は好きになれな

図6-2　自己肯定感と自己有能感

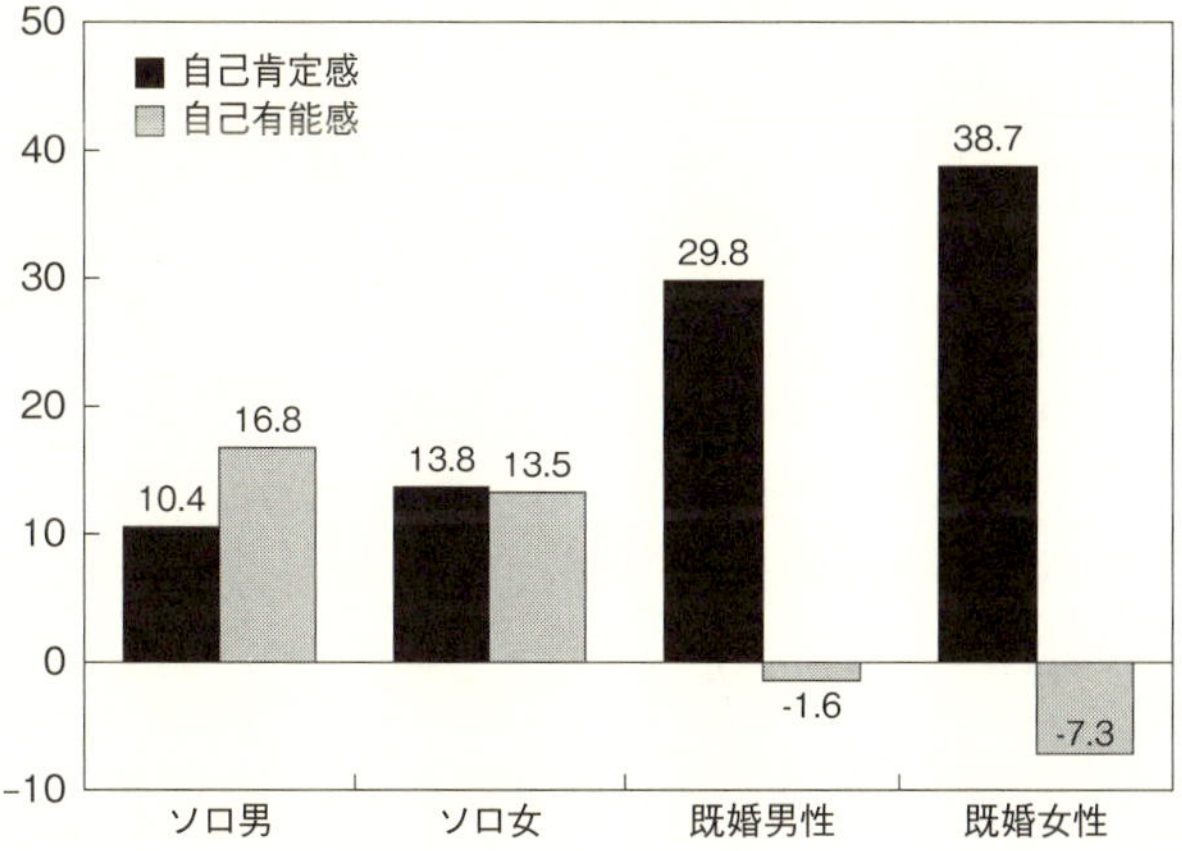

出典：2016年「ソロ男プロジェクト」調べ20～50代男女　n=520
各々「ある」と「ない」の差分。マイナス表示は「ない」という回答が多い。

い」意識が強いとも言える。特に、ソロ男に関しては、「がんばった割に評価されていない」という承認不足への不満や「まだまだこんなものでは満足しない」という達成感に対する厳しさが影響していると考えられる。そんなストイックで自分に厳しい面が、未婚者たちの幸福度の低さと関係していると言えなくもない。

逆に、既婚男女の幸福感が高すぎなのではという疑問も生まれる。男女とも全年代で8割以上も幸福感を抱いていることは決して悪いことではない。が、現状こそが幸せであるという認識は、裏返せば離死別でソロに戻った瞬間、未婚者並みの不幸感に落ちてしまうとも言える。いや、むしろ相対的に見れば、幸せだった経験があるだけ不幸度は強いかもしれない。家族である幸せに依存するリスクについてはこの後述べる。

家族とソロでは幸せの貯蔵庫が違う

前章で、ソロ男・ソロ女たちは消費によって幸福感を得ていると述べた。それは、決してお金で幸福を買っているわけではない。金さえ払えば、入手できるというものではない。あくまで消費を通じて自己の「承認」と「達成」という精神価値の充足を追求している。個々人の「承認」や「達成」という充足感が値札をつけて店頭に並んでいるわけではないのだ。「エモ消費」で幸福感を得るためには、金を消費して得たツールを使って、何らかの能動的な行動を伴う。そして、それに彼らは時間をかけている。

私は、マンツーマンで彼らの何人かと対面インタビューを行い、お金と時間をかけて取り組んでいる内容についてヒアリングをしたことがある。

ボディビルディングや格闘技などスポーツにのめり込み、身体を鍛えまくる人がいる。カートレースに夢中になる人、プロ顔負けのアート写真を撮る人もいる。アイドルの応援に命をかけている人もいるし、コミケでのコスプレに熱中する人もいる。はたまた、歴史的な城郭や古戦場だけを旅する者もいる。ひとつのことだけに一点集中して傾倒するタイプもいれば、多種多様な趣味に広く浅く取り組むタイプもいる。いわゆる「オタク」的なタイプばかりではない。

彼らは、インタビュー当初は当然初対面ということもあり、警戒心もあった。初めはぼそぼそと喋り、揃ってテンションが低い。しかし、いざ、彼らの興味関心領域の話になると、途端に目の色が変わり、声も大きくなる。まっすぐに私の目を見つめて、熱く、その面白さについて語るのだ。みんな、瞳を輝かせ、頬を紅潮させ、人が変わったかと思うくらい能弁になる。

私自身、コスプレはよくわからないが、日本の城や戦国時代の古戦場なら詳しい。古戦場巡りが趣味だという彼とは話が合った。盛り上がったのは、大坂夏の陣での毛利勝永の奮戦ルートの話である。一般に、真田幸村ばかり称賛されているが、あの戦いでもっとも奮戦したのは毛利勝永である。そんな目の付けどころが一致すると一気に距離が縮まる。さらに、城巡りをする時は必ずひとりで旅行するという点も共感し合った。誰かと一緒に行くと、気を遣って思う存分見て回ることができなかったり、現地の人とじっくり話をすることが制限されるからだ。一人旅をしているからといって誰とも喋らないで過ごすと思っていたら大きな間違いである。ひとりで気ままに巡れるからこそ、時間を気にせず誰かと話し込むことが可能なのだ。

このインタビューで自分の好きなことを喋っている瞬間、彼らは多分幸福感でいっぱいだったろう。話を聞いてくれることもまた「承認」のひとつだからだ。

断っておくが、彼らは決して友達がいないわけではない。むしろこうした趣味の縁でつながった人たちとの交流は盛んだし、写真・イラスト・音楽などのクリエイティブな領域ではネット上でつながることも可能だ。そうした言語を必要としない作品であれば、それこそ全世界の人々とつながることができる。何語であろうと、ネット翻訳機能を使えば、そこそこコミュニケーションできるし、ネットを通じて何年間も交流することも多々ある。一度もリアルに会ったことがないからといって、その関係性が希薄なものだと断じることはできない。関係性の強さは、何でつながっているかではなく、どれだけ頻繁《ひんぱん》に長くつながっているかで決まる。遠距離だろうが、国籍が変わろうが、そんなことは関係ない。そして、そういう同じ興味関心領域でつながった相手と交流することこそが、彼らにとってもっとも幸福感を感じる瞬間なのだろう。

そんなものは刹那《せつな》的幸福であって、本当の幸福ではない？

欲望を満たす一時的な幸福感は幸福とは呼べない？

それこそ大きなお世話というものだろう。幸福の絶対的定義なんて存在しないし、定義したところでそれが何の役に立つというのか。幸福になるための方程式なんて存在しないし、地図もコンパスもない。個々人が幸福だと感じるかどうかが重要で、それが刹那的だろうが、一時的だろうが、欲望まみれだろうが、他人がとやかく言う筋合いの問題ではない。

「家族を持てば本当の幸福の意味がわかるよ」などという物言いは、「家族も持てないような人間は不幸にしかなれない」と決めつけているようなもので、それこそ乱暴で傲慢《ごうまん》だ。実体験から言わせてもらえれば、こうした結婚教の人たちとの会話は常に平行線だった。永遠に理解してもらえないのかもしれない。よって、結婚する人としない人とでは、そもそも幸せの貯蔵庫自体が違うのだと結論付けるに至った。

ノーベル経済学賞の受賞者であり、行動経済学の祖と言われる米国の心理学・行動経済学者ダニエル・カーネマン氏は、「幸福とは、自分の愛する人、自分を愛している人とともに時間を過ごすことだと言っても、あながち言い過ぎではない」と言っているが、彼の言う「自分の愛する人、自分を愛している人」が、恋人や家族や親子であるとは限らない。自分と興味関心や価値観の合う人または「考え方を同じくする人」との交流でも十分幸福は感じられる。さらには、人であるとも限らない。「好きなことと、ともに時間を過ごす」のもまた幸福の形であろう。

幸福とは、結婚しているか子どもがいるかという「どんな状態であるか」が大事なのではなく、どんな状態であろうと幸福を追求する行動力があるかどうか、そして、どんな小さなことでも幸福感を感じられるかどうか、その心の持ち方である。そういう意味で、「結婚したいけれどできない」とネガティブに考え、行動を諦めてしまっている未婚男女のほうが不幸の闇は深い。

ソロ社会は孤立社会ではない

ソロ社会の未来が来る、と言うと早合点する人が必ずいる。個人が誰とも接触せず、バラバラに生きる孤立社会になると、そんな誤解をする人が多いが、ソロ社会とは決して孤立社会ではない。ソロで生きるとは、決して山ごもりの仙人になることではない。

ただ、核家族化が進んだ現代、都会においては地域のコミュニティが希薄になり、ほとんど消滅しかけているという事実がある。今や、賃貸の集合住宅では隣に誰が住んでいるのか知っている人のほうが少ない。

かつて、子どもは地域の「社会の子ども」でもあった。私が子どもだった昭和40年代、まさに「三丁目の夕日」より少し後の時代だが、悪さをすれば、近所の怖いおじいさんが体罰付きで叱ってくれた。ひとりでうろうろしていれば、おばさんが「どうしたの？」とやさしく声を掛けてくれた。親の帰宅が遅い子は、近所の家で晩御飯を食べていた。血のつながった自分の子であろうとなかろうと、「地域の子ども」としてみんなが愛情を持って、その成長を見守っていた時代があった。それは江戸時代の長屋でも見られた光景だし、それ以前の時代の農村集落でも同じだったと思われる。

今ではどうだろう。電車の中で赤ん坊が泣いただけで舌打ちをし、子どもの部活の朝練の声がうるさいと学校に文句を言ってやめさせてしまう殺伐さがある。逆に、ひとりで歩いている子どもに声でも掛けようものなら、不審者として逮捕される可能性だってある。

同じエリアに住んでいるということではもはや何の関係性も親密性も生じなくなった。ただ隣に「いる」だけであって、存在しないに等しい。ニュースにも取り上げられたが、同じマンションに住んでいたとしても、「知らない人には挨拶《あいさつ》しなくていい」と子どもに教え、それをマンションのルールにしようとした親もいる。家族以外は誰も信用するなということだろうか。家族の中だけで絆があったとしても、他の家族や他者とのつながりがないのであれば、それはその家族こそ社会的に孤立しているようなものではないだろうか。

家族という群に所属していたとしても孤立を感じることもある。以前、世のお父さんたちに「普段心が休まる場所はどこか」という質問をしたところ、大多数が「トイレ」「風呂に入っている時」「車の中」という回答だった（2015年博報堂「ソロ男プロジェクト」調査）。家族を支えるために毎日働いているお父さんの心休まる場所がトイレや風呂にしかないというのはいかにも悲劇ではないか。「車の中」に至っては、もはや家の中ですらない。

職場においても孤立はあり得る。悪質な無視や仕事を与えないなどのハラスメントを受けている人にとっては、耐えがたい孤立感を味わっているだろう。彼らソロ生活者は、職場内において、協調性や共感性がないと判断されがちである。それは否定できない。ひとりで仕事をしたがったり、ひとりでランチを食べたがったりという態度から、第2章でのソロハラのような「ひとりになりたがるがゆえのいじめや嫌がらせ」を受ける場合があるのだ。学校のいじめでも同様である。

家族、職場、学校などの集団に属しているからといって孤立を感じないのではなく、むしろ集団の中でこそ孤立感は生まれる。物理的に「ソロでいる」ということよりも、心理的に孤立を感じてしまう生き方のほうこそ憂うべきである。

状態としての「ソロ」と精神的な意味での「孤立」、その大きな違いを説明するのに適した言葉がある。「ソロ充」という言葉だ。

ソロ充という言葉が生まれた訳

「ソロ充」とは、男女問わず若年層を中心に、頻繁にSNS上で使用されている言葉である。意味は、ひとりで楽しむことができる人のこと。ソロ（ひとり）が充実しているさまをあらわす。友人を誘うのが面倒、人といると気を遣う、相手のペースに合わせるのがしんどい、などというタイプの人に多い。ソロでいたとしても、自由気ままに過ごすことができ、あくまで本人は楽しんでいる人または状態を指す。

ソロ充の元になった言葉はご存じ「リア充」である。この言葉の起源は、2006年に2ちゃんねるで使われたのが最初とされ、翌年頃からはツイッター上でも広まり、一般に流布《るふ》したのが2010年頃というのが定説となっている。

同様に、「ぼっち」という言葉がある。こちらも起源は、2ちゃんねるの大学生板「大学で友達がいなくてひとりぼっち」スレが最初と言われている。正確な誕生時期は不明だが、おそらく2007年以降だと思われる。学校（主に大学）で友人を持たない、ひとりぼっちの学生のことを指すため、大学・高校などの学生の間から流行り始めた。

一方、「ぼっち」と同様の意味で「おひとりさま」という言葉があるが、これの起源はかなり古く、まだネットがそれほど普及していなかった1999年にジャーナリスト岩下久美子氏が使ったのが最初と言われる。書籍化もされ、その後観月ありさ主演でドラマ化されるなど3回のブームがあった。「ひとりカラオケ」や「ひとり焼肉」などとマスコミにも取り上げられ、言葉として定着したことはご存じの通りだ。ただ、「おひとりさま」はどちらかというと女性限定の言葉として使われ、男には使われなかった。

では、「ソロ充」という言葉はいつから使われ始めたのか。

こちらも正確な起源は不明だが、元になった「リア充」が流布されたのが2010年頃であること、ヤフー知恵袋上で「ソロ充」という言葉が最初に出てきたのが2012年なので、2010〜2012年の間だろうと推測できる。同時に「キョロ充」という言葉も使われ出した。

つまり、発生順としては「リア充」→「ぼっち」→「ソロ充」「キョロ充」となる。もともと「ソロ充」「キョロ充」は「ぼっち」の派性と位置付けられている。「ぼっち族ソロ充科」「ぼっち族キョロ充科」みたいなものである。よって、もともとの「ぼっち」と区別するために、「ソロ充」「キョロ充」以外の「ぼっち」は「真性ぼっち」という言葉であらわされたりもした。ただし、この区分けは客観的なものであって、本来本人たちが望んだ区分けとは若干食い違っている。

そもそも、なぜ「ソロ充」という言葉を生み出し、使用する必要があったのだろうか？

それは、「ぼっち」と言われたくなかったからである。

「ぼっち」も「ソロ充」も、客観的に見た状態としては、ひとりでいる時間が多かったり、ひとりで活動することが多いという点では同じだ。しかし、「ぼっち」という言葉の中には、もともと友達のいない自分を自虐的に評した言葉なので、ディスり要素が含まれている。よって、そのイメージは以下のようになる。

「本心とは裏腹にひとりであることに追いやられ、本当はみんなとわいわい楽しみたいんでしょ？　それができないんだよね？　そして、そんな自分の性格やコミュ力のなさを恨み、劣等感を抱いているんでしょ？」

本当は友達が欲しいはず、という決めつけ的な誤解があることで、そこにいじめの動機が生まれる。

スクールカーストの上位層に「遊んであげるから」という上から目線でちょっかいを出される。「ほっといてくれ」と言えば言うほど、さらにちょっかい行動がエスカレートする。何も言わずに無視すれば、何か反応があるまでどんどん過激化する。そこから逃れようと、トイレでひとりご飯を食べれば、わざわざついて来て「便所飯」とからかわれ、あげくの果てに頭上から水までぶっかけられる。先生に見つかっても、「いや、遊んでるだけです」と涼しい顔で言ってのける。

よくある学校でのいじめの風景である。

このケースで切ないところは、最初は本当に親切心で、「友達のいないあの子の友達になってあげよう」と思って始めた行為だった場合もあるということだ。しかし、される側が本当に心の底から「ほっといてくれ、ひとりでいたいんだ」と思っていたら、ありがた迷惑である。そういう気持ちが表情や行動として出てしまうと、「なに、あいつ。こっちが親切で言ってあげてんのにさ」と今度は一転して、黒い心が湧き上がって、いじめに発展する。

人は、自分と違うものを許容できない。

多様性を認めようとか口では言っても、悲しいかな、人間の本質というものはそういうものだ。自分たちと違う考え方や行動をする人間を異分子化し、異分子を異分子として可視化することによって、「自分たちは一緒だよね」という仲間意識を強くする。そのために異分子は異分子のままで存在してくれなければ困る。共通の敵がいることで、仲間は仲間として強固な絆を確認できることと同じなのだ。

敵にされてしまった「ぼっち」はもうどうしようもない。いじめの格好の餌食《えじき》とされてしまう。

やられる側としてはたまったものではない。「ぼっち」の何が悪いのか。俺は、私は、ひとりでいることが好きなんだから、放っておいてくれと叫びたいし、実際に叫んだことだろう。しかし、それでは相手は理解してくれない。

自分たちの身を守るためには、記号が必要だった。それにもっとも都合がよかったのが

「ソロ充」という言葉だったのだ。

「仲間になりたいんだろ?」という大義名分を相手に与えるからいじめられる。だったら、最初から「仲間になるつもりもない」と表明しなければならない。それが「ソロ充」という言葉なのだ。「ひとりでいることを能動的に選択し、それが幸せなんだから、構わないで」。そういうレッテルを自分自身に貼れる錦《にしき》の御旗《みはた》でもあった。

いじめっ子たちも、最初のうちは「本当はさびしいくせに……」とか「強がってる」とか言っていじめを止めようとはしなかったが、本人が本当に「ソロ」を楽しんでいるとわかると、「友達になるため」といういじめの口実や言い訳が失われる。そういう効用もあった。

最初は、ネットの中においてごく一部の間で使われていた言葉だっただろう。同じ悩みを持つネット同士のつながりのなかで共感も得られたかもしれない。ただ、仮にそういう記号としての言葉だったとしても、世間に認知されていなければ、現実社会では「何言ってんだ、おめえ」の一言で片づけられてしまう。

ところが、この「ソロ充」という言葉を、一躍世間に広めた人がいる。それが、タレントの中川翔子さんだ。2014年6月29日のオリコンスタイルというサイトに『しょこたん、破局経て「毎日ソロ充」』という記事が掲載され、その中で彼女が「ソロ充」という言葉を使用した。

中川は「私も強くならなきゃ」と固く決意。破局を経て「最近、〝ぼっち〟っていう言葉を〝ソロ活動〟って言い換えると強くなれた気がする」と明かし、「毎日〝ソロ充〟してます」と笑わせた。

中川翔子さんには当時40万人以上ものツイッターフォロワーがいた。この記事以降、「ソロ充」という言葉が広く市民権を得ることとなった。一部の若者やネットの間だけの言葉が、まずマスコミ界隈の人間に知れ渡る。メディア上で使用されるようにもなる。すると、次第に普通のおじさんおばさんにも広まっていく。そうして世の中に認知されるようになった。今でも一部自虐的に使用されることもあるが、概《おおむ》ね「ソロ充」はポジティブに受け取られている。

「ぼっち」と「ソロ充」は、ひとりでいる状態は一緒でも、心の有り様が180度違う。前者が受動的であるのに対して、後者は能動的選択であることも大きな違いだ。「ソロ充」とは孤立ではなく自立である。

独身者が人口の半分になるというソロ社会は、決してロンリネスな「ぼっち」だけがあふれる社会ではないし、集団に馴染めない孤立した個々人が疎外感を抱きながら生きるネガティブな社会でもない。ソロで生きることを、能動的にポジティブに選択した人たちもいる社会であることを理解していただきたい。

ちなみに、最近では、「ソロ充」は「リア充」の亜種という扱われ方をするパターンも出てきた。「ぼっち」の充実版ではなく「リア充」のソロ版という認識である。同様に、本来ネガティブだった「ぼっち」も、自虐的にではあってもＳＮＳでの使用が頻繁になることで、ポジティブイメージが付与されるようになっているという。「ぼっち」を自虐的に使って笑いのネタにできるようなら、その人は十分に精神的に自立しており、「ソロ充」である。

ソロで生きる力が必要になる

本書内でも「ソロで生きる力」という言葉を再三申し上げてきた。非常に誤解を招く言葉だと思うので、詳しく説明をしたい。

ソロで生きるといっても、山奥や無人島でたったひとりでサバイブ生活をすることではもちろんない。他者との接触を断絶し、部屋に引きこもって孤独の状態を耐え忍ぶ力でもない。所属する集団から離れ、誰とも関わり合いを持ちたくないというわがままとも違うし、人との親密性というものに対して真っ向から否定の立場をとる脱領域型の生き方でもない。

人はひとりでは生きていけないし、我々は日々の生活において、文明や環境などありとあらゆるたくさんのモノやコトに依存している。私自身、東日本大震災で経験したことだが、携帯電話が使えない、電車が使えない、エレベーターが使えない、コンビニに商品が置いていない、こうしたいつも当たり前にあったものが使えなくなった時に、初めてその存在のありがたみに気付くものだ。

「ソロで生きる力」とは「精神的自立」を意味するが、自立とは何者にも依存しないということではない。むしろ、依存することのできる多くのモノや人に囲まれて、自ら能動的に選択し、自己決定できる人こそが「精神的自立」と解釈したい。

逆に言えば、ひとつしか選択肢がないとか、ひとつの場所にしか居場所がないという人は、そのひとつに強く依存せざるを得ない。これは、子が親に依存せざるを得ないのと同じである。子どもの頃、「今、親が死んでしまったら自分は（心情的にも経済的にも）生きていけない」という不安と恐怖を感じた経験は誰しもあるのではないだろうか。

恋愛依存症も同じだ。それまで強い孤独感に苛《さいな》まれていた人だからこそ、自分を愛してくれる人に出会ったと感じた時、その相手に極度に依存してしまう。「私にはこの人だけだ」と思い込んでしまう。最初は幸福だったはずが、「こんなに私のことを理解してくれるこの人がいなくなってしまったらどうしよう」と不安に思うあまり、必要以上に相手を束縛したり、最終的にはストーカーにまで発展してしまうわけである。

これは、職業や仕事においても言える。働いて給料を得ていることは、経済的に自立しているとも言えるが、会社には経済的に依存している状態でもある。もし、会社が倒産してしまったら、または、自分が解雇されてしまったら、その「経済的自立」は一瞬で崩れてしまう。

しかし、仮にその会社が倒産しても、スキルと能力がある人ならば他の会社に転職することも可能だし、自ら起業してもいい。そういう依存すべき複数の道を持てる人は、最初の会社だけに依存はしていないということだ。いや、正確には、依存はしていても、その依存度が100％ではない。一つひとつが浅いからこそ、万が一の時のリスクも浅い。

これは、コミュニティとの関わり方にも通じる。

例えば、高度成長期だけではなく、今でも仕事一筋で家庭を顧みない昭和型のモーレツ社員はいる。そんな彼が定年退職してしまうと、魂の抜け殻のようになってしまうことがよくある。これは、たったひとつの職場や仕事だけに依存してしまったがゆえの悲劇だ。会社員時代にやりがいを感じていればいるほど、その落差は大きい。出勤をするという行動そのものに依存してしまっている場合もあるので、何もしないで休むということがストレスになる。

出勤すればいいのなら、なんでもいいから他の仕事をすればいいではないか、という指摘もあるが、仕事ならなんでもいいわけではない。特に、管理職経験者など人の上に立ったことがある高齢者ほど面倒くさい。世の中に「部長」とか「課長」という仕事自体があるわけではないのだ。それなのに、就職の面接では「部長ならやれます」と臆面《おくめん》もなく言ってのける。日本の会社制度に順応し、であるがゆえに出世した人ほど、肩書きが無敵の武器だと思い込む節がある。人の上に立つこと以外の選択肢がないのだ。これもまた、過去の肩書きへの依存である。

また、現役時代に専門職として自己の職務や技量にプライドを持っていた人も難しい。運よく関連のある仕事があればいいが、今までの経験や知見が活かせない仕事ではそもそもモチベーションが喚起されない。

「ソロで生きる力」がある人は、現役時代から職場以外の外的コミュニティを持っている。それは、趣味でもいいし、スポーツジムなどでもいいが、他者とのつながりがあるものでありたい。ソロ男と既婚男性の友達分布構成を見るとはっきりする。既婚男性は、圧倒的に職場での友人が多く（41％）、職場や仕事とは関係のない外部コミュニティで知り合った友達が26％と低い。ソロ男は、逆に職場より外部コミュニティでの友達が多い（32％）。これは、既婚男性の付き合いが、職場や仕事という枠にいかに限定されているかを

図6-3　友人分布比較

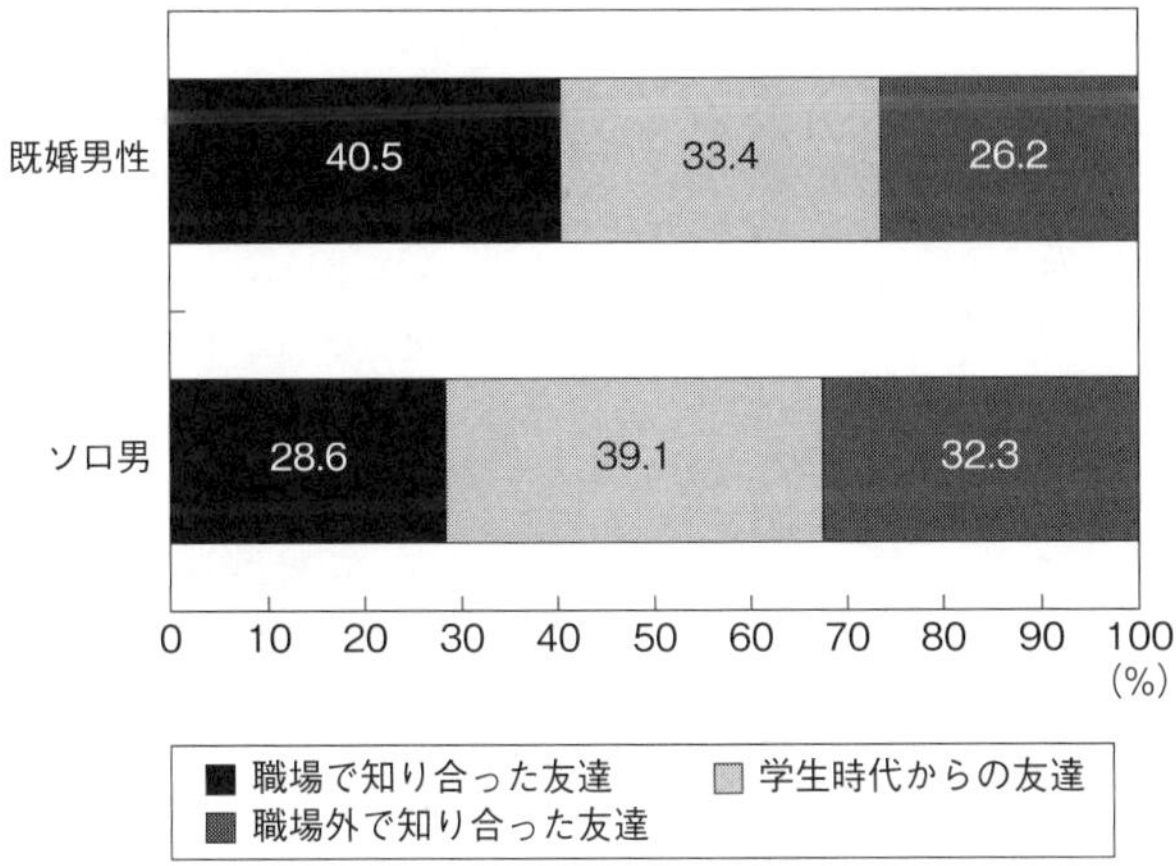

出典：2016年博報堂「ソロ男プロジェクト」調べ　20～50代男性　n=250

あらわしている（図6―3）。

仕事であれ趣味であれ、人間は社会的報酬を得られないと生きてはいけない。社会的報酬とは労働対価としての金ではない。他人からの承認であり、信用や尊敬など人間関係における達成感だ。仕事関係だけにそれを依存していた人間は、仕事を辞めるとそれがなくなる。職場にいた時につながりのあった人たちとはいえ、同じ職場という括りのコミュニティから脱してしまうと、途端に関係性は希薄になる。彼らとは、直接的な人間同士の結び付きというよりも、会社という「村」の枠組みの中にいてこその仲間意識でつながっていただけだからだ。一度その「村」を離れてしまうともう仲間ではなくなる。

何か趣味を見つければいいのか、と勘違いする人もいるがそうではない。もちろん、趣味があることは大切だ。しかし、高齢者が新たに趣味を見つけることは、言うほど簡単ではない。趣味とはそもそも見つけるものでもない。義務感でやるものではないからだ。

だが、重要なのは趣味を探すことではない。趣味だけでも「承認」と「達成」という部分的な幸せは得られるが、それよりも人とのつながりを保持することのほうが大切なのだ。何かのコレクションとか模型をつくるとか、そういうひとりで完結する趣味でもいいのだが、人と絡める発表の場があるようなコミュニティを是非見つけてほしい。趣味そのものの行動は手段でしかなく、それを通して人とつながることこそがソロで生きる力の源になる。

ソロで生きるには人とのつながりが前提

人とのつながりをつくることがソロで生きる力？　矛盾していると思われるだろうか。

精神分析医で小児科医のD・W・ウィニコット氏が提唱した「ひとりでいられる能力(capacity to be alone)」というものがある。

精神分析では、今でもひとりでいることは「ひきこもり」や「自殺の前兆」としてとらえられ、否定的な面から語られることが多いが、ウィニコットは１９５８年の段階で

「ひとりでいられること」の肯定的な面に注目した最初の精神分析医である。

彼は、「ひとりでいられる能力」獲得には、幼児期に母親と一緒にいてひとりであったという体験が必要であると唱えている。「一緒にいてひとり」というのはわかりにくいかもしれないが、要するに、「母親がすぐ近くにいて、いざとなれば助けてくれると確信しているからこそ、幼児は安心してひとりで遊ぶことができる」という状態のことだ。もちろん、生まれたばかりの赤ん坊は、そんなことは感じない。泣けば、お乳をくれ、おしめを替えてくれる母親にすべて依存しきっているのだが、そうした経験のなかで両者の間に信頼関係が築かれると、目の前に母親がいなくても見捨てられてはいないという安心感で落ち着いていられるようになる。もう少し長じて、たとえ母親がその場に一緒にいない時間があったとしても、子どもは一人遊びをするようになり、それが子どもの心に小さな自立を生む。たとえ状態としてはひとりであったとしても、誰かと共有できる何かがあると感じれば、孤立感を覚えないということだ。

つまり、「ひとりでいられる」ということは「誰かがいる」ことを感じられるということである。若いカップルが同じ部屋に居ながら、2人で別々にスマホをいじっている場合があるが、それで互いに居心地がいいと感じるのもこれと同様だろう。この「誰か」とは現実にそこに存在しなければいけないものでもなく、心の中にいる大事な存在というイメージでもいいのだ。

この、ひとりでいても不安にならない状態が発展すると、物理的にひとりでいても、心理的に孤立を感じなくなる。すなわち「ソロで生きる力」へと発展する。逆説的になるが、「誰もいない」と感じられると人間は「ひとりではいられない」のだ。

繰り返すが、「ソロで生きる力」とは、ひとりでいる状態に耐えられる我慢能力ではない。ソロで生きる力のためには、誰かとのつながりが前提となる。片や、心の中で誰ともつながっていないという人間は、大人になっても赤ん坊と一緒なのだ。不安のために目の前のリアルな人やモノだけに依存してしまうということになり、現実にひとりにされると、世界から見捨てられたという絶望感を味わうようになる。

未婚者にも2種類いる。「結婚しない」という意志と覚悟のあるソロ男・ソロ女たちと、「結婚したいのにできない」と嘆く未婚者たち。

前者は、結婚それ自体を否定しているわけではないので、タイミングやマッチングによっては、結婚して家族を持つこともある。既婚の隠れソロ男がいるのもその証拠だ。彼らにとって、結婚とは目的でもゴールでもないし、自己の「承認」や「達成」を得るための手段でしかないからだ。

しかし、後者は違う。結婚それ自体への目的性が強まりすぎて、むしろがんじがらめになって自らでは身動きのとれない方向へ迷い込んでいる。彼らの不幸は、結婚という状態に幸せを見出してしまっているため、その状態にない自分自身を悲観的、かつ、ネガティブにとらえがちなところだ。結婚相手がいないという一点で「非承認感」や「未達成感」を必要以上に感じるようになる。これは、「結婚」という依存先しか持たないために起きる「結婚という状態への執着」であり、それができない現状を「世界からの疎外感」としてとらえるのだ。

依存先がひとつしかなく、選択の余地がないということは、自己決定権がないということだ。多くの心理学者が実験で明らかにしているように、自己決定権がないと我々は無力感に襲われ、何もできなくなってしまう。つまり、依存型とは絶えず受け身の立場で、自己決定すらさせてもらえない人間であり、自立型とは、それがたとえどんなささいな事案であろうとも、自分の意思で能動的に選択と決定をしている人間であると言える。「ソロ充」の話と関連付けると、受動的な「ぼっち」は依存型人間で、能動的な「ソロ充」は自立型人間となる。

ソロで生きるに当たって、人とのつながりが前提となるのは、それがひとつのモノや人への依存濃度を薄め、結果的に依存先を自主的に選択するという自立性を発揮することになるからだ。

ソロで生きるには自分を愛すること

そして、もうひとつ「ソロで生きる力」とは、「自分自身を愛する力」でもある。ドイツの社会心理学者エーリッヒ・フロム氏は、著書『愛するということ』（紀伊國屋書店）において、「ひとりでいられるようになることは、愛することができるようになるためのひとつの必須条件である」と言っている。つまり、「愛だのなんだの言う前に、まず自分の足で立て。話はそれからだ」ということである。誰かにもたれかかるのも、誰かを支え続けるのも、それは愛するということではない。そして、一番大事なのは、親子愛や夫婦愛、男女愛よりもまして、真っ先に愛すべきは自分自身という点である。

「愛する」という行動は、本来、自立的・能動的なものであるのだが、愛する対象は家族や子どもだったり、環境や地球だったりと、自分ではない他者に対して注がれることが礼賛される。「自分自身を愛する」というと、条件反射的に非難を受けることが多い。

拙著『結婚しない男たち』を出版した際に、複数回講演をさせていただいたが、その中で「生涯未婚のソロ男というのは、自分しか愛せない自己愛の塊のような男なのか？」という質問を多数いただいた。質問者の意図は、「結婚しないという身勝手な男はナルシストではないのか」という確認だったろうと思う。ちなみに、「ソロ男は自己愛の塊でナルシステムなのか？」という質問に対する答えは、イエスでもありノーでもある。ソロ男や結婚意思の有無について、そうした自己愛的な因子は決して有意には作用していない。

愛とは他者に与えるべきもので、自分で自分を愛してはいけないのだろうか？

これはむしろ順番が逆である。「自分で自分を愛せるようになれた人間こそが他者を愛せるようになる」のだ。少なくとも精神的自立という視点から私はそう考えている。

未婚男女は幸福感が低く、自己肯定感も低いことはすでに述べたが、特に、結婚に依存しがちな「結婚したいのにできない」という男女は、自分自身を愛せないし、むしろ嫌っている。二言目には「どうせ俺なんて」「どうせ私なんて」という言葉が必ず出てくる。彼らに共通して自己肯定感を得られないのは、他者から愛されないという事実（と彼らが認識しているだけ）に強く引っ張られている点だ。

しかも、人からの愛を求めるくせに、いざ愛されると疑ってしまう。こんな自分が他者から愛されるはずがないと思い込んでいるからだ。そうして、愛されたいという欲求が満足されることもなく放置され、餓鬼のように飢えて、そんな姿にますます自己嫌悪に陥るという悪循環だ。そのくせ、彼らの願いは、常に「愛してほしい、認めてほしい、わかってほしい」と、すべてが受け身で依存的なのだ。「愛する」という能動の概念はなく、常に「愛されたい」のだ。

こういう考えの人に限って、相手に尽くしたり、貢いだりしがちだ。愛は、先に自らが何かを与えた対価として受け取るものだと勘違いしている。労働の対価と一緒に考えている。だからこそ、必要以上に見返りを求めたり、逆に自己犠牲的に与えすぎて自らが破滅してしまう場合もある。

人の顔色に対して敏感になり、周りの空気を読み、自己主張を押し殺して迎合し、表面上はニコニコしている。嫌われたら愛されないという強迫観念である。これこそ「ひとりでいられる能力」の欠如であり、集団の中にいても孤立を感じる要因ではないだろうか。

結婚しないという意志のあるソロ男・ソロ女の全員に、こうした「ソロで生きる力」が備わっているかと言えば心許《こころもと》ない。しかし、結婚という形に依存したままの「受け身の生涯未婚者」たちには、確実に欠落しているものだ。彼らにまず必要なのは、「精神的に自立することで自分を愛せるようにする」ための方策である。表面上の婚活支援がまったく役に立たないのは、彼らの問題の本質を見ていないからだ。なんでもいいから結婚させれば済むという話ではない。そうした人間が今まで結婚してきたからこそ、配偶者に極度に依存しがちな日本人夫婦を生み出してきた。むしろ、明治以降の結婚制度と戦後の皆婚時代が、本質から目をそらせる結果を招いたと言える。江戸時代までの日本人、特に町民・農民たちは、十分に「ソロで生きる力」を備えていた。

「自分　愛する」という言葉をグーグル検索すると、驚くことに1500万件もヒットする。それだけ関心が高いとも言えるし、その方法がわからないと悩む人が多いとも言える。「自分の愛し方」と題したコラムや記事、あるいはそうしたやり方を教える自己啓発セミナーや瞑想体験教室なども数多くヒットした。本書は、「自分の愛し方」を提示する本ではないので、その手法の紹介は割愛するが、個人的に思うのは、「やり方」を学ぶのが大切なのではなく、「愛すべき自分とは何か」を知ることではないだろうか。

マニュアルを全否定するつもりは毛頭ないが、「やり方」は手法・手段・技術であって目的ではない。元来、日本人はハウツー好きだ。しかし、「やり方」だけをどれだけたくさん習得しても意味はない。婚活技術だけを磨いた末に、「そもそもなんのために婚活してるんだっけ？」と自問自答する人をたくさん見てきた。愛すべき対象としての「自分」を明らかにするのが先決だろう。

「本当の自分」はどこにいるのか？

「自分」とはなんだろうか。

何も哲学的なことを論じるつもりはない。第5章で、消費は「モノ消費」から「コト消費」へと移り変わり、「エモ消費」になりつつあると書いた。つまり、物性価値から体験価値を経て、精神価値の時代へ移ってきている。自己表現のための消費から、コミュニケーションのための消費に変わり、個々人の心の充足のための消費へと変わりつつある。この消費行動の変遷は、社会の変遷とリンクしており、「みんなが同じ」社会から「独自性・差別化」の社会を経て、「多様性」社会へと進んできている。

多様性社会というのは、簡単に言えば、「一人ひとり異なる価値観を互いに尊重し合い、受容し合える環境を築く社会」ということになるのだが、実は大事なのは、個々人の多様性ではなく、ひとりの人間の中にある多様性に気付くことなのだ。

一時期、若者による「自分探し」というのが騒がれた時があった。「インドに、自分探しの旅に行ってきます」という者もいた。先祖にインド人がいるわけでもないのに、「なぜ、インドという遠い異国に自分が落ちているのだ?」と正直違和感があったのだが、当の本人は、「行ってきました! やっと本当の自分を探し出せたような気がします」と頬を紅潮させて言うのだ。突っ込まずにはいられなかった。「じゃあ、探しに行ったきみは誰なんだ?」と。

この「本当の自分」とは何か?

自分自身の中には、核のようなもの、あるいは本質的な何かが存在し、それこそが「本当の自分」である。そして、それは発見できるものであり、発見することが成長なのだ、という説。これはこれで納得する人も多いのではないだろうか。

いやいや、「本当の自分」とは努力して発見するものではない。実はみんな「本当の自分」を知っている。今ある「ありのままの自分」や「素のままの自分」こそが本当の自分である。探す必要はないのだ、という説もある。

どちらにしても、「本当の自分」という存在があり、それはひとりであるという結論だ。地球上に何十億人といる人間の中で、自分とは唯一の存在であり、唯一の個性を持つ、オンリーワンの存在である。それは、SMAPの楽曲「世界に一つだけの花」の中で歌われ、多くの共感を得たように、誰も否定しないだろう。

しかし、果たしてそうなんだろうか。自分の中に自分はひとりしかいないのか？「本当の自分」がいるなら「嘘の自分」という存在もあるはずだ。それは誰なのか？

若者に限らず、人は誰しも学校や職場などの社会において、その場にふさわしい、または、求められている自分を演じていることがある。いわゆるキャラというものだ。最近では、このキャラを複数持つ若者も多いという。では、このキャラとは「嘘の自分」なのか？

また、仕事では無理難題を言う取引先に対しても笑顔で対応しなければいけない場合はあるものだ。モラル的にどうなんだ、という酷い相手もいるだろう。そんな時、はらわたは煮えくりかえっていても、外面は笑顔で対応するのが日本のビジネスマンである。それは、「本当の自分」ではなく、仕事上の仮面をかぶっているのだろうか。

キャラも仮面も、「本当の自分」ではない「嘘の自分」を無理やり演じているものであり、だから現代人はストレスがたまるのだ、とまとめるともっともらしい。が、違う。

首尾一貫した存在としての唯一の「本当の自分」なんてどこにも存在しないし、逆説的だが、場面や環境に応じて登場するキャラや仮面の「嘘の自分」も嘘ではない。ひとり部屋でくつろいでいる自分も、上司にぺこぺこ頭を下げている自分も、彼女に男らしい一面を見せている自分も、どれもこれもすべて「本当の自分」なのである。

作家平野啓一郎氏は、「一人の人間には、色々な顔がある。つまり、複数の分人を抱えている。そのすべてが〈本当の自分〉であり、人間の個性とは、その複数の分人の構成比率のことである」と言っている。分人とは作家の彼らしい素敵な表現だが、「個人」を表す英語 individual から否定の接頭辞 in を取った dividual ＝分人としている。

実は、こういう考え方は過去からさまざまな社会学者も提唱してきた。もっと言えば、学者でなくても個々人が漠然と思い描いていたものかもしれない。よくよく考えればその通りで、人間とは社会の中で他者との関わりなしには存在し得ない。他者との関係性が変化すれば、自動的に自己も変化せざるを得ないのは自明の理である。しかし、言葉の力とは偉大なもので、私自身、平野氏の「分人」という表現を読んだ時には、頭の中のモヤモヤしたものが一気に晴れ、腹落ちしたものだった。

思えば、大量消費時代は、「十人一色」だった。みんなが同じモノを買い、同じテレビを観て、同じような家庭を築いた時代。それが、自己表現や個性重視の時代には「十人十色」に変化し、それが今や「一人十色」となったのである。なったというより、以前から人間はそうだったのだが、それがやっと認識されるに至ったと言うべきだろう。

多様性の時代とは、違う価値観を持つ人たちがいる社会ではなく、ひとりの中の多様性が認められる時代なのだ。

なぜこれが大事かというと、前節で「依存すべきものがひとつしかなく、選択肢がない状態が依存である」と書いた。「一人十色」とは、自分の中に分人が10人いるということだ。そうすれば、依存する対象が10倍に増える。つまり、ソロで生きるためにも、この分人的な自己のとらえ方が重要になるのだ。「本当の自分」が、たったひとりしかいないと信じ込み、存在するはずのない唯一の「本当の自分」を探しにインドに出かけるよりも、日常の中で相手ごとに違う顔を見せる自分自身がすべて本当の自分だと認めたほうが楽だ。安易に楽と表現したのではなく、楽かどうかという選択軸こそ、自分を愛するという方向を探る近道でもあるからだ。

Ａさんと居る時の自分、Ｂさんと居る時の自分、それぞれに違う自分が出ているとした時、どっちの自分のほうが精神的に楽か？　ということだ。仮に、ＡさんよりＢさんと居る時の自分のほうが楽ならば、Ｂさんと居る時の自分の構成比を増やしていけばいい。自分の中にいる分人の中で、楽だと感じる分人比率が高まれば高まるほど、自分自身も楽になれる。そして、そうすればそんな自分のことを好きになれるし、認められるようになるはずだ。

自己啓発本を読んだり、瞑想体験教室に行ったり、滝に打たれること自体を否定はしない。自分と対話して、自分を見つめ直し、それによって自分を認められるようになるなら、それに越したことはないが、言うほど簡単ではない。

それらはすべて自己の内側に向かっている。ソロで生きるためには、内にこもるより、まず外に出たほうがいい。そして、人と出会い、会話をし、そうした人との関わりのなかで自分の中にいるたくさんの自分自身を活性化してほしい。もちろん、出会った人全員が結果としてプラスに作用するとは限らない。しかし、それは結果である。その時点で判断することではない。マイナスに作用すると判断した他者とはつながりを断てばいい。それこそ、つながりを選択する行動である。

そうした行動の積み重ねが、自分への「承認」や「達成」を実感できる体験を生む。その体験は、やがて自己の社会的役割の確認につながり、そうして人は自分自身を愛せるようになるのだ。

気をつけたほうがいいのは、他者との出会いで、他者から何かを得ようとしないことだ。何か見返りを期待して他者と出会うことは、それは本当の意味で他者と向き合ってはいない。自分自身が描いた他者像に相手を重ね合わせているにすぎない。

自分を愛せない人ほど、自分に厳しく、自分に厳しいがゆえに、他者にも厳しい。自分がこれだけやったのに……と、自分が果たした義務と同等の義務を相手に要求しがちだ。自分を愛するとは自己受容できることであり、同時に他者にも寛容になれるということだ。義務を果たしたかどうかで他者を判断することとは違う。

ただし、寛容は時として、「勝手にすればいい」という突き放しの態度と表裏一体である。多様性を認めようと口では言っていても、我々は相容れない価値観を素直に認めることは難しい。寛容であろうとするあまり、ろくに対話もせず「それもいいんじゃない」と、不干渉や存在の無視という態度に発展することもままある。自分を愛せたとしても、他者をすべて突き放してしまえば、それは結局心理的孤立を招く。

「ソロで生きる力」とは、物理的にひとりに置かれた状態でも心理的に孤立しない生き方ができることである。そのためには、ひとつのモノや人に強く依存する状態から脱し、広く他者や社会とつながりを能動的に保持する意識が必要である。つまり、「ソロで生きる力」とは、従来の職場や家族、地域だけではない多様なコミュニティとの関係性を構築する力でもあるのだ。

多様なコミュニティとの関係性は、その多様性ゆえに、かつての家族や職場コミュニティのような濃密で安定したものではない。社会学者ジグムント・バウマンは、「旧来の安心・安全・安定したコミュニティはもはや溶けてなくなる」と警告し、未来の社会に悲観的な見方をしている。

彼の言う液状化した社会（リキッド・モダニティ）の中では、個人レベルでも相対する人間に応じて、カメレオンのように変わり続けなければならず、それは、確固たるアイデンティティの確立が困難になるからだろう。しかし、私はむしろそういう流れを肯定的にとらえている。

確固たる唯一無二のアイデンティティがあるという幻想こそ、自分を縛りつけ、結果として逃げ場のない袋小路に自分自身を追い詰めてしまうのではないだろうか。唯一の自分などない。複数の自分というものを絶えず意識して、そのために人とのつながりを開発し、保持し続けていくという視点でありたい。

コミュニティでさえも、もはや帰属先や依存先としての唯一の場ではない。選択肢のひとつとして多様化し、細分化していく。本気のコミュニティであるかどうかはもはやたいして重要ではない。つまり、コミュニティは、我々が生きる上での目的ではなく手段となった。それは、我々が人とのつながりを実感するための通過点であり、自己の社会的役割を確認するとともに新たな「本当の自分」を生み出すきっかけの場である。そうして自己の中の多様性を成長させていくことこそ、自分を愛することを可能にし、ひいては他者に対する寛容につながっていく。そういう意味では、コミュニティは融解したのではなく、その存在意義や解釈が変わったのではないか。

未来に向けて、未婚生活者や、離別や死別を経ての独身生活者という物理的ソロ生活者が増えるからというだけではない。夫婦や家族であれ、子どもであっても、我々一人ひとりがこの「ソロで生きる力」を身につけ、精神的自立を育むという視点は大事だと思う。

シンギュラリティとソロ社会

シンギュラリティ（技術的特異点）という言葉を聞いたことがあるだろうか？

人工知能（ＡＩ）が人間の知能を超えることで起こる出来事とされ、ひとたび創造された知性は再帰的に発達し、人間の想像力が及ばない超越的な知性が誕生するという未来予測である。アメリカの発明家であり、人工知能の分野の世界的権威であるレイモンド・カーツワイル氏によって提唱された。彼によれば、その時期は２０４５年だとされている。

２０１６年3月に、グーグル・ディープマインド社が開発した囲碁ＡＩ「アルファ碁」が世界最強と言われる韓国のイ・セドル九段に5戦4勝して大きな話題になったことは記憶に新しい。わかりやすく言えば、あれよりもすごい人工知能ができるということだ。

人工知能が人間を超えることで、ネガティブな意見も多く見られる。曰く「人間の脳は完全にデジタル化されてしまう」「人間の仕事が人工知能に奪われ失業問題が起こる」などだ。映画「ターミネーター」は、発達しすぎた人工知能スカイネットが人類を滅ぼそうとするストーリーであり、映画「マトリックス」では、人工知能が人間を電力装置として使用し支配する未来が描かれていた。そんな知識から、過度に発達した人工知能に対しては、どうしても人間の敵であるという意識が拭えず、ネガティブな意見を生んでいる。

人工知能やシンギュラリティの是非は置いておいて、そうしたテクノロジーの進歩は、ソロ社会化に向けても密接な関係性がある。

ひとつは、マッチングである。

現在でもネットによる婚活サービスは多いが、マッチングに重要なのはプロフィールである。年齢や年収というデジタル情報とは別に、性格などもひとつのマッチング条件として重要だ。しかし、人間は正直ではない。特に、こういう場合、相手にいい顔をしたいがために本当の自分の性格とは違うこと、あるいは真逆なことを回答している場合も多い。そんな嘘の条件でマッチングされても、結局会うだけ時間の無駄だったという苦い経験をした人は多いと思う。また、男性が相手の女性を選ぶ場合には、どうしても写真などのビジュアル面に影響を受けがちなのだが、写真ですら今や嘘がつける。

そうした時に、個人に寄り添う人工知能があるとどうなるか。本人の日常的な行動や言動データを人工知能が把握分析し、それに基づく価値観や性格を割り出した上で、その人間に最適な相手を膨大なデータベースの中から提案してくれる未来がくるかもしれない。アンケートに回答する形式ではなく、本人の素の行動や言動を元にする、いわば、アクションマイニングなので嘘はない。もしかしたら、本人すら認知していない潜在意識まで浮き彫りにしてくれるかもしれない。何より、性格が合致した相手を人工知能が選んでくれるので、合理的でもある。いちいち希望条件すら言う必要もないのだ。

さらには、ネット上を介して、Aさんの人工知能とBさんの人工知能とが勝手に代理としてデジタル上のミーティングをしてくれる。代理といっても互いの人工知能は本人を熟知しているわけだから、事前に疑似的なデートや同棲をするのと理論上同じになる。人工知能同士のお見合いと言ってもいい。

万が一、その結果互いに合わない相手なら、人工知能同士が別れればいいので、人間は失恋という悲しさを体験しなくてもよくなる。そうして最適のマッチングを果たした相手とだけリアルに会えばいいのだ。

これだけお膳立てをしてくれる人工知能がいれば、「結婚をしたい」とか「したくない」という人間の表層的な願望はあまり意味をなさなくなり、価値観が合わないこともないため、マッチングされて拒否する理由はどこにもない。婚姻率は飛躍的に上がるだろう。

この考え方は、男女間の相性だけではなく、友人や職業を探すことにも応用可能だ。常に自分の傍にいて、自分と同じように成長していく人工知能にはこうしたワクワクする未来も提供してくれる。

もうひとつは、心のケアである。

ソロ社会の問題点に、「取り残される高齢女性ソロ生活者」問題があることはすでに述べたが、特に、一人暮らし高齢者の心のケアが課題である。誰とも会話する相手がいない状態が経常的に続くことは精神衛生上決してよくはない。ペットを飼うという手もあるが、高齢者は自分の寿命との兼ね合いで、生身のペットを飼うことを躊躇《ちゅうちょ》する。先に自分が死んでしまう心配をしてしまうのだ。

そうしたペットの代わりとして、人工知能を持った会話ロボットの重要度も高い。ペットと違って、実際に双方向の会話ができる点も魅力だし、高齢者にとって日常的に向き合う相手がいれば、万が一倒れた場合の通報機能などリスク回避も可能になる。

テレビ番組で、とある介護福祉士の男性が言っていた言葉が心に残っている。

「介護士の仕事とは、高齢者や要介護の人たちの身体的にできないことを物理的に世話することではなく、どう生きたいのか、何をしたいのか、そういう気持ちのサポートをすることなのだ」と。気持ちのサポートとは、まさに「○○したい」という人の心や意思に寄り添った姿勢であり、一人ひとりの「精神価値」に向き合っている素晴らしい考えだと思う。

例えば、リハビリの問題。リハビリそのものが辛いものである。それをただ「やれ」と強要するのは虐待に等しい。リハビリをさせることが目的ではなく、どうしたいのか、を聞き出すことがまず肝心なのである。

仮に「孫と遊園地に行きたい」という希望があったならば、「そのためには車に1時間以上乗っていられる状態になるまでリハビリをする必要がありますよね。だからがんばりましょうね」と声をかければ、辛いリハビリにも目的と張り合いができる。

ところが、そういう「〇〇したい」という気持ちを素直に言えない高齢者もいる。高齢者の傍らに人工知能会話ロボットがいつもいれば、そうした頑なな人も心を開いて、なんでも話してくれるだろう。こうした心のケア部分を人工知能ロボットが代用してくれるだけで、身体的ケアをする介護士の作業的な負担も軽減されていくのではないか。

将来的には、人工知能を備えた身体的介護までできるロボットという話もあるが、多くの高齢者がそれを利用するには、費用面や安全面においてまだまだ課題は多い。身体的ケアに関しては、やはりあたたかい人の手というものが欠かせない。人材不足に悩んでいる介護士業界だが、途上国からの人材活用にしても限界がある。人工知能や会話ロボットはその不足分を埋めてあまりあるメリットを提供できる。私はそう考えている。

高齢者の介護だけではなく、中高年の男性に対しても人工知能による心のケアは有効だ。「男たる者、苦しくても不満があってもじっと我慢すべき」という「あるべき男像」に支配されている男性は多い。家族や妻にすら心の悩みを打ち明けられずに耐える男も多い。それはある意味、男の美学として承認されてきたことではある。しかし、皮肉にも、そんな「べき論」によって、男は自殺へと導かれている点も否定できない。これこそ内向きに閉じてしまったがゆえの孤立なのだ。

家族には直接言えないかもしれないが、人工知能や会話ロボットならば腹を割って話せるかもしれない。ロボットにさえ話せなかったとしても、普段の彼自身の行動や言動からくみ取って、何らかの精神状態を把握することは可能だろう。もし、精神的に危険だと判断したら家族に通知することも容易い。そうなれば随分と助かる男たちも多いのではないだろうか。

恋愛と性欲の分離が生まれる

人工知能は、もっとも人間の本質的な欲望部分である性欲にも寄与する。

ＶＲヘッドマウントと連動したアナログの肉体接触ツールによるＶＲセックス用のアダルトゲームはすでに一部商品化されており、日本だけではなく海外でも続々とソフト販売が予定されている。現状はプログラミングされたパッケージソフトを楽しむだけだが、人工知能の進化によって「自分なりのＶＲ彼女」を生成、育成することが可能になる。そうなると、２００４年に花沢健吾氏によって連載された漫画『ルサンチマン』の世界そのままが実現することになるのだ。

ＣＧに関しても、物体や風景はもはやリアルと区別がつかない領域にすでに達しているが、人間に関してもその精度の進化たるや凄まじい勢いである。なかでも、「ＣＥＡＴＥＣ　ＪＡＰＡＮ　２０１６」にて、制作ユニット「ＴＥＬＹＵＫＡ《テルユカ》」が公開した3DCG女子高生「Saya」の8K映像は衝撃的であった。CGと教えられなければ気付かないレベルである。

冷静に考えると、ひとりで部屋のベッドの上で、VRヘッドマウントと性具（オナホールなど）を装着している姿は滑稽でしかないのだが、これは単なる性欲処理だけにとどまらない。人工知能と連動させることで本当の恋愛状態と変わらない環境とストーリーを作り出すことができるのだ。ますますリアルな恋愛やデートをする必要性がなくなる。男性向けだけではなく、今後は女性向けも出てくるだろう。

さらには、シンギュラリティとは直接関係ないが、テクノロジーの進化で生まれることとして、結婚と生殖との分離も生まれてくる。西洋ではアダムとイヴ以来、日本ではイザナギとイザナミ以来、男女が営み続けてきたカップルによる生殖行為が抜本的に変わる可能性がある。それが人工子宮である。

現在、人工授精や体外受精という形はあっても最終的には子どもは母体から産まれる。代理母という制度にしても、子を産むのは人間である。それが人工子宮ができると根本的に変わる。もちろん、子宮の病気などで産みたくても産めない女性にとっては福音だし、そもそも健康な女性であっても、妊娠出産という大きな肉体的負担やリスクから解放されることにもなる。働きたい女性が、出産に際して長期的な休暇を取る必要もなくなる。

それだけではない。現在存在する精子バンクのように、卵子バンクという制度も誕生するかもしれない。卵子を取得した上で人工子宮を利用すれば、個人とりわけ男性が単独で子どもを持つことも理論上は可能になるのだ。

もちろん、人工子宮に関しては倫理的な問題もある。たとえ技術的に可能となっても、稼働させていいものかどうかの判断は難しい。子どもを、あたかもスーパーの棚から手に入れるように、モノ的な扱いをすることに対する非難もある。どんなに文明が進化し、時代が移り変わろうとも、男と女が身体的性差によって役割分担していた生殖行為は神聖で不可侵のものであった。それを人工的に変えてしまうことは、人類及び生物史上初の革命的出来事となる。そこは慎重に検討すべきテーマであることは間違いない。

しかし、これは、出産という今まで女性にだけ負担させていたものからの解放であり、女性にだけできたことからの開放でもある。

男女平等化が叫ばれれば叫ばれるほど、昨今では「男が生きづらい」「女が生きづらい」と双方生きづらさを感じるようになっている。「男らしさ」に男が苦しみ、「女らしさ」に女が苦しんでいる。これは、常に男女を二項対立で論じるが故の弊害であり、限界でもあろう。「出産の解放と開放」はもしかしたら、そうした男と女という概念上の垣根をシームレス化し、新たなステージに人類が進むきっかけなのかもしれない。

家族とソロ社会とは対立しない

遠くない未来、日本のソロ社会化が進行したとしても、それがすなわち家族の崩壊にはつながらない。家族とソロ社会とは対立項ではない。

もちろん、このまま未婚化・非婚化はある一定量まで進むだろう。それに応じて、単身世帯も増える。そうしたソロ生活者の増加に合わせて、ソロであろうとも不都合を感じさせない商品・サービスもどんどん開発されていく。食事にしろ、家事にしろ、ソロであることは日常生活において何の支障もない時代になる。

女性にとって、かつて結婚は経済基盤獲得のための必然的選択だったが、もはや自分で仕事をし、経済的自立を果たした今となっては、無理して結婚する意味を失いつつある。女性側が結婚意欲を失えば失うほど、本質的には「結婚には受け身」である男性はますます結婚のきっかけを失う。

さらに、人工知能やテクノロジーの進化は、本来リアルな男女の結び付きでなければ得られなかった本能的欲求をＶＲや外部ツールとして実現可能にしてしまう。結婚のメリットとは、決して「性的充足感」だけではないが、男女ともにメリットとして提示する「精神的安らぎを得られる」という面すらも、こうしたテクノロジーで代用が可能となる。

ますますリアルに結婚をする必要性は、男女ともになくなっていく。

たとえ結婚したとしても、子どもを持たない選択をする夫婦がいることも忘れてはいけない。「少子化解決のためには結婚をすべきだ」という論を主張したいのならば、むしろ結婚という契約に依らなくても子どもを産み育てられる社会システムづくりを優先すべきだろう。

すべての人が以前のように「結婚→出産→子育て」という同じライフステージの道のりを歩むわけではなくなった。複雑に分岐し、立体交差する自分たちの道を進み始める。さらに、離婚や死別によって誰もがソロに戻る可能性があることについては、本書内ですでに述べた通りである。

しかし、だからといってすべてが結婚しなくなるわけではないし、すべてが子どもを持たないわけではない。父・母・子からなる家族の形が消滅するわけではないし、血縁の結び付きや家族の絆が溶けてなくなることはない。

本書では、「結婚は経済生活」という立ち位置を取っているが、すべてがそうだと決め付けるつもりはない。恋愛感情によって男女のカップルが成立し、2人の間に生まれた子どもとともに、幸福感に包まれた持続的な関係が続く、これも家族のひとつの形だろう。

夫婦間の信頼感や親密性はそれぞれの精神的安定に欠かせないし、子どもに対する教育も学校などの外部にすべて委託して済むものではない。家族の果たすべき役割というのは、今まで通りに必要なものとして継続していくはずだ。

米国の社会学者タルコット・パーソンズ氏は、まさにそれを定義し、「家族とは、子どもの社会化とメンバーの精神的安定という2つを機能とする親族集団」と言っている。これに異論はない。子どもの社会化に関しては、「ソロで生きる力」の育成のためにも親の協力が不可欠だからである。が、その機能を果たすために大前提となるのが、家族としての経済的安定なのである。

かつて、家族の経済的安定は外で働く夫の責務であった。妻は、その責務を夫が果たしやすいように家事と育児をこなし、サポートしていた。互いに足りない部分を補完し合えたかつての専業主婦家族は、それぞれの役割分担が明確でわかりやすかった。家族という「群」としての経済的安定をメンバーが皆でつくり上げていたからだ。

しかし、今や共働き家族が増え、妻もフルタイムで働き、相応の収入を得るようになった。すると、それぞれの経済的自立も達成されるが、支え合うという意識から互いに義務を果たすという意識に変わってしまうパターンが多い。だからこそ、妻は育児や家事をしない夫にイライラし、夫は育児や家事をさせようとする妻にストレスを感じる。

子を持つ共働き夫婦の週全体1日当たりの家事・育児時間を1986～2011年ま

での長期推移（総務省「社会生活基本調査」より）で見てみると、この25年間で家事に関して夫はたったのプラス6分でしかない（次ページ図6－4）。もちろん、これはすべての妻がフルタイム労働しているわけではないが、世の共働き夫は1日たったの12分しか家事をしていないのだ。

育児については、夫はプラス9分と家事よりは協力的であるし、直近で育児時間が伸びているように見える。が、妻の育児時間はかえって26分も増加しているのだ。

家事と育児を合わせても、夫はプラス15分だが、妻はプラス20分。夫婦での家事・育児時間が全体的に増加している。これは一体どういうことだろう。まさか、夫が育児に手を出したがために、かえって妻の手間を増やす結果を招いているわけではないだろうが、これこそこれからの家族の抱える大いなる課題なのだ。

これは、核家族化に伴って夫婦のそれぞれの親に頼ることができなくなったためでもあるし、預けられる公的機関や施設の不足の影響もあるだろう。双方の親にも頼れない、公的機関も使えない。だから、自分たち夫婦だけでなんとかするしかない。それなのに、夫は協力してくれない。しかし、これこそが、ひとつしか選択肢のない依存の罠に陥っている。

現在は、家事代行サービスにしても育児サポートにしても、民間のサービスが活発に動

図6-4　共働き夫婦「家事」「育児」生活時間の推移（週全体、夫婦と子供の世帯の夫・妻）

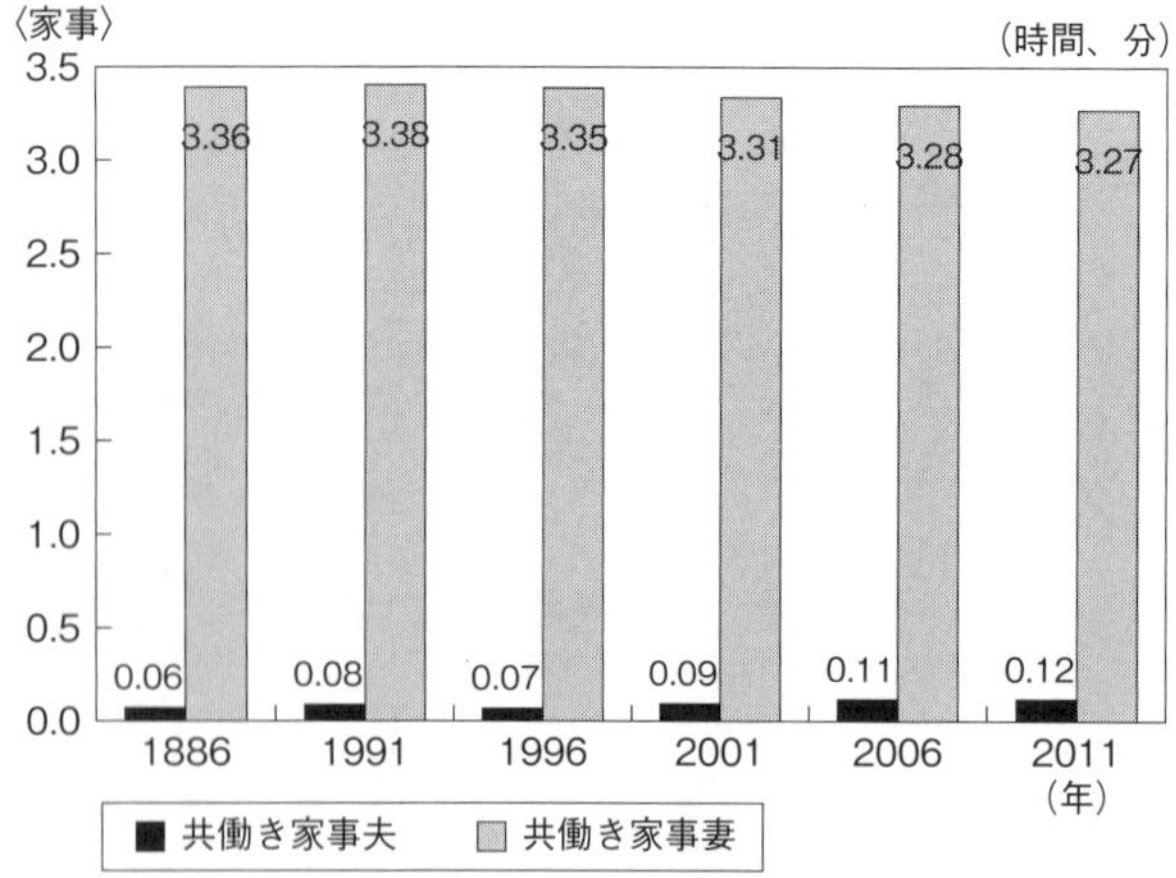

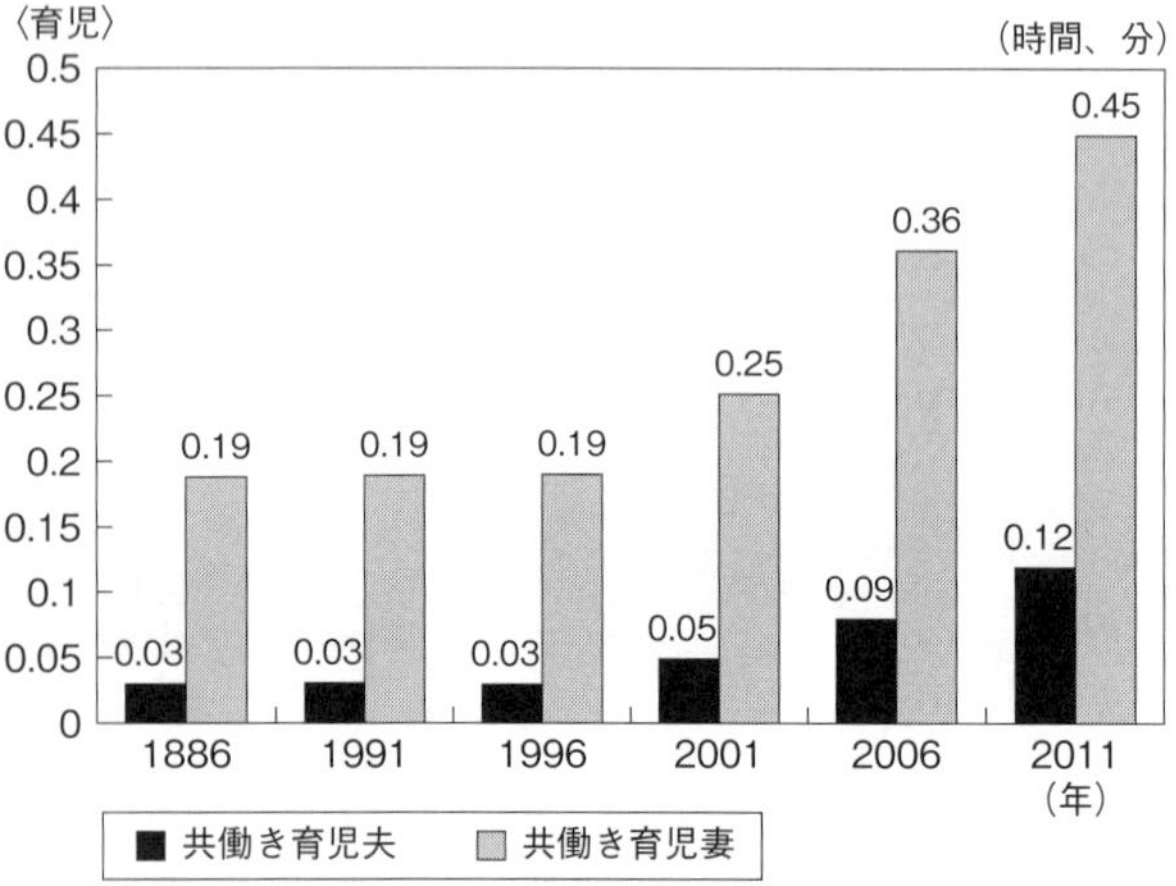

出典：2011年総務省「社会生活基本調査」より

き出している。しかも、以前と違うのは、シェアリングエコノミー型のサービスとなっていることである。企業が雇用したスタッフを派遣するのではなく、利用者と登録スタッフとをマッチングさせることが主たる業務。と言うと、「そんなどこの馬の骨かわからない人に大切な赤ちゃんを任せられない」という声もあがる。確かにその通り、子どもの安全に関わる部分なので当然だ。しかし、例えば、育児サービスであれば、保育士の資格を持ちながら何らかの理由で活かせていない人たちが派遣される。まったくの素人ではないのだ。

当然、利用に当たっては経済的負担が必須だが、こうした外部サービスに委託するという選択肢が増えることで、子を持つ共働き夫婦は随分と精神的に楽になるのではないだろうか。経済的負担と言っても想像ほどコストは高くない。ぜひいろいろと検索していただきたい。

第4章「取り残される高齢ソロ女性たち」（120ページ）に書いたように、すでに今でも65歳以上の高齢ソロ女は900万人にも達している。それだけのボリュームがありながら、彼女たちの就業率はたったの15%しかない（総務省「労働力調査」より）。こうした高齢ソロ女たちが家事や育児の担い手として働いていただくことはとても重要だ。なにしろ彼女たちの大半は育児・家事のプロ主婦だった人たちである。ボランティアではなく有償労働であること、まだまだ働く場があるということは彼女たちにも歓迎されるし、何より彼女たち自身が社会的な「承認」と「達成」を感じられるようになる。

そうした循環は、高齢ソロ女の「ソロで生きる力」を支援することにもなるし、共働き夫婦の「ソロで生きる力」の補助にもなる。「ソロで生きる力」がつくり出すつながりとはそういう効果を発揮するのだ。家族とソロ社会とは決して対立項ではなく、つながっているのである。

仕事を休んでまでも家族のために無償で奉仕することが偉いのだ、とか、そうした利他的行動などがとかく称えられるのだが、むしろ逆だ。働いて金を稼ぐことそれ自体が、税金や社会保障の部分で社会に還元しているのであって、それを自己中心的な利己的行動と斬って捨てるのは間違っている。育児や家事を外部に発注することも然りだ。外部に発注し、経済を回すことは結果的に社会の役に立つ。それなのに、家族内で無償で処理してしまったら、勿体ないではないか。

そうした経済取引をきっかけに、新たな人との出会いやつながりも生まれる。趣味の仲間などの情緒的な交流だけが人との出会いではない。クラウドファンディングによる出会いがまさにそうで、性格や価値観が違っていても、共通の課題認識や目的だけでつながれる。同じ課題を持つからこそ、互いに真剣に向き合えるし、協力もし合えるのだ。金銭が発生するだけに、むしろ互いに自分の役割も明確化される。そうした出会いで、その人が信頼に足り得る人であれば、さらに情報を共有することで、それは周りの他の家族のため（顔見知りでなくとも）にも拡大していくということだ。

仲良しのママ友同士で互いに愚痴を言い合っても、それはそれでひとときの共感は得られるかもしれないが、リアルな課題の解決にはならない。

すべてを金で解決させればいいという話をしているのではない。しかし、何のために働いているのかの本質は、自分の幸せのためである。将来のために金を貯めることは否定しないが、金を惜しんで精神的に辛くなるのでは本末転倒だ。それはまず自分が幸せになるために活用されるべきものである。何より自分が幸せになれば、周りの人たちに気を遣えるようになるし、結果として、みんなの幸せにつながるはずである。家族がいればこそ、何よりまず個の充実を図るべきなのだ。

自己を犠牲にして、我慢をして、無償で働くことが、家族を愛する証明ではない。自分のやりたいことを我慢して、パートナーの行動に腹を立てる毎日が家族だとしたら、それはまさしくリスクでしかない。家族というものの深い絆を信奉するあまり、モノの見方が狭くなると、結果、育児疲れ、介護疲れを招く。家族が最後のセーフティネットという考え方に縛られると、結局は家族同士の共依存性を高め、共倒れになる危険性がある。

家族は、家族だけしか頼れない依存型集団になるべきではなく、父も母も子もそれぞれが家族外に複数のコミュニティとの関係性を持ってほしい。それぞれの個人の中の多様性を自分自身で認め、「○○ちゃんのママ」という以外の自分自身を覚醒《かくせい》させてほしい。夫だけを責めたり、社会のせいだと憂さ晴らしをするのではなく、かといって、自分自身を責めたり、追い詰めたりするのではなく、何より、まず自分が笑顔になれるよう行動していってほしい。一人ひとりがそう考え、精神的に自立した者同士がつながった家族は、きっと幸せになれると思う。

覚えておいてほしいのは、ソロで生活している人は決して家族と相容れない異分子ではない。彼らとつながることで解決できる課題はたくさんあるだろう。

最後に、家族の形自体もまた多様性を発揮していくだろう。

男女のカップルが結婚をするという形だけではない。同性婚の合法化や性的関係を伴わない同性同士の友達婚というパートナー関係も出てくるかもしれない。生殖や性交渉を伴わない、異性間の経済協力婚という形もあり得る。家族は同居しているべきという考え方も変わるかもしれないし、複数の家族が経済的にシェアすることで共同生活をする形もできるかもしれない。

どんな形にせよ、人は人とのつながりがないと成立しない。ソロ社会というのは、一人ひとりが別々に住んでいたとしても、どこかで誰かとつながって、安心して生きていける社会なのだ。そのための生活サービスは新たに開発されていくだろうし、それを実現するために人工知能やテクノロジーはある。

2016年4月7日、「世界でいちばん貧しい大統領」と呼ばれたホセ・ムヒカ前ウルグアイ大統領が東京外国語大学で来日講演会を行った。その中に以下のような言葉がある。

「ぜひ家族を持ってください。家族というものは、単純に血のつながった家族ということではありません。そうではなくて『考え方の家族』という意味です。同じように考える人です。人生をひとりで歩まないでください」

結婚をし、自分の子どもを生み育てる集団だけが家族ではないし、それだけが人間としての社会的役割を果たすということでない。生涯未婚であれ、生涯無子であれ、社会の一員としてしっかり働き、金銭を循環させることで、間接的に子どもたちをサポートしていければいいはずである。

すべてが多様化していく。社会環境も、個人の生き方や価値観も、集団としての家族のあり方も多様化する。個人のアイデンティティでさえ多様化し、複数の自分を生きるようになるのだ。社会と個人、集団と個人、個人と個人のつながりは以前にもましてますます複雑に細分化されていく。

しかし、一番重要なのは、個々人がつながりを持ち、「決して孤独ではない」と思えることだ。そのために、一人ひとりが自己決定できる選択肢を複数用意し、自分の中に多数存在する自己を認めて受容できるようになることが肝要である。

そうした「ソロで生きる力」を一人ひとりが持つことこそが、新しい未来のしなやかなコミュニティを創造することにつながるだろう。自分を受容できる者同士がつながり合えるコミュニティは、きっと「ありがとう」という言葉が飛び交う世界だ。それは、やさしい気持ちの連鎖を生み出し、やがて社会に寛容の気持ちが広がるだろうと期待したい。

ソロ社会とは、そんなやさしさがつながる自立社会なのだ。

国や社会が未来をつくるのではない。

我々一人ひとりのそうした意識と行動が未来をつくるのだ。

おわりに

20年後の未来、あなたは何をしていますか？

20年後の未来、日本はどうなっていると思いますか？


本書の冒頭でこんな問いをさせていただきました。少子高齢化と同時に、日本はソロ社会になります。人口の半分が独身者になるのです。これはもはや避けられません。であるならば、我々はそれにいかに適応していくかを考えるべきで、それは個々人が自己の自立を考えることと同じことです。独身とか既婚とか置かれた状態は関係ありません。一人ひとりがそれに向き合う必要があります。


「他人と過去は、変えられないが、自分と未来は、変えられる」

カナダの心理学者で精神科医のエリック・バーン氏のあまりに有名な言葉です。

自分の思い通りにならない他人を嘆いても、過ぎてしまった過去を悔やんでもどうにもならない。そんなことで時間を無駄にするなら、今の意識と行動によって自分と未来を変えよう、という非常に前向きな言葉です。

他人は変えられない。

その通りです。しかし、他人と自分はつながっています。他人の影響で自己が変わるのと同様に、あなたの影響で誰かが変わることもあります。あなたが相手に強く共感すれば、相手もまたあなたに共感しますし、あなたが相手を嫌えば、同様に相手もあなたを嫌うでしょう。

誰か他人とつながった分だけ自分の中に新たな自分が生まれるのならば、あなたが誰かの中に新たな他人をつくっていると言っても過言ではありません。

過去は変えられない。

これもその通りです。あの時こうしておけばよかった、という後悔は誰もがするでしょう。恥ずかしい失敗や悲しい失恋をした過去は、完全に消去してしまいたいと思うかもしれません。

しかし、過去もまた現在と未来とつながっているのです。過去の出来事それ自体は変わりませんが、過去は今の行動のコンパスになります。過去から学び、行動を変えれば、アウトプットとしての未来は変わる可能性があります。ということは、それは自分にとって過去の意味付けが変わるということです。そうして過去は積み重なって、いつでも今の行動の指針となっていくでしょう。

他人と過去は、変えられない。が、変わるのです。

そして、「自分を変えよう」と無理に思わないことも大切な視点です。「自分を変えたい」と思うということは、どこかで唯一無二の自分自身の存在を信じていることの裏返しです。自分を上書きして塗り変えたいという気持ちは、一見ポジティブなようでいて、どこか現在の自分自身を否定したり、嫌悪するネガティブな想念を喚起してしまいます。「自分を変えよう」ではなく、自分の中に新たな「自分を育てよう」と考えていきましょう。

そのために他人とつながることが重要です。誰かと相対することでしか、新たな自分というものは生まれてこないのですから。

自分と他人も、過去と未来もすべてつながっています。一人ひとりが「ソロで生きる力」を育み、新たなコミュニティを育み、未来を育んでいければいいと心より思います。

本書の執筆に当たっては、未婚・離別を含むたくさんの独身生活男女の方とマンツーマンでお話をさせていただく機会を得ました。年齢も職業も、今まで過ごしてきた環境も違う皆さんとお話しできたことは、私自身「自分」と向き合い、新たな自分を生み出すよいきっかけとなりました。ありがとうございました。

また、おもしろ絵本作家の西野亮廣さん、絵本作家ののぶみさんには、ニコ生出演させていただいた時よりお世話になり、たくさんの刺激をいただきました。その縁で西野さんの町づくりプロジェクトである「おとぎ町」を知り、少しだけ参加もさせていただきました。

「おとぎ町」では、独身も既婚も子どもたちも分け隔てなく、見知らぬ者同士が知り合って、それぞれが自分の中に新たな自分を生み出すきっかけの場となっています。まさに従来とは違う新しいコミュニティの形だと感じましたし、これが、本書執筆の強い動機付けとなったことは確かです。ありがとうございました。

そして、六本木・恵比寿・新橋・埼玉界隈のソロ男・ソロ女の友人の皆さま方、数多くの貴重なアドバイスや時には議論にお付き合いいただき、ありがとうございました。何よりあたたかい励ましにずいぶんと助けられました。感謝いたします。

最後に、本書出版のお声掛けをいただき、ご尽力いただいたＰＨＰ研究所の木南勇二さんがいなければ、本書が生まれることはありませんでした。この場を借りて心より御礼を申し上げたいと思います。

２０１７年１月

荒川和久

【参考 WEB】

安藏伸治（2013）「少子化問題を斬る―原因は、未婚化・晩婚化・晩産化にあり―」
http://www.meiji.net/opinion/population/vol09_shinji-anzo
オリコンスタイル（2014）「しょこたん、破局経て『毎日ソロ充』」
http://www.oricon.co.jp/news/2039169/full/
国立社会保障・人口問題研究所　岩澤美帆・三田房美（2005）「職縁結婚の盛衰と未婚化の進展」日本労働研究雑誌2005年1月号（No.535）
http://www.jil.go.jp/institute/zassi/backnumber/2005/01/pdf/016-028.pdf
シチズンホールディングス株式会社（2014）「11月は“夫婦の月”『夫婦の時間』アンケート」
http://www.citizen.co.jp/research/time/20141113/06.html
衆議院調査局第三特別調査室縄田康光（2006）「歴史的に見た日本の人口と家族」
http://www.sangiin.go.jp/japanese/annai/chousa/rippou_chousa/backnumber/2006pdf/20061006090.pdf
週プレ NEWS（2016）「出生率2.0を実現するフランスとの違いは制度だけじゃない！『日本の社会は子供を持つことをポジティブに受け止めているか？』」
http://wpb.shueisha.co.jp/2016/09/01/71342/
総務省「平成23年版情報通信白書」
http://www.soumu.go.jp/johotsusintokei/whitepaper/ja/h23/html/nc213120.html
第一生命経済研究所ライフデザイン研究本部 REPORT（2015）「高齢者の夫婦関係」
http://group.dai-ichi-life.co.jp/dlri/pdf/ldi/2015/rp1504a.pdf
21世紀政策研究所　研究プロジェクト（2014）「実効性のある少子化対策のあり方～少子高齢化への対応は日本に与えられた世界史的な役割～」報告書
http://www.21ppi.org/pdf/thesis/140602.pdf
マイナビウーマン（2014）「コレが大人の男性の恋愛!?　付き合うときに告白しない男性が約55％！　その心理とは？」
http://woman.mynavi.jp/article/140305-99/
ヤフー意識調査（2013）「付き合う前に男性は告白すべき？」
http://polls.dailynews.yahoo.co.jp/domestic/8833/result
山田雄造（2004）「近世越前・若狭の自立を求める女性たち―離縁を中心に―」福井県文書館研究紀要
http://www.archives.pref.fukui.jp/fukui/08/2003bulletin/2003yamadakiyou.pdf

【参考文献】

シーナ・アイエンガー（2010）『選択の科学』（文藝春秋）
浅野智彦（2013）『「若者」とは誰か　アイデンティティの30年』（河出ブックス）
荒川和久（2015）『結婚しない男たち　増え続ける未婚男性「ソロ男」のリアル』（ディスカヴァー携書）
池谷裕二（2010）『脳はなにかと言い訳する―人は幸せになるようにできていた!?』（新潮文庫）
池澤夏樹（2014）『古事記』（河出書房新社）
稲垣史生（1959）『三田村鳶魚　江戸生活事典』（青蛙房）
D.W. ウィニコット（1977）『情緒発達の精神分析理論―自我の芽ばえと母なるもの』（岩崎学術出版社）
大塚ひかり（2016）『本当はひどかった昔の日本―古典文学で知るしたたかな日本人』（新潮文庫）
落合陽一（2015）『魔法の世紀』（PLANETS／第二次惑星開発委員会）
バーンド・H・シュミット（2000）『経験価値マーケティング―消費者が「何か」を感じるプラスαの魅力』（ダイヤモンド社）
高木侃（1992）『三くだり半と縁切寺―江戸の離婚を読みなおす』（講談社現代新書）
次田真幸（1977）『古事記（上）全訳注』（講談社学術文庫）
筒井淳也（2015）『仕事と家族　日本はなぜ働きづらく、産みにくいのか』（中公新書）
筒井淳也（2016）『結婚と家族のこれから～共働き社会の限界～』（光文社新書）
西野亮廣（2016）「魔法のコンパス―道なき道の歩き方」（主婦と生活社）
中野信子（2014）『脳内麻薬―人間を支配する快楽物質ドーパミンの正体』（幻冬舎新書）
ジークムント・バウマン（2001）『リキッド・モダニティ―液状化する社会』（大月書店）
ジグムント・バウマン（2009）『幸福論―“生きづらい”時代の社会学』（作品社）
平野啓一郎（2012）『私とは何か―「個人」から「分人」へ』（講談社現代新書）
エーリッヒ・フロム（1991）『愛するということ』（紀伊國屋書店）
ウルリヒ・ベック（1998）『危険社会―新しい近代への道』（法政大学出版局）
松尾豊（2015）『人工知能は人間を超えるか　ディープラーニングの先にあるもの』（角川ＥＰＵＢ選書）
山田昌弘（1996）『結婚の社会学―未婚化・晩婚化はつづくのか』（丸善ライブラリー）
山藤章一郎（2007）『「私の手は母を殺めるためにあったのか」と男は泣いた―ニュースの現場「19のストーリー」』（小学館）
湯沢雍彦（2005）『明治の結婚 明治の離婚―家庭内ジェンダーの原点』（角川選書）
和田秀樹（2016）『この国の冷たさの正体――億総「自己責任」時代を生き抜く』（朝日新書）

PHP新書
PHP INTERFACE
http://www.php.co.jp/

荒川和久［あらかわ・かずひさ］

博報堂ソロ活動系男子研究プロジェクト・リーダー。早稲田大学法学部卒業。博報堂入社後、自動車・飲料・ビール・食品・化粧品・映画・流通・通販・住宅等幅広い業種の企業プロモーション業務を担当。キャラクター開発やアンテナショップ、レストラン運営も手がける。独身生活者研究の第一人者として、テレビ・ラジオ・新聞・雑誌・WEB等、メディアに多数出演。
著書に『結婚しない男たち　増え続ける未婚男性「ソロ男」のリアル』（ディスカヴァー携書）がある。

超ソロ社会
「独身大国・日本」の衝撃（PHP新書 1079）

二〇一七年一月二十七日　第一版第一刷

著者――荒川和久
発行者――岡 修平
発行所――株式会社PHP研究所
東京本部――〒135-8137 江東区豊洲5-6-52
学芸出版部新書課 ☎03-3520-9615（編集）
普及一部 ☎03-3520-9630（販売）
京都本部――〒601-8411 京都市南区西九条北ノ内町11
制作協力 組版――株式会社PHPエディターズ・グループ
装幀者――芦澤泰偉＋児崎雅淑
印刷所 製本所――図書印刷株式会社

ISBN978-4-569-83276-0

ＰＨＰ新書刊行にあたって

「繁栄を通じて平和と幸福を」（PEACE and HAPPINESS through PROSPERITY）の願いのもと、ＰＨＰ研究所が創設されて今年で五十周年を迎えます。その歩みは、日本人が先の戦争を乗り越え、並々ならぬ努力を続けて、今日の繁栄を築き上げてきた軌跡に重なります。

しかし、平和で豊かな生活を手にした現在、多くの日本人は、自分が何のために生きているのか、どのように生きていきたいのかを、見失いつつあるように思われます。そして、その間にも、日本国内や世界のみならず地球規模での大きな変化が日々生起し、解決すべき問題となって私たちのもとに押し寄せてきます。

このような時代に人生の確かな価値を見出し、生きる喜びに満ちあふれた社会を実現するために、いま何が求められているのでしょうか。それは、先達が培ってきた知恵を紡ぎ直すこと、その上で自分たち一人一人がおかれた現実と進むべき未来について丹念に考えていくこと以外にはありません。

その営みは、単なる知識に終わらない深い思索へ、そしてよく生きるための哲学への旅でもあります。弊所が創設五十周年を迎えましたのを機に、ＰＨＰ新書を創刊し、この新たな旅を読者と共に歩んでいきたいと思っています。多くの読者の共感と支援を心よりお願いいたします。

一九九六年十月

ＰＨＰ研究所

888 日本人はいつ日本が好きになったのか　竹田恒泰
896 著作権法がソーシャルメディアを殺す　城所岩生
897 生活保護vs子どもの貧困　大山典宏
909 じつは「おもてなし」がなっていない日本のホテル　桐山秀樹
915 覚えるだけの勉強をやめれば劇的に頭がよくなる　小川仁志
919 ウェブとはすなわち現実世界の未来図である　小林弘人
923 世界「比較貧困学」入門　石井光太
935 絶望のテレビ報道　安倍宏行
941 ゆとり世代の愛国心　税所篤快
950 僕たちは就職しなくてもいいのかもしれない　岡田斗司夫 FRREex
962 英語もできないノースキルの文系は　これからどうすべきか　大石哲之
963 エボラvs人類 終わりなき戦い　岡田晴恵
969 進化する中国系犯罪集団　一橋文哉
974 ナショナリズムをとことん考えてみたら　春香クリスティーン
978 東京劣化　松谷明彦
981 世界に嗤われる日本の原発戦略　高嶋哲夫
987 量子コンピューターが本当にすごい　竹内 薫／丸山篤史［構成］
994 文系の壁　養老孟司
997 無電柱革命　小池百合子／松原隆一郎
1006 科学研究とデータのからくり　谷岡一郎
1022 社会を変えたい人のためのソーシャルビジネス入門　駒崎弘樹
1025 人類と地球の大問題　丹羽宇一郎
1032 なぜ疑似科学が社会を動かすのか　石川幹人
1040 世界のエリートなら誰でも知っているお洒落の本質　干場義雅
1044 現代建築のトリセツ　松葉一清
1046 ママっ子男子とバブルママ　原田曜平
1059 広島大学は世界トップ100に入れるのか　山下柚実
1065 ネコがこんなにかわいくなった理由　黒瀬奈緒子
1069 この三つの言葉で、勉強好きな子どもが育つ　齋藤 孝
1070 日本語の建築　伊東豊雄
1072 縮充する日本「参加」が創り出す人口減少社会の希望　山崎 亮
1073 「やさしさ」過剰社会　榎本博明

［経済・経営］

187 働くひとのためのキャリア・デザイン　金井壽宏
379 なぜトヨタは人を育てるのがうまいのか　若松義人
450 トヨタの上司は現場で何を伝えているのか　若松義人
543 ハイエク 知識社会の自由主義　池田信夫
587 微分・積分を知らずに経営を語るな　内山 力

［政治・外交］

965 アメリカはイスラム国に勝てない　宮田 律
967 新・台湾の主張　李 登輝
972 安倍政権は本当に強いのか　御厨 貴
979 なぜ中国は覇権の妄想をやめられないのか　石 平
982 戦後リベラルの終焉　池田信夫
986 こんなに脆い中国共産党　日暮高則
988 従属国家論　佐伯啓思
989 東アジアの軍事情勢はこれからどうなるのか　能勢伸之
993 中国は腹の底で日本をどう思っているのか　富坂 聰
999 国を守る責任　折木良一
1000 アメリカの戦争責任　竹田恒泰
1005 ほんとうは共産党が嫌いな中国人　宇田川敬介
1008 護憲派メディアの何が気持ち悪いのか　潮 匡人
1014 優しいサヨクの復活　島田雅彦
1019 愛国ってなんだ　民族・郷土・戦争
古谷経衡［著］／奥田愛基［対談者］
1024 ヨーロッパから民主主義が消える　川口マーン惠美
1031 中東複合危機から第三次世界大戦へ　山内昌之
1042 だれが沖縄を殺すのか　ロバート・D・エルドリッヂ
1043 なぜ韓国外交は日本に敗れたのか　武貞秀士
1045 世界に負けない日本　薮中三十二
1058 「強すぎる自民党」の病理　池田信夫
1060 イギリス解体、EU崩落、ロシア台頭　岡部 伸
1066 習近平はいったい何を考えているのか　丹羽宇一郎

［心理・精神医学］

053 カウンセリング心理学入門　國分康孝
065 社会的ひきこもり　斎藤 環
103 生きていくことの意味　諸富祥彦
171 学ぶ意欲の心理学　市川伸一
304 パーソナリティ障害　岡田尊司
364 子どもの「心の病」を知る　岡田尊司
381 言いたいことが言えない人　加藤諦三
453 だれにでも「いい顔」をしてしまう人　加藤諦三
487 なぜ自信が持てないのか　根本橘夫
550 「うつ」になりやすい人　加藤諦三
583 だましの手口　西田公昭
695 大人のための精神分析入門　妙木浩之
697 統合失調症　岡田尊司
796 老後のイライラを捨てる技術　保坂 隆
825 事故がなくならない理由《わけ》　芳賀 繁
862 働く人のための精神医学　岡田尊司
867 「自分はこんなもんじゃない」の心理　榎本博明
895 他人を攻撃せずにはいられない人　片田珠美

［**歴史**］

［**知的技術**］

880 皮膚に聴く　からだとこころ　川島 眞
894 ネット依存症　樋口 進
906 グルコサミンはひざに効かない　山本啓一
911 日本の医療 知られざる変革者たち　海堂 尊
912 薬は5種類まで　秋下雅弘
926 抗がん剤が効く人、効かない人　長尾和宏
937 照明を変えれば目がよくなる　結城未来
939 10年後も見た目が変わらない食べ方のルール　笠井奈津子
947 まさか発達障害だったなんて　星野仁彦／さかもと未明
961 牛乳は子どもによくない　佐藤章夫
991 間違いだらけの病院選び　小林修三
1004 日本の手術はなぜ世界一なのか　宇山一朗
1007 腸に悪い14の習慣　松生恒夫
1013 東大病院を辞めたから言える「がん」の話　大場 大
1026 トップアスリートがなぜ『養生訓』を実践しているのか　白木 仁
1036 睡眠薬中毒　内海 聡
1047 人間にとって健康とは何か　斎藤 環
1053 iPS細胞が医療をここまで変える　山中伸弥［監修］／京都大学iPS細胞研究所［著］
1056 なぜ水素で細胞から若返るのか　辻 直樹

［人生・エッセイ］

263 養老孟司の〈逆さメガネ〉　養老孟司
340 使える！『徒然草』　齋藤 孝
377 上品な人、下品な人　山﨑武也
507 頭がよくなるユダヤ人ジョーク集　烏賀陽正弘
600 なぜ宇宙人は地球に来ない？　松尾貴史
742 みっともない老い方　川北義則
763 気にしない技術　香山リカ
827 直感力　羽生善治
859 みっともないお金の使い方　川北義則
873 死後のプロデュース　金子稚子
885 年金に頼らない生き方　布施克彦
900 相続はふつうの家庭が一番もめる　曽根恵子
930 新版 親ができるのは「ほんの少しばかり」のこと　山田太一
938 東大卒プロゲーマー　ときど
946 いっしょうけんめい「働かない」社会をつくる　海老原嗣生
960 10年たっても色褪せない旅の書き方　轡田隆史
966 オーシャントラウトと塩昆布　和久田哲也
1017 人生という作文　下重暁子
1055 なぜ世界の隅々で日本人がこんなに感謝されているのか　布施克彦／大賀敏子
1067 実践・快老生活　渡部昇一

[**地理・文化**]

[**自然・生命**]